Grimms Märchen tiefenpsychologisch gedeutet

mit vielen guten Wünschen

E. Drewermann

Eugen Drewermann

Der Wolf und die sieben jungen Geißlein

Der Wolf und der Fuchs

Grimms Märchen tiefenpsychologisch gedeutet

Walter Verlag

Der Text der Märchen ist in der Fassung der Grimmschen
«Kinder- und Hausmärchen» von 1857 wiedergegeben.

Umschlagbild:
Käthe Kollwitz: «Saatfrüchte sollen nicht vermahlen werden» (1941/42), Käthe-Kollwitz-Museum, Berlin, © VG Bild-Kunst, Bonn 2000

Die Abbildungen:
1. Richard Oelze: Tägliche Drangsale (1934), Kunstsammlung Nordrhein-Westfalen, Düsseldorf, Foto: Walter Klein, Düsseldorf, © Bernhard Schargorodsky, Herzberg;
2. Edvard Munch: Selbstportrait zwischen Standuhr und Bett (1940–42), © The Munch Museum / The Munch Ellingsen Group / VG Bild-Kunst, Bonn 2000;
3. Käthe Kollwitz: Die Überlebenden (1925), Käthe-Kollwitz-Museum, Berlin, © VG Bild-Kunst, Bonn 2000;
4. Otto Pankok, Weinende Frau (1914), Museum Ludwig, Köln, Foto: Walter Klein, Düsseldorf, © Eva Pankok

Die Deutsche Bibliothek – CIP-Einheitsaufnahme

Drewermann, Eugen:
Der Wolf und die sieben jungen Geißlein, der Wolf und der Fuchs /
Eugen Drewermann. – Düsseldorf; Zürich: Walter, 2000
(Grimms Märchen tiefenpsychologisch gedeutet)
ISBN 3-530-16952-8

Satz: Fotosatz Moers, Mönchengladbach
Druck und Einband: Grafo s. a., E-Basauri
ISBN 3-530-16952-8

Inhalt

Der Wolf und die sieben jungen Geißlein

Der Wolf und der Fuchs

Der Wolf und die sieben jungen Geißlein

Märchen Nr. 5 aus der Grimmschen Sammlung

Vorwort oder: Das Thema der Angst

Das folgende Märchen handelt von Angst und davon, wie sie sich überwinden läßt. Viele Märchen stellen ein ähnliches Thema, doch nur wenige bearbeiten es so konzentriert und «einfach» wie die Geschichte von dem *«Wolf und den sieben jungen Geißlein»*.

Angst! Jeder kennt sie. Er geht auf die Straße und sieht plötzlich ein Auto auf sich zurasen. Laut aufkreischend springt er von der Fahrbahn. Dann erst, in Sicherheit, merkt er, daß er nicht Angst «gehabt» hat, sondern daß er für Sekunden Angst *war*. Sein Herzschlag rast, sein Atem ringt um Luft, seine Beine schwanken, kalter Schweiß bildet sich an Achseln, Rücken, Händen – der ganze Körper, in Sekundenbruchteilen, war buchstäblich «auf dem Sprung»; nicht ein «bewußtes» Verhalten, sondern eine fast «automatische» Reaktion bot die Rettung – alles «Nachdenken» kommt wirklich erst «nachher».

Angst, wie dieses Beispiel lehrt, ist als erstes ein biologisch bedingtes Warnsignal auf äußere Gefahren, ausgelöst durch bestimmte «typische» Situationen, gekoppelt mit einem instinktiven Verhaltensrepertoire. «Typisch» in der Geschichte des Lebens ist an dieser Situation die Bedrohung durch einen Beutegreifer, ist der nicht endende Kampf zwischen Opfer und Jäger. In jedem Augenblick muß ein Beutetier auf dem Quivive vor seinen möglichen Verfolgern sein. Aber Wachsamkeit als «Gefahrgewärtigung» ist noch nicht Angst. Die Natur hat offensichtlich kein Interesse daran, die Lebewesen ständig in Angst zu halten; Angst ist eine reine Notfallreaktion, die sich schon aus energetischen Gründen nicht auf Dauer stellen läßt.

Ein Hase etwa bemerkt, daß in hundert bis zweihundert Metern Entfernung ein nicht angeleinter Hund seine Spur aufnimmt; instinktiv duckt er sich an den Boden, um vielleicht doch noch unentdeckt zu bleiben, seine Muskeln sind auf das äußerste gespannt, alles ist vorbereitet für einen Katapultstart; der aber erfolgt erst, wenn der Verfolger, in diesem Falle der Hund, eine gewisse Fluchtdistanz unterschreitet; dann beginnt das Rennen und Jagen auf Leben und Tod. Wenig später, dem Tode entronnen, wird der Hase wieder in aller Ruhe weiteräsen; es ist noch einmal «gutgegangen».

Auch das «Säugetiergehirn» des Menschen (das limbische System) arbeitet im Prinzip nicht anders. Auf der Autobahn wird jemand zum Zeugen eines Auffahrunfalls; für einen Moment greift die Angst in Form eines jähen Schreckens an sein Herz, – nur ein wenig später, und er selber hätte in den Unfall verwickelt sein können! Doch kurz danach schon wird er sorglos (und leichtsinnig) wie zuvor auf das Gaspedal treten, vielleicht sogar noch den Musikkanal in seinem Autoradio einstellen und fröhlich das Glück feiern, noch einmal davongekommen zu sein.

Gleichzeitig wissen wir Menschen im Bewußtsein freilich, daß irgendwann der Jäger Tod uns erreichen wird; mögen wir noch so schnell vor ihm fliehen, am Ende der Fluchtrichtung selbst wird er auf uns warten; mögen wir noch so dicht an die Erde uns ducken, irgendwann wird er nießerstoßen, und es wird kein Entrinnen geben. Wir Menschen sind die einzigen Lebewesen, die nicht nur den Tod erleben, sondern die mit dem Tode leben müssen. Vermutlich liegt es daran, daß wir einander feindseliger und gefährlicher gegenübertreten können, als es Tiere jemals zu tun vermöchten. Kein Raubtier kann uns so bedrohlich werden, wie wir es uns selber sind.

Doch der Tod hat viele Gesichter. Den Satz: Alle Angst ist

Todesangst, lehnte bereits SIGMUND FREUD als zu allgemein und als im Grunde unbeweisbar ab[1]; tiefer als alle Angst, die wir als Erwachsene erleben, reiche, so meinte er, die Angst eines Kindes, von seinen Eltern verlassen zu werden (die «Objektverlustangst»). Die vollkommene Hilflosigkeit eines Kindes bewirke, daß die Möglichkeit, von den Eltern allein gelassen zu werden, durchaus in Form von «Realangst» erlebt werde. Doch was kann ein Kind in dieser Lage schon tun? Es kann durch angeborenes Schreien auf sich aufmerksam machen, aber es gibt nicht einmal einen Weg, dem Kinde zu sagen, *wann* seine Mutter oder sein Vater zurückkommen werden.

Ein vergleichbares Problem zeigt sich etwa bei einem Haushund: Er sieht, wie sein Frauchen oder Herrchen den Koffer packt, und aus Erfahrung hat er gelernt, daß ihm nun eine längere Abwesenheit bevorstehen wird; das Tier wird nicht eigentlich Angst empfinden, doch wird es erkennbar sehr traurig werden: Seine Welt wird, unbekannt wie lange, vollkommen leergeräumt sein; es wird sich an die Fensterbank setzen und warten, doch wenn das Alleinsein zu lange dauert, wird es nicht einmal das bereitgestellte Futter zu sich nehmen, ja, man kann seine Gefühle kaum anders denn als *depressiv* bezeichnen.

Nun muß man nur noch hinzufügen, daß derartige Eindrücke von Verlassenheitsangst und Traurigkeit sich nicht nur von Fall zu Fall ereignen, sondern sich zu einer *Erwartungsangst* verfestigen können. Vor allem: Je unfertiger das Erlebniszentrum eines Menschen- oder Tierkindes ist, desto stärker wird sein «Charakter» von den entsprechenden Erfahrungen geprägt werden, desto in sich geschlossener werden seine Gefühle darauf vorbereitet sein, immer und überall eine feindgetönte «Welt» zu erwarten, in welcher Angst, Verlassenheit und Traurigkeit zur «Grundbefindlichkeit» zählen; und die entscheidende Frage wird sein, wie sich in einer solchen «Welt» leben läßt, und mehr noch: wie sich aus ihr herausfinden läßt.

Es ist nicht zu viel behauptet, wenn wir in Aussicht stellen, daß das Märchen von dem *Wolf und den sieben jungen Geißlein* von genau diesem Problem sprechen wird. Zwar erzählt es von «Zicklein», doch gemeint sind noch recht kleine Kinder, zwar erzählt es von einer «alten Geiß», doch gemeint ist deren Mutter, zwar erzählt es scheinbar von einer einzelnen Begebenheit, doch was es entwirft, ist das Sinnbild einer Kindheit, die hinzugehen droht in beinahe tödlichen Ängsten.

Selbst in der Sammlung der BRÜDER GRIMM wird es schwerfallen, ein Märchen zu finden, das so eindrücklich die Erlebnisweise von Menschen zu erklären vermag, die als solche Kinder ohne Kindheit aufwachsen mußten. Hören wir zu.

Der Wolf und die sieben jungen Geißlein

Es war einmal eine alte Geiß, die hatte sieben junge Geißlein, und hatte sie lieb, wie eine Mutter ihre Kinder liebhat. Eines Tages wollte sie in den Wald gehen und Futter holen, da rief sie alle sieben herbei und sprach: «Liebe Kinder, ich will hinaus in den Wald, seid auf eurer Hut vor dem Wolf, wenn er hereinkommt, so frißt er euch alle mit Haut und Haar. Der Bösewicht verstellt sich oft, aber an seiner rauhen Stimme und an seinen schwarzen Füßen werdet ihr ihn gleich erkennen.» Die Geißlein sagten: «Liebe Mutter, wir wollen uns schon in acht nehmen, Ihr könnt ohne Sorge fortgehen.» Da meckerte die Alte und machte sich getrost auf den Weg.

Es dauerte nicht lange, so klopfte jemand an die Haustür und rief: «Macht auf, ihr lieben Kinder, eure Mutter ist da und hat jedem von euch etwas mitgebracht.» Aber die Geißerchen hörten an der rauhen Stimme, daß es der Wolf war. «Wir machen nicht auf», riefen sie, «du bist unsere Mutter nicht, die hat eine feine und liebliche Stimme, aber deine Stimme ist rauh; du bist der Wolf.» Da ging der Wolf fort zu einem Krämer und kaufte sich ein großes Stück Kreide: Die aß er und machte damit seine Stimme fein. Dann kam er zurück, klopfte an die Haustür und rief: «Macht auf, ihr lieben Kinder, eure Mutter ist da und hat jedem von euch etwas mitgebracht.» Aber der Wolf hatte seine schwarze Pfote in das Fenster gelegt, das sahen die Kinder und riefen: «Wir machen nicht auf, unsere Mutter hat keinen schwarzen Fuß wie du: Du bist der Wolf.» Da lief der Wolf zu einem Bäcker und sprach: «Ich habe mich an den Fuß gestoßen, streich mir Teig darüber.» Und als ihm der Bäcker die Pfote bestrichen hatte, so lief er zum Müller und sprach: «Streu mir weißes Mehl auf meine Pfote.» Der Müller dachte: «Der Wolf will einen betrügen», und weigerte sich, aber der Wolf sprach: «Wenn du es nicht tust, so fresse ich dich.» Da fürchtete sich der Müller und machte ihm die Pfote weiß. Ja, so sind die Menschen.

Nun ging der Bösewicht zum drittenmal zu der Haustüre, klopfte an und sprach: «Macht mir auf, Kinder, euer liebes Mütterchen ist heimgekommen und hat jedem von euch etwas aus dem Walde mitgebracht.» Die Geißerchen riefen: «Zeig uns erst deine Pfote, damit wir wissen, daß du unser liebes Mütterchen bist.» Da legte er die Pfote ins Fenster, und als sie sahen, daß sie weiß war, so glaubten sie, es wäre alles wahr, was er sagte, und machten die Türe auf. Wer aber hereinkam, das war der Wolf. Sie erschraken und wollten sich verstecken. Das eine sprang unter den Tisch, das zweite ins Bett, das dritte in den Ofen, das vierte in die Küche, das fünfte in den Schrank, das sechste unter die Waschschüssel, das siebente in den Kasten der Wanduhr. Aber der Wolf fand sie alle und machte nicht langes Federlesen: Eins nach dem andern schluckte er in seinen Rachen; nur das jüngste in dem Uhrkasten, das fand er nicht. Als der Wolf seine Lust gebüßt hatte, trollte er sich fort, legte sich draußen auf der grünen Wiese unter einen Baum und fing an zu schlafen.

Nicht lange danach kam die alte Geiß aus dem Walde wieder heim. Ach, was mußte sie da erblicken! Die Haustüre stand sperrweit auf: Tisch, Stühle und Bänke waren umgeworfen, die Waschschüssel lag in Scherben, Decke und Kissen waren aus dem Bett gezogen. Sie suchte ihre Kinder, aber nirgend waren sie zu finden. Sie rief sie nacheinander bei Namen, aber niemand antwortete. Endlich, als sie an das jüngste kam, da rief eine feine Stimme: «Liebe Mutter, ich stecke im Uhrkasten.» Sie holte es heraus, und es erzählte ihr, daß der Wolf gekommen wäre und die andern alle gefressen hätte. Da könnt ihr denken, wie sie über ihre armen Kinder geweint hat.

Endlich ging sie in ihrem Jammer hinaus, und das jüngste Geißlein lief mit. Als sie auf die Wiese kam, so lag da der Wolf an dem Baum und schnarchte, daß die Äste zitterten. Sie betrachtete ihn von allen Seiten und sah, daß in seinem angefüllten Bauch sich etwas regte und zappelte. «Ach Gott,» dachte sie, «sollten meine armen Kinder, die er zum Abendbrot hinuntergewürgt hat, noch am Leben sein?» Da mußte das Geißlein nach Haus laufen und Schere, Nadel und Zwirn holen. Dann schnitt sie dem Ungetüm den Wanst auf, und kaum hatte sie einen Schnitt getan, so streckte schon ein Geißlein den Kopf heraus, und als sie weiterschnitt, so sprangen nacheinander alle sechse heraus, und waren noch alle am Leben, und hatten nicht einmal Schaden gelitten, denn das Ungetüm hatte sie in der Gier ganz hinuntergeschluckt. Das war eine Freude! Da herzten sie ihre liebe Mutter und hüpften wie ein Schneider, der Hochzeit hält. Die Alte aber sagte: «Jetzt geht und sucht Wackersteine, damit wollen wir dem gottlosen Tier den Bauch füllen, solange es noch im Schlafe liegt.» Da schleppten die sieben Geißerchen in aller Eile die Steine herbei und steckten sie ihm in den Bauch, so viel sie hineinbringen konnten. Dann nähte ihn die Alte in aller Geschwindigkeit wieder zu, daß er nichts merkte und sich nicht einmal regte.

Als der Wolf endlich ausgeschlafen hatte, machte er sich auf die Beine, und weil ihm die Steine im Magen so großen Durst erregten, so wollte er zu einem Brunnen gehen und trinken. Als er aber anfing zu gehen und sich hin und her zu bewegen, so stießen die Steine in seinem Bauch aneinander und rappelten. Da rief er:

«Was rumpelt und pumpelt
in meinem Bauch herum?
Ich meinte, es wären sechs Geißlein,
so sind's lauter Wackerstein.»

Und als er an den Brunnen kam und sich über das Wasser bückte und trinken wollte, da zogen ihn die schweren Steine hinein und er mußte jämmerlich ersaufen. Als die sieben Geißlein das sahen, da kamen sie herbeigelaufen, riefen laut: «Der Wolf ist tot! der Wolf ist tot!» und tanzten mit ihrer Mutter vor Freude um den Brunnen herum.

Tiefenpsychologische Deutung

Eine alte Geiß hatte sieben Geißlein.

Geschichten gibt es auch in der Sammlung der BRÜDER GRIMM genug, die im Grunde keine «Märchen», sondern eher *Fabeln* sind: lehrhafte Erzählungen, die von Tieren reden und Menschen meinen[2]; andere Geschichten berichten davon, wie Menschen sich in Tiere verwandeln[3] oder in Tiere verwunschen werden können[4], bis sie am Ende ihre menschliche Gestalt wiedererlangen – uralte schamanistische und totemistische Vorstellungen scheinen in solchen *Zaubermärchen* Wirklichkeit zu werden.

Das Märchen von dem *Wolf und den sieben jungen Geißlein* ist von anderer Art. Es meint Menschen, auch wenn es scheinbar von Tieren erzählt, aber es ist keine Fabel; es beschreibt Menschliches in tierischer Gestalt, doch es kennt nicht das Motiv der Tierverwandlung. Am nächsten kommt ihm unser eigenes Empfinden, wenn wir andere Menschen oder uns selber in Augenblicken starker Erregung mit Tiernamen belegen: Wenn wir einander in Liebe zugetan sind, so geschieht es gern, daß wir uns wechselseitig mit Koseworten bezeichnen, und nennen uns dann: Mein Häschen, mein Mäuschen, mein Bärlein, mein Täubchen, meine Möwe, mein Adler oder auch, schon recht resigniert am Ende einer Ehe voller Tricks und Täuschungen, womöglich mein Hühnerhabicht oder mein Wanderfalke ... Andererseits geschieht es nicht selten im Zorn, daß uns Menschen erscheinen als Esel und Schafe, als Rindsviecher und Affen, als Schlangen und Stinktiere ... Und es malen sich, so oder so, im Portrait von Tieren die Personen von Menschen in ihren jeweiligen Verhaltensweisen und Charakterzügen.

Das Märchen vom *Wolf und den sieben jungen Geißlein* hat eine solche tief emotionale Sprechweise im Augenblick gewissermaßen auf Dauer gestellt. Es spricht von einer Kindheit, die «menschlich» kaum ist; es schildert die Beziehung einer Mutter zu ihren Kindern, die in ihrer «animalischen» Geborgenheit zugleich auch «tierische» Ängste in sich schließt, und die Frage stellt sich natürlich, warum für das Bild solcher Zusammenhänge ausgerechnet «Ziegen» herhalten müssen, warum nicht zum Beispiel «Gänse»[5] oder Hühner oder Schwäne[6], die in anderen Märchen tatsächlich zur Beschreibung von Mädchen- oder Jungengruppen verwandt werden; warum «Ziegen»?

Diese Frage ist einleitend wichtiger, als man meinen möchte. Denn wann je in Deutschland ist man geneigt, eine Frau eine «alte Ziege» zu nennen und wann je ein Kind einen (Ziegen)-Bock? Das Märchen tut alles, uns zu versichern, daß die «alte Geiß» ihre «sieben jungen Geißlein» «liebhatte», «wie eine Mutter ihre Kinder liebhat», und es gibt keinen Grund, an dieser Angabe des Märchens zu zweifeln; und doch kann diese Bemerkung nicht die ganze Wahrheit enthalten. Eine «alte Ziege» nennen wir eine Frau nur dann, wenn sie an uns und wir an ihr eine Menge auszusetzen haben – sie «meckert» uns zu viel; das macht sie zu einer alten «Ziege». Dieses ihr «Meckern» geschieht gewiß aus einem besorgten Wohlwollen heraus, es ist nicht bös gemeint, und doch wird es von den Betroffenen, sprich: von den «Angemeckerten», als durchaus überflüssig und störend erlebt. Und auch umgekehrt: Kinder in der Rolle von «Zicklein» und «Geißen» dürfen schon durch ihr jugendliches Ungestüm als ziemliche Quälgeister gelten: Sie hüpfen und springen wild und verwegen über «Stock und Stein», sie sind kaum zu zähmen, und *ihr* «Meckern» wird man als ein ungehemmt vorlautes Wesen zu verstehen haben. Wie aber dann?

Da ist eine *alte Geiß*, die es herzlich gut meint, eine Mutter, mit anderen Worten, die ihre sieben «Kids» oder «Kitzlein», offenbar «alleinerziehend», ohne erkennbaren Beistand eines Mannes, durchbringen soll. Sie hat, gewiß, ihre Kinder so lieb, als irgendeine Mutter ihre Kinder nur liebhaben kann; doch dürfen wir nicht denken, daß bei all ihrer Liebe, ja, gerade infolge ihrer Liebe diese ihre Kinder ihr nicht selten auf die Nerven gehen werden? Daß sie selber sich bei allem guten Willen oft genug überfordert fühlen wird? Daß sie sich immer wieder als sehr allein und hilflos ihrer Aufgabe als «Mutter» gegenüber fühlen wird? Wären dieser Frau die Kinder ganz einfach weniger wichtig, so würden ihre Konflikte sich weniger aufstauen; doch eben weil die «alte Geiß» ihre Kinder «sehr liebhat», kann sie kaum anders, als äußerst widersprüchlich zu empfinden: Zweifellos möchte sie ihren Kindern gut sein, doch eben deshalb wird es ihr schwerfallen, diesem Ziel zu entsprechen, und wiederum wird sie unter dem Gefühl des Ungenügens selber leiden; sie wird sich, eben weil sie eine gute Mutter ist und sein will, am Ende vorwerfen, versagt zu haben, ja, es wird unausbleiblich sein, daß sie mitunter sogar Abneigung und Widerwillen gegen die permanente Überforderung all ihres guten Willens fühlt. Aber darf eine Mutter ihre Kinder, und sei es auch nur ganz im verborgenen, sei es auch nur in ganz wenigen Augenblicken, für schwierig, für schwer, für allzu belastend und lästig empfinden? Schon der Gedanke an solch eine Möglichkeit muß verdrängt werden, doch kehrt er aus dem Unbewußten zurück in Form eines chronischen Schuldgefühls: «Du tust doch nicht genug! Du bist doch eine Rabenmutter! Wie kannst du nur…, wo doch deine Kinder…!» Dieser innere Vorwurf mag sich melden bei der kleinsten Gelegenheit, und er läßt sich nur widerlegen durch eine immer noch größere Sorgfalt und Fürsorge, durch ein Immer-noch-mehr an Verantwortung, Mühe und bitter werdender Liebe.

Das Indiz eines solchen Teufelskreises ist das scheinbar so lustig wirkende Geißenbild selbst. «*Blöde* Ziege» – so bezeichnet man eine Frau, die man nicht eigentlich ablehnt, doch deren «Gemecker» man nicht versteht und das man für unbegründet und unberechtigt hält; das Märchen vom *Tischleindeckdich, Goldesel und Knüppel aus dem Sack*[7] bietet ein ausführliches Beispiel für ein solches geradezu selbstschädigendes «Mäh, mäh» am Fall einer Ziege, die den ganzen Tag über auf der Weide kein einzig Blatt zu sich nimmt, dann aber, des Abends, im Stall, sich darüber beklagt, nichts haben fressen zu können. Es gehört offenbar zu dieser Art von «Meckerei», daß wir es mit Personen zu tun haben, die ihre oft nur allzu berechtigten Anliegen so gut wie nicht vertreten können; es ist, als ob ein ständiges Verbot über ihnen läge, das sie hindern würde, das Richtige zur rechten Zeit in der rechten Weise zu sagen. Statt Wünsche zu einem Zeitpunkt zu äußern, an dem sie noch erfüllbar wären, melden zur Unzeit sich Klagen und Anklagen zu Wort, überfällige Entwürfe ersetzen sich durch allfällige Vorwürfe an jedermann, und es scheint subjektiv wirklich so, als bilde der Erstbeste in der Umgebung just jetzt wieder die Ursache für das erneut verhinderte Leben. Das Grundgefühl, das auf diese Weise entsteht, ist durchaus real: Man kommt zu nichts! Doch chronifiziert sich der Ärger über diesen Zustand, und statt darüber nachzudenken, was denn an eigenen Gehemmtheiten zu dieser Situation beiträgt, verstärkt sich im Gegenteil bei den Betreffenden noch die Neigung, sich selber und allen andern zu zeigen, daß jeweils sie es sind, die sich den ach so berechtigten Wünschen und Bedürfnissen hindernd, wo nicht verbietend in den Weg stellen oder bereits gestellt haben. Natürlich überzeugen Vorwürfe dieser Art nur denjenigen, der sie vorträgt; alle anderen ringsum einigen sich über kurz oder lang auf die schlimmste Form der Ablehnung: Sie nehmen sie nicht länger ernst! Ja, sie fangen an, ihre Witze darüber zu machen! Das Bild der «Mecker-Ziege» ist perfekt. Innerlich wie äußerlich, psychisch wie sozial, ist dieser Kreis der Ausgesetztheit und der Ausgegrenztheit fortan nicht mehr zu durchbrechen. Was einer solchen «Geiß» bleibt, ist eigentlich nur noch ein starres, pflichtbewußtes So-Weitermachen, ein allen die Hörner-Zeigen, ein Herumklettern an immer steileren Wänden[8].

Nicht zu vergessen ist im Falle unseres Märchens zudem der

gleich zu Beginn betonte Sachverhalt, daß wir es mit einer *alten* «Geiß» zu tun haben. Gewiß, man spricht im Deutschen von «alt» wohl auch, wenn man nicht das Lebensalter, sondern die Vertrautheit, die «Altbekanntheit» mit dem Wesen eines Menschen meint: Eine «alte Ziege» kann daher auch eine Frau sein, die man seit eh und je als nörgelnd, negativ und keifig kennt. Hier aber ist an einen solchen Wortsinn nicht zu denken; vielmehr erklärt und konkretisiert das biologische wie seelische *Alter* dieser «Geißen»-Frau wohl einen gut Teil der Konflikte, die wir uns bei der Aufzucht und Erziehung ihrer «Geißlein» vorzustellen haben.

Alles, was wir von dieser Frau erfahren, ist ihre Mütterlichkeit. Die Mutter ihrer Kinder zu sein, scheint den gesamten Inhalt ihres Lebens auszumachen; für ihre Kinder dazusein – das ist ihr Dasein! Und wie denn auch nicht? möchte man fragen. Man weiß, wie gesagt, nicht, wo der Vater dieser Kinder geblieben ist, es genügt zu wissen, daß er nicht mehr existiert. Übertragen auf das «wirkliche» Leben dürfen wir denken, er sei im Krieg geblieben, er sei durch Krankheit früh verstorben, er sei, durch welche Schicksalsschläge immer, von seiner Familie getrennt worden, oder er trete ganz einfach hinter der Dominanz seiner Frau wie nicht vorhanden zurück. In jedem Falle steht diese Frau in fortgeschrittenem Alter mit ihren sieben Kindern vollkommen allein da.

Die Zahl *«sieben»*[9] darf dabei durchaus summarisch genommen werden: Da erfüllt sich ein Maß, das keine weitere Steigerung mehr zuläßt; daß «sieben» auch für eine Unglückszahl, für die «böse» Sieben gilt, spielt dabei sicher keine Rolle, – die Menge der noch kleinen Kinder selber stellt für diese Frau eine sehr schwere, überschwere Belastung dar, so viel steht fest, und das allein genügt. In der «Realität» kommt es auf die Zahl selbst nicht an: Im Leben einer Frau kann schon ein einziges *zu spät*, zu unvorhergesehen, zu *ungelegen* zur Welt gekommenes Kind rundum den Sinn der «Siebenzahl» erfüllen. Ja, es genügt, die Altersfrage sich von beiden Seiten vorzustellen: Da ist eine Frau, die mit ihrem Kind (oder mit ihren Kindern) womöglich sehr gut umgehen kann, solange es (oder sie) noch klein ist (oder sind); doch basiert dieser Umgang auf weitgehender Angleichung: Die Mutter lebt in ihren Kindern, und diese leben wesentlich in ihr, und solange eine solche «Union» von Mutter und Kind anhält, entstehen auch nicht die Konflikte, von denen unser Märchen berichtet. Die Lage aber ändert sich dramatisch, sobald ein Kind bei fortschreitendem Alter, sagen wir etwa mit sieben bis acht Jahren, sich endgültig von seiner Mutter zu lösen beginnt. Dann stellt es, ob es will oder nicht, die Identität seiner Mutter in Frage. Sie war bisher «die Mutter»; sie hat für sich nie wirklich selber zu leben vermocht; was also soll aus ihr werden, und wer eigentlich ist sie noch, wenn ihr Kind, dieses entscheidende Gegenüber ihres gesamten Lebensentwurfs, ihr «abhanden» zu kommen droht? Verständlicherweise wird sie um ihre alte Position kämpfen; doch wieder werden ihre Vorhaltungen und Vorbehalte gegen die sich entfaltende Selbständigkeit ihres Kindes als nicht berechtigt, als geistig nicht weiter ernst zu nehmendes «Meckern» erscheinen, als ein wirkungsloses «Mäh, mäh» hinterdrein, das am Gang der Dinge nicht viel ändern wird.

Denn auch *das* gehört mit zu dem Bild einer Mutter-Geiß: Sie ist als «Mutter-Tier» keine machtvolle «Kuh». Zwar geht im Deutschen auch die Bezeichnung einer Frau als «Kuh» oder eines Mannes als «Ochse» für gewöhnlich einher mit dem Begriff «blöde» und «dumm», doch besitzt gerade das Bild der (stets als mütterlich empfundenen) *Kuh* schon kultur- und religionshistorisch eine geradezu glänzende Vergangenheit: Die Himmelskuh *Hathor* bei den Ägyptern etwa zählte mit zu den Garanten für das Bestehen der Welt, und ein Mythos, welcher in etwa der Sintflut-Erzählung der Bibel entspricht, erzählt davon, wie der Feuerzorn der Himmelskuh die Welt in ihren jetzigen Zustand versetzt hat[10]. Von einem solch mächtigen Wesen kann nicht die Rede sein bei einer Mutter-*Geiß*. Sie ist in allem gewissermaßen die miniaturisierte Ausgabe ihres in jeder Hinsicht respektableren Vorbildes. Zu *ihrem* Portrait gehört es wesentlich, daß sie «nur» «meckert» und nur «meckern» kann. Was sie zu sagen hat, ist lästig, eine Beschwernis der Nerven, doch selbst für ihre «Geißlein» nicht wirklich maßgebend. In einem solchen «Ziegenstall» von Kindheit erscheinen vielmehr alle «Bocksprünge» als möglich und irgendwie sogar als erlaubt; zumindest gibt es keine wirksame Begrenzung der infantilen Willkür; und auch darin kann man unter Umständen eine Spätfolge des wachsenden *Alters* erkennen. Ein einfacher Gedankengang mag das verdeutlichen.

Eine Frau, die sich wesentlich als «Mutter» definiert, wird gewiß alles für das Wohl ihres Kindes (oder ihrer Kinder) zu tun bemüht sein, und es wird ihr schwerfallen zu bemerken, daß dieses «alles» insbesondere in den so wichtigen ersten Jahren der Kindheit eine Art von Obhut und Fürsorge mit sich bringen kann, die nach gewöhnlichen Maßstäben kaum anders denn als «verwöhnend» bezeichnet werden muß. Der Hauptinhalt all des «Gemeckers» später findet darin seinen Kern: «Ich habe doch immer alles für dich getan. Ich war doch immer für dich da. Und du bist so undankbar zu deiner Mutter! Und du hast so wenig Verständnis für deine Mutter. Du bist gar nicht mehr mein liebes Kind. Du kannst derart ausfallend und frech sein...!» Und es wird einer solchen Frau nur schwerlich einsichtig sein, daß sie mit ihrer Überfürsorge in ihren Kindern gerade die Überansprüche geweckt und gezüchtet hat, die sie jetzt mit nachträglichen Vorwürfen beklagt. In *ihren* Ohren klingt auch das, was die jungen Geißlein vorbringen, als ein unverständliches und unverständiges, dummes «Gemecker». Hilflose Erklärungen wie: «Sie wissen's halt nicht besser», oder: «Sie werden noch dahinterkommen, was sie an ihrer Mutter haben», oder, weit resignierter: «Undank ist der Welten Lohn», müssen am Ende die Widerreden der Kinder abwiegeln helfen und erträglich halten. Dabei darf man nicht vergessen, daß selbst für menschliche Ohren das Meckern kleiner Geißen ganz unwiderstehlich klingt; man kann gar nicht anders, als sie zu streicheln und zu füttern; wie da erst eine echte «Geiß»!

Will man sich eine solche «Geißenfamilie» deshalb einmal konkret vorstellen, so imponiert vordergründig gewiß der Eindruck einer munteren Betriebsamkeit oder, richtiger, einer nicht endenden Hektik; Ruhe, Einkehr und Stille jedenfalls sind nicht gerade die Verhaltensweisen, die sich mit den «sieben jungen Geißlein» und ihrer Mutter-Geiß vereinbaren. In einem solchen «Ziegenhaus» ist ständig etwas los, ist ständig etwas zu besorgen, herrscht ständige Umtriebigkeit und Unruhe. Es erzählt uns das Märchen zugleich aber auch, worauf diese Rastlosigkeit sich konzentriert: Die Hauptfrage in allem gilt der Nahrungssicherung. Wiederum müssen wir, was hier als ein einmaliges Geschehen geschildert wird, als einen sich stets wiederholenden Vorgang denken. Dabei sollten wir voraussetzen, daß diese Sorge um das Lebensnotwendige innerlich wie äußerlich alle Kräfte der Mutter-Geiß verschleißt. Wie das? *Drei kurze Skizzen* mögen als Hilfe dienen, um sich in entsprechende Situationen hineinzuversetzen, wobei wir stets auch auf den kompletten psychischen oder realen *Ausfall des Vaters* in dieser kennzeichnenden Familienkonstellation achthaben sollten. – Eine derartige Einübung in das Verständnis eines Märchens durch eine möglichst anschauliche Vorstellung dessen, was die symbolische Darstellung der Erzählung in der «Wirklichkeit» zu bezeichnen vermag, ist nicht nur unerläßlich, sie schafft allererst die Voraussetzung für eine «verbindliche» Interpretation der jeweils vorliegenden Geschichte.

«Meine Mutter hatte mit ihren fünf Kindern von früh bis spät zu tun», erzählte eine Frau aus ihrer Kindheit; sie hatte nicht eigentlich die Absicht, das Märchen vom *Wolf und den sieben Geißlein* auszulegen, und doch war, was sie sagte, gerade dazu außerordentlich hilfreich. «Immer», fuhr sie fort, «war Mutter beschäftigt mit Waschen, Gartenarbeit, Hausputz – am meisten aber im Herbst mit dem Einmachen von Gemüse und Obst, und dann natürlich jeden Tag mit dem Kartoffelschälen und Kochen. Es war damals (das heißt nach 1945 in einer norddeutschen Großstadt) nicht einfach, überhaupt etwas Eßbares aufzutreiben; wir aber hielten in den beengten Wohnverhältnissen noch Tiere: Gänse, Hühner, ein Schwein, – es sah bei uns oft unbeschreiblich aus! Aber der Stolz meiner Mutter war es, daß mittags immer etwas auf dem Tisch stand. Dafür tat sie alles. Leute, die zwar schöne Möbel durch den Krieg gerettet hatten, aber bei ihr wie auf dem Schwarzmarkt tauschen kamen – eine Kristallvase gegen eine Stange Speck –, verachtete sie von Herzen. Überhaupt hatte sie an allem etwas auszusetzen. Meinen Vater hielt sie für einen ausgemachten Schluffen, den sie hin und her kommandierte, ohne je auf seine Hilfe wirklich zu zählen. Man konnte es ihr nie recht machen, schon weil man nicht wußte, was sie wirklich wollte. Ich glaube, sie wußte es selber nicht. Das einzige, was sie sich wünschte, waren glückliche und zufriedene Kinder, die genug zu essen hatten und die sie nach erfolgter Mahlzeit in Frieden ließen.» – Das Bild, das diese Frau von ihrer Mutter malte, wies in der Tat eine große Ähnlichkeit mit der «*Mutter-Geiß*» in unserem Märchen auf, und zwar nicht allein durch die chronisch geäußerte Unzufriedenheit mit allem und jedem in der Umgebung, sondern vor allem durch die Selbstidentifikation mit der Rolle einer Mutter, die alles tut und weiß und rastlos beim Besorgen der Nahrung an sich selbst gar nicht denkt, – der Vater, wohlgemerkt, existierte in dieser Welt zwar physisch, doch nicht als ein wirkliches Gegenüber mit einer eigenen Funktion; vor allem aber deutet sich in diesem Beispiel der Widerspruch zwischen materieller Verwöhnung («Überfütterung») und psychischer Härte an: Die Mutter ist in gewissem Sinne allgegenwärtig und dann doch im entscheidenden für das Mädchen wie abwesend, – eine echte «Geißen-Konstellation», die in dem folgenden zweiten Fall noch eindrücklicher zutage tritt.

Stockend und leise, überhaupt nicht wie ein lebensfrohes «Geißlein», berichtete eine andere Frau von ihrer Kindheit, und doch hatte sie die Rolle des niemals lästigen, des stets fröhlichen Kindes, die in unserem Märchen sich dargestellt findet, mit Rücksicht auf ihre Mutter fast perfekt spielen müssen. Der Grund dafür war dramatisch. Wenige Monate vor ihrer Geburt war unverhofft ihr Vater gestorben, und ihre Mutter verfügte über keinerlei finanzielle Rücklagen, von denen sie sich mit ihrer Tochter über die Zeit hätte retten können. In den Beruf, den sie einmal gelernt hatte, konnte sie unter den gegebenen Umständen nicht mehr zurückkehren, und so blieb ihr nichts anderes übrig, als sich nach Art einer Tagelöhnerin mit Gelegenheitsarbeiten als Wäscherin, Reinemachefrau oder als Erntehelferin zu verdingen. Natürlich konnte es in diesen Verhältnissen zu keinem einfachen «Ziegenheim» von Mutter und Kind kommen, doch *ein* Merkmal zeigte sich auf seiten der Mutter besonders ausgeprägt: Sie, die als eine recht *junge* Frau seelisch fast noch ein Mädchen war, als sie zur Mutter wurde, sah sich jetzt wesentlich in dieser Aufgabe gefordert, sie war *die Mutter.* Ihr ganzes Selbstbewußtsein legte sie unter den für sie beschämenden Umständen darein, untadelig und unverdrossen ihre Pflicht zu tun, so daß niemand ihr etwas Übles nachreden konnte; zu diesem Zweck auferlegte sie sich in äußerster Strenge jedes noch so schwere Opfer. Andererseits freilich empfand sie ihre Entbehrungen als durch und durch ungerecht; und das wären sie unstreitig auch gewesen, bestünde für uns überhaupt eine Möglichkeit, das Schicksal moralisch zu maßregeln; so aber blieb dieser Frau nichts anderes übrig, als den anderen inwendig vorzuwerfen, daß es ihnen unverdientermaßen besser erging. «Weil ich gut bin, geht es mir schlecht» – so in etwa ließ ihre Lebensmaxime sich wiedergeben, die sie mit den Jahren in eine zunehmend verhärmte, einsame Frau verwandelt hatte; demonstrativ zeigte sie «es» allen; dafür aber fand sie an allem und jedem etwas auszusetzen; mehr und mehr wurde sie in der Tat genau das, was man eine typische «Meckerziege» nennt. Ihre Tochter freilich hatte sich jedes kritische Wort zu verbieten; sie lernte im Extrem, auf alle eigene Bedürfnisse Verzicht zu tun, und merkte nicht, wie auch sie im Hintergrund gerade durch diesen Zwang zur Selbsteinschränkung in die Gefahr geriet, eine ähnliche Resignation gegenüber allem eigenen Wünschen zu entwickeln, wie ihre Mutter sie bereits exemplarisch vorlebte. Einsamkeit, Zähigkeit, ein gewisser stolzer Durchhaltewillen, der die eigene Selbstachtung mit der Fähigkeit zu Anspruchslosigkeit und Entsagung verknüpfte, eine Bereitschaft, willensstark und zielgerade auf eine einmal gestellte, als schicksalhaft empfundene Aufgabe zuzugehen, – das waren die Eigenschaften, die wir aus diesem Beispiel ergänzend kennenlernen, um uns das Wesen der «Ziegenmutter» des Märchens in der «Realität» vorzustellen.

Eine psychisch vergleichbare Konstellation im Leben einer Frau, jedoch unter ganz verschiedenen äußeren Voraussetzungen, zeigt uns ein *drittes* Beispiel.

Sie war etwa acht Jahre alt gewesen, als sie erleben mußte, wie ihre Mutter, die sie sehr lieb gehabt hatte, verstarb. Übers Jahr danach hatte ihr Vater eine andere Frau geheiratet, die sie, noch als Kind, entsprechend ihrer zärtlich verträumten Art mit einer geradezu verzweifelten, wehmütigen Liebe für sich zu gewinnen suchte. Viele Jahre in ihrem Leben waren auf diese Weise mit der flehentlichen Bitte dahingegangen, für all ihren guten Willen, für all ihre Selbsteinschränkungen, für all ihre Opfer doch so etwas zu finden wie Wertschätzung und Anerkennung, wie erwiderte Liebe. Doch vergebens. Weniger aus Liebe, denn aus einem ebenso berechnenden wie verantwortungsvollen Kalkül hatte ihre neue Mutter in die Ehe mit ihrem Vater gewilligt: Es «rechnete» sich für alle Beteiligten finanziell, – und außerdem, so fand sie, sollte dieses ausnehmend schöne, aufgeweckte Mädchen nicht als Halbwaise aufwachsen müssen. Beide, die Stiefmutter wie die Stieftochter, taten unter diesen Umständen, was sie konnten, um zueinanderzufinden, und doch wollte es ihnen nicht gelingen. In der Gestalt dieser Stiefmutter fand sich, wie in dem Märchen, erneut eine Frau, die auf ihre Weise alles unternahm, was sie für ihre Pflicht hielt: Sie sorgte auf untadelige Weise für den Haushalt, sie überwachte die Schulaufgaben ihrer Tochter, sie garantierte in allen äußeren Dingen des Lebens einen geordneten Ablauf, und sie erwartete für all diese «Wohltaten», wie sie es empfand, als ihr gutes Recht die Liebe ihrer Stieftochter; diese hinwiederum konnte und wollte nicht «dankbar» sein müssen, sie wollte geliebt werden für ihre Liebe, mit der sie ihre neue Mutter nach dem Vorbild ihrer verstorbenen Mutter umwarb. Das aber war es, was ihre Stiefmutter nicht ganz zu Unrecht als eine Nichtachtung ihrer eigenen mütterlichen (Ersatz)Leistungen empfand; sie begann, ihrer Stieftochter vorzuwerfen, lieblos, verzogen und bockig zu sein; sie merkte nicht oder ignorierte fast fahrlässig, wie dieses Mädchen sich in eine immer tiefere Einsamkeit und Verletzlichkeit zurückzog. Das «Meckern» der «Muttergeiß» hub an. Parallel dazu baute sich auch auf seiten des Mädchens eine Haltung des Ressentiments und des latenten Vorwurfs auf, die insgeheim *en revanche* an der Stiefmutter kein gutes Haar ließ. Andererseits spürte das Kind wohl, daß es mit dieser Frau vorliebnehmen mußte, hatte doch sein Vater sich nach seiner Heirat sogleich wieder seinen beruflichen Pflichten zugewandt; *er* glaubte seine Tochter gut versorgt und in besten Händen, jedenfalls stand mehr aus seiner Sicht nicht zu tun noch zu erwarten.

Auch in diesem dritten Beispiel des Verhältnisses einer Mutter zu ihrem Kind treffen wir auf jene kennzeichnende Mischung von höchst aktiver Gutwilligkeit und ebenso intensiver Unzufriedenheit; vor allem aber lernen wir dabei, daß es für eine Frau genügen kann, als «Stiefmutter» auf ein Kind zu treffen, das mit seiner Erwartung nach Liebe und mit seiner Bereitschaft, Liebe zu schenken, nur immer wieder enttäuscht werden muß, um in eben die Widersprüchlichkeiten hineinzugeraten, die wir inzwischen in allen «Geißenbeziehungen» voraussetzen müssen. Dabei wären in allen drei Beispielen die jeweils Beteiligten noch gut bedient gewesen, wenn es bei einer solchen «Geißenart» hätte bleiben können. Was sich indessen unter der Hand bereits anbahnt, ist das Problem des «Wolfs in der Ziege» oder, biblisch ausgedrückt, des «Wolfs im Schafspelz», einer der verfänglichsten und unheimlichsten Situationen, in die ein Kind im Verhältnis zu seiner Mutter geraten kann.

«Ich will hinaus in den Wald.»

Längst sind wir eigentlich darauf vorbereitet, uns zu fragen, was denn aber passieren wird, wenn der «normale» «Meckerton» des Umgangs miteinander in einer solchen «Ziegenfamilie» an seinen eigenen Reibungen sich aufstaut und aus einem noch halb-lustigen Klagen in eine zornige Anklage umschlägt. Einen Moment lang ließe sich denken, das wüßten wir schon: Es werde ganz einfach das Gefühl weiter in Gültigkeit bleiben, all das «Gemecker» und «Geschimpfe» der Muttergeiß sei weiter nicht ernst zu nehmen, ja, dieses Gefühl müsse sich sogar noch steigern, in dem Maße der Konflikt sich verschärfe. «Logischerweise», gewiß, sollte das auch so sein, doch die «Logik», die sich hier behauptet, ist, wenn schon, dann nicht die des ARISTOTELES, sondern die Dialektik G.W. F. HEGELS vom Umschlag der Quantität in die Qualität[11]: Es genügt in der Tat eine bloße Steigerung im Erleben von Ablehnung und Zurechtweisung, und ein Kind wird die Kritik von seiten seiner Mutter nicht länger mehr «lustig» und «spaßhaft» verstehen, sondern den bitteren Ernst herausspüren, der unüberhörbar in ihren Vorwürfen sich äußert; doch dieser Wechsel von dem soeben noch «Lustigen» zu dem nunmehr bedrohlich Ernsten erfolgt nicht in vorhersehbaren, gleitenden Übergängen, sondern eher nach Art eines überlaufenden Sees, der sich nach lang anhaltenden Niederschlägen in einem plötzlichen Wasserfall ins Tal ergießt. Es ist das Anfallartige, Unberechenbare, *Jähzornige*, das, mit dem Märchen gesprochen, eine liebe «Muttergeiß» in einen grimmigen «Wolf» zu verwandeln vermag; und es ist die *Möglichkeit* dieses Wechsels, der den Stoff des gesamten Märchens bildet: *Wer*, wenn die Mutter «fortgeht», wird zu den Kindern zurückkehren: die «Geiß» oder der «Wolf»? Die Unheimlichkeit dieser Frage begreift man erst, wenn man beide Gestalten: die «Geiß» und den «Wolf» als Erscheinungsformen ein und derselben Person auffaßt und mithin ein Stück weit genauer noch fragt: *Als was* wird die *Mutter* zurückkehren: als die «liebe Geiß» oder als der «böse Wolf»? Allein schon die Möglichkeit, daß das eine ebenso gut wie das andere der Fall sein kann, schafft eine ganz eigentümliche Psychologie, die das Märchen vom *Wolf und den sieben jungen Geißlein* wie kein anderes in ihren Brechungen, Widersprüchen und Gefahren zu schildern versteht.

Alles beginnt bereits mit dem angekündigten *Weggang* der «alten Geiß». Auf den ersten Blick scheint es in der Geschichte wohlbegründet, wenn die Alte erklärt, sie wolle im Walde Nahrung holen gehen; und doch enthält diese einleitende Szene in sich schon eine Reihe von Unstimmigkeiten: Seit wann böte, statt einer saftigen Wiese, ausgerechnet ein Wald die nötige Nahrung für junge Geißen? Warum müssen die Kinder zu Hause gehalten und mit allen Vorsichtsmaßregeln vor dem «bösen Wolf» versehen werden, statt daß sie in der Nähe des Hauses unter der Obhut der Alten sich selbst auf Nahrungssuche begäben? Was für eine merkwürdige Verriegelung findet sich an der Haustüre, daß diese, als ob die Erfindung eines transportablen Schlüssels noch nie gemacht worden wäre, sich nur von innen her öffnen läßt, so daß es der Geißlein bedarf, um überhaupt in die eigene Wohnung zurückkehren zu können? Und das Allerwichtigste, das im Märchen gar nicht Erwähnte: Wenn da «draußen» wirklich ein so gefährlicher «Wolf» auf Beute lauert, bringt sich die «alte Geiß» dann nicht selber in Lebensgefahr, und müssen die «Geißlein» um das Leben ihrer Mutter dann nicht ebenso fürchten, wie sich diese um ihre Kinder sorgt?

All die Sonderbarkeiten in der Erzählung des Märchens lösen sich erst, wenn wir tatsächlich annehmen, daß die «alte Geiß» im Grunde gar nicht vor einem «objektiv» existierenden, von ihr unabhängigen «Raubtier» warnt, sondern vor sich selbst, vor ihrer eigenen Hintergrundgestalt. Wie aber hängt dann der «Weggang» dieser guten Mutter zur Nahrungssuche mit ihrer zu befürchtenden Rückkehr als «böser Wolf» zusammen? Und was erleben angesichts der Warnungen der Muttergeiß unter solchen Umständen ihre eigenen Kinder?

Inmitten einer Welt, die vom «Wolf» bedroht ist, muß es bereits als ein gefährliches Wagnis betrachtet werden, daß die Mutter überhaupt – und sei es auch nur für eine Weile – ihre Kinder allein läßt: Kann es nicht sein, daß sie nie mehr zurückkehrt? In der Tat muß diese Angst um so schlimmer geraten, als ja nicht nur zu befürchten steht, daß «der böse Wolf» sich am Fenster der «Geißlein» zeigen könnte, sondern daß, wie wir voraussetzen, der «Wolf» – unausgesprochen – *anstelle* der guten Mutter erscheinen wird, daß, mit anderen Worten, der Auftritt des «Wolfs» nicht mehr und nicht weniger bedeutet als die hohe Wahrscheinlichkeit, die liebe Geiß selbst sei «gefressen» worden. Ehe «der Wolf» die Kinder verschlingen kommt, muß er aus der Sicht der Geißlein die Gestalt der Mutter selbst aufgezehrt haben! Und *diese* Angst: Nicht allein vor dem «Weggang», sondern, genaugenommen, vor dem Verlust der Mutter, macht die Lage der zurückgelassenen Kinder zu Hause derart prekär.

Denn was können sie tun? Die Antwort kann nur lauten: von sich her gar nichts! Sie sind buchstäblich ohnmächtig, was den weiteren Gang der Dinge betrifft. Ob die «Geiß» zurückkehrt oder der «Wolf» – sie wissen es nicht! Sie vermögen es nicht einmal in irgendeiner Weise zu beeinflussen. Sie können nur abwarten, was da «kommt». Etwas Quälenderes aber ist kaum denkbar, als in Angst und Ungewißheit, in einer Stimmung also, da alles auf eine rasche Entscheidung hinauswill, untätig stillhalten und abwarten zu sollen. Alle, die als Kinder Szenen dieser Art haben erleben müssen, werden die Angst vor dem jederzeit möglichen Verlust des geliebten Partners bis ins Erwachsenenalter, bis in den Aufbau ihres Charakters hinein mitgeschleppt haben; aber auch Eltern, Mütter zumeist, die dieser panikartigen Angst ihrer Kinder begegnen mußten, werden sich ihrer kompletten Hilflosigkeit in solchen Stunden erinnern.

«Ich weiß nicht», erzählte eine Frau von ihren ersten Erfahrungen als Mutter, «was mit meiner Tochter los war. Es genügte, daß ich auch nur für kurze Zeit fortgehen wollte, und sie fing schrecklich an zu weinen. Es kam mir manchmal so vor, als hätte sie aus lauter Angst einen sechsten Sinn entwickelt. Ich brauchte nur daran zu denken, daß ich einkaufen mußte oder irgend etwas sonst in der Stadt zu erledigen hatte, da legte sie los mit einem unbeschreiblichen, schier untröstlichen Jammer. Es half nichts, wenn ich sie für eine Weile zu beruhigen suchte. Kaum entfernte ich mich aus dem Zimmer, ging es wieder los.» Natürlich kam es auf diese Weise zu einer Art Machtkampf: Die Mutter erlebte das in ihrer Sicht völlig sinnlose, verrückte Plärren ihrer Tochter zunehmend als eine Erpressung: «Du darfst nicht fortgehen. Du bist eine schlechte Mutter, wenn Du fortgehst. Ich kann nicht leben ohne Dich. Du bist eine pflichtvergessene Mörderin, wenn Du mich allein läßt. Du mußt doch sehen, daß ich ohne Dich verloren bin.» So ähnlich lautete die «Botschaft», die in dem verzweifelten Wehklagen ihrer Tochter lag. Die Mutter, selbstredend, dachte gar nicht daran, ihre Tochter im Stich zu lassen, doch um so heftiger ärgerte sie sich über das unangemessene, nach ihrem Urteil in jeder Hinsicht übertriebene Verhalten des Kindes. «Ich habe ein Recht, mich frei zu bewegen, und ich muß zumindest mal einkaufen gehen können, ohne daß Du Dich buchstäblich umbringst.» Und: «Ich lasse mir von Dir nicht endlose Schuldgefühle machen.» So sagte ihr eigenes Gefühl; und so hörte sie, je heftiger ihre Tochter schrie, nicht mehr deren sich anklammerndes Vertrauen: «Du bist doch, liebe Mutter, mein Leben, mein ein und alles»; im Gegenteil, dagegen wehrte sie sich; sie hörte nur noch den Vorwurf: «Du gehst fort. Du bist schlecht.» Es war das typische Problem einer ganz wörtlich «allein erziehenden» Mutter: Sie war wirklich der eine und einzige Halt ihrer Tochter; sie konnte die «Aufsichtspflicht», die sie ja vollkommen und sogar im Übermaß akzeptierte, an niemanden sonst delegieren; wenn sie auch nur eine Weile lang fortging, so ging, es ließ sich nicht leugnen, in der Tat *alles* fort, was das Leben ihrer Tochter tragen und erfüllen konnte.

Aber sie ging ja gar nicht fort! Sie ging doch nur zum Vorteil ihrer Tochter aus! Sie wollte nicht einmal etwas für sich selber! Und wenn schon – stand nicht auch ihr wenigstens ein bißchen an Freiheit und eigenem Leben zu?

Das Fatale an Konflikten dieser Art ist die beiderseitige Unmöglichkeit, sich wechselseitig verständlich zu machen. Schon aus lauter Angst waren in unserem Falle die Forderungen dieses Mädchens an seine *Mutter* total, und auch deren Verweigerung konnte in gewissem Sinne nur total ausfallen. Wechselseitig existierte kein Weg, sich dem anderen zu erklären und zwischen Wunsch und Wirklichkeit, zwischen Bitte und Bedürfnis durch schrittweise Verhandlungen einen vernünftigen, für beide Seiten erträglichen Kompromiß zu formulieren. Die Angst der Tochter und ihre Klagen ließen von Anfang an nur ein absolutes Entweder-Oder zu: Die «gute Mutter» war diejenige, die zu Hause sich festhalten ließ, die «böse Mutter» war diejenige, die es wagte, trotz allem fortzugehen. Sie kehrte, in der Sprache des Märchens, nicht eigentlich erst als ein «Wolf» zurück, sie *war* bereits «wölfisch» bei ihrem Weggang. Das Problem der gegenseitigen Aggression, der unausgesprochenen wechselseitigen Ablehnung stellte sich jetzt unvermeidbar.

Schon in der noch so «lustig» scheinenden «Meckersprache» zwischen der «alten Geiß» und ihren Jungen kündigte unterschwellig sich ja ein gewisses Gefühl der Unzufriedenheit, der Enttäuschung, des «Ich will nicht mehr» und des «Ich kann nicht mehr» an; jetzt aber, wo dieser grollende Unterton sich nicht länger durch Bagatellisieren[12] und Verjokern überspielen läßt, wird die Lage für die «Geiß» wie für ihre «Geißlein» bitter ernst. Beide stecken in einem Teufelskreis: Die Mutter will sich von ihrer Tochter keine Schuldgefühle mehr machen lassen, und sie ärgert sich über die Tochter, der es mit ihrem Gekreische gelingt, ihr dennoch Schuldgefühle für ein an sich ganz unschuldiges Verhalten zu machen; andererseits sieht sie natürlich die Hilflosigkeit ihres Kindes, das nicht aus «Bosheit», sondern einfach weil es nicht anders sein kann, sich so verhält, wie es tut, und so peinigen die Mutter jetzt schon für ihren Zorn auf ihr unschuldiges Kind um so nachhaltiger *wirkliche* Schuldgefühle, deren Berechtigung sie nicht mehr gänzlich zurückweisen kann. Mit einem inneren Ruck wird sie für eine gewisse Zeit also wirklich fortgehen, dann aber wird sie versuchen, «alles» wiedergutzumachen und um so inniger sich dem Kinde als die alte gute Mutter zu erzeigen; damit wird ihr Freiraum allerdings noch weiter eingeengt, und auch ihr Ärger darüber wird noch weiter zunehmen, also auch ihr Schuldgefühl, also auch ihr Zorn auf sich selbst und auf die Tochter. Ist sie nicht doch eine Rabenmutter? Ist sie nicht doch der «böse Wolf»?

Nicht sehr viel anders aber auch aus der Sicht des «verlassenen» Kindes! Bei manchen Patienten *in der Psychotherapie* stößt man selbst noch im Erwachsenenleben auf derartige Ängste und Gefühlszustände, die unzweifelhaft aus jenem kindlichen Erfahrungshintergrund stammen und die rückblickend als Kommentar dienen können für das, was damals in Kindertagen erlebt wurde, sowie für die Art, in der «Verlassenheit» von Kindern erfahren wird.

Ein durchaus übliches Konfliktthema in der Psychotherapie mit Erwachsenen entzündet sich an allem, was eine befristete Unterbrechung des regelmäßigen Gesprächsverlaufs nötig macht: Es nahen die Ferien, der Therapeut möchte für drei bis vier Wochen in Urlaub fahren; doch ehe es dazu kommt, muß er sich erst einmal mit bestimmten Vorwürfen einer Reihe seiner Klienten auseinandersetzen. Es ist nicht, daß sie ihm die (vermutlich wohlverdienten) Ferien verübeln würden, es ist nur einfach ihre Angst, von ihm verlassen zu werden, die sie händeringend darum bitten läßt, doch nicht von ihnen fortzugehen. Wie kann er aber auch in Seelenruhe Ferien machen, während es ihnen derartig schlechtgeht? Zeigt sich nicht schon an der bloßen Planung solcher Ferien, daß ihm an dem jeweiligen Patienten, an der jeweiligen Patientin überhaupt nicht liegt? Und allen Ernstes gefragt: Was für ein Interesse sollte er auch haben, die Gespräche nach der angekündigten Pause überhaupt wieder aufzunehmen, zumal wenn man sich als derartig «zickig» und «ziegig» gezeigt hat? Aus lauter Angst, verlassen zu werden, verwandeln sich einfache Terminfragen auf diese Weise in reine Beziehungsfragen: Ob der andere dableibt oder abreist, entscheidet darüber, ob er den Patienten, die Patientin «liebt» oder «verachtet».

Durchaus gar nichts verschlägt es in solcher Lage, wenn ein Therapeut seinen Kopf damit aus der Schlinge zu ziehen versuchen wollte, daß er auf dem «Therapieziel» einer «erwachsenen Selbständigkeit» beharrt. Womit er es zu tun hat, ist eine durch und durch *kindliche* Gefühlslage, die per Übertragung bei einer ansonsten womöglich recht «erwachsen» wirkenden Persönlichkeit aus Anlaß des Stichworts: «Fortgehen» neuerdings auf den Plan gerufen wird, und ehe er den Hintergrund der kindlichen Erlebnisse in diesen Ängsten nicht sorgfältig durchgearbeitet hat, dürfte es ihm tatsächlich schwerfallen, so ohne weiteres sich von seiner Patientin, von seinem Patienten zu verabschieden. Was aber ist damals erlebt worden?

Geht er *dieser* Frage nach, so wird er zum Beispiel bei jener Frau, die als Kind vergebens um die Liebe ihrer Stiefmutter bettelte, der uralten Angst wiederbegegnen, auch er könne sterben, so wie damals die «gute» Mutter verstorben war. Und liegt diese Gefahr nicht wirklich nahe? Gewiß fährt er zu seinem Urlaubsziel mit dem Zuge. Aber wie viele Züge sind nicht schon verunglückt! Oder er fliegt einfach fort an seinen Urlaubsort. Aber hört man nicht immer wieder von furchtbaren Flugzeugabstürzen? Bei dem Patienten, bei der Patientin bricht Todesangst um den Therapeuten aus; doch der «Sinn» dieser Angst liegt gerade darin, dem Therapeuten zu sagen, daß das *eigene* Leben zu Ende wäre, würde er wirklich fortgehen. «Du darfst nicht sterben, denn ich kann nicht leben», – dieses Gefühl steht auf dem Spiel, und es läßt sich leicht jede Steigerung einer solchen Angst denken. Wie, wenn das bloße Weggehen (auch nur für eine kurze Zeit) bereits für den Patienten, für die Patientin besagt: «Ich gehe weg *von Dir*, weil mir an Dir nichts liegt»? Auch *das* kann ja sein: daß der andere, der Therapeut heute, nur darauf aus ist, wie damals der Vater mit einer anderen Frau zurückzukehren, und diese andere Frau wird er bestimmt sehr viel mehr liebhaben als seine «verbockte» und «verbohrte» Tochter, als seine heutige Patientin. Wie also kann man verhindern, daß der Therapeut (in seiner Ersatzfunktion von «Mutter» oder «Vater») für immer «weggeht»?

«Ich gehe ja gar nicht weg», mag noch so oft der Therapeut seiner Patientin, seinem Patienten versichern, – umsonst! Die Ängste, mit denen er es zu tun hat, machen aus ihm eine ideale Projektionsfigur, für die keinerlei Entschuldigungen gelten. Jene andere Frau in dem zweiten unserer drei Beispiele etwa, deren Vater kurz vor ihrer Geburt verstorben war, erlebte ihre Mutter nicht nur, wie jedes Kind, als ihr ein und alles, sie sah in ihr, angstgesteigert, zugleich eine Art Göttin, die in voller Verfügungsmacht über ihre Zeit zu gebieten vermochte. Keinerlei reale Einschränkungen und Zwänge lassen in der Sicht eines solchen Mädchens sich jemals plausibel machen. «Ich kann nicht» bedeutet im Munde einer allmächtigen Göttin nie etwas anderes als: «Ich will nicht», und zwar: «für *Dich* nicht!» Das kindliche vergöttlichte, überwertige Bild von Mutter und Vater zeichnet (entsprechend der eigenen infantilen Wunschvorstellung von der Allmacht der Gedanken[13]) die Eltern als absolute Herren über Raum und Zeit, die, wenn sie nur wollten, sich aufhalten könnten, wo immer sie möchten und so lange sie möchten. Nur diese *unbewußte* Erwartung macht es verständlich, daß selbst objektiv gewichtige, für jedermann, wie man glauben sollte, *einsichtige* Gründe es nicht gestatten, einen anberaumten Termin, zum Beispiel krankheitsbedingt, abzusagen.

Der Therapeut hat sich eine ordinäre Grippe zugezogen – nach aller medizinischen Vorstellung kein Anhaltspunkt für irgendwelche dramatischen Befürchtungen, doch nicht so in den Augen einer Patientin wie der vorhin geschilderten. Bei ihr bricht aus Anlaß der Erkrankung ihres Therapeuten eine verzweifelte Angst aus, *verlassen* zu werden: Dahinter steht ihre uralte Angst von damals: wie, wenn nach dem frühen Tod ihres Vaters ihre Mutter auch noch sterben würde? Im Deutschen kann die Redewendung: «Er ist von uns gegangen» in der Tat so viel bedeuten wie: «Er ist verstorben.» Ein Kind aber, wie diese Frau es einmal gewesen ist, erlebt «Weggehen» oder «Abschiednehmen» ohne Einschränkung als «Dahingehen» und «Verscheiden». Und so formt sich im Erleben einer solchen Patientin gleich der nächste Teufelskreis: Eigentlich verlangt *das Gefühl* mit seiner Todesangst danach, daß der Therapeut sich nicht länger der Pflichtvergessenheit oder auch der Lieblosigkeit untersteht, mit Fieber im Bett zu liegen; *der Verstand* indessen sagt einer erwachsenen Frau denn doch, daß sie die Möglichkeit einer Erkrankung auch bei einer Person, die in der Gegenwart gewisse Erinnerungen an ihre Mutter (oder an ihren Vater) erweckt, als Teil der «Normalität» beziehungsweise der «Realität» akzeptieren sollte; aber wie soll das gehen? Es ist möglich, sich immer mal wieder telefonisch nach dem Wohlergehen des Therapeuten zu erkundigen und ihm Blumen zu überbringen mit den besten Genesungswünschen, doch selbst so läßt sich die «fordernde Abhängigkeit»[14], die da sagt: «Du darfst nicht krank sein, denn: Du darfst mich nicht (auch noch!) allein lassen», nur schlecht kaschieren; ja, weit ärger noch: selbst beim besten Willen läßt sich der Eindruck nicht länger verleugnen, mit den eigenen Wünschen gerade der Person, die man am meisten liebt, *lästig* zu sein. Nun aber geht es bei diesen «Wünschen» nach der permanenten Nähe des anderen um Sein oder Nichtsein; mit anderen Worten:

Die Tatsache, überhaupt auf der Welt zu sein, muß dem anderen erscheinen wie ein zusätzlicher Ballast, wie etwas Hinderliches und Abzuwerfendes, das man *loswerden* muß, um endlich wieder in Frieden zu leben – oder zu sterben, in jedem Falle in Frieden! Muß man unter solchen Voraussetzungen sich nicht längst schon Vorwürfe dafür machen, die Krankheit des anderen womöglich mitverursacht zu haben? Was aber folgt dann daraus? Wenn er jetzt «weggeht», in jeder Bedeutung des Sinns dieses Wortes, geschieht es dann nicht völlig zu Recht in Reaktion auf so viel, gewiß *zu* viel Anhänglichkeit und Abhängigkeit? Offenbar trägt man selber die Schuld für den «Fortgang» des anderen, und es bleibt jetzt nur noch zu überlegen, wie man sich wieder so anspruchslos, so wunschfrei, so gleichgültig gegenüber dem eigenen Schicksal zu stellen vermag, daß der andere halt doch noch «zurückkommt». Er muß doch nicht fürchten, an der Maßlosigkeit seiner Klientin zugrunde zu gehen!

Damit stehen wir allerdings bereits an der Schwelle zu dem Angsterleben des erstgenannten Beispiels: jener Frau, die stets auf der Hut sein mußte vor den Brechungen in der Einstellung ihrer Mutter, da diese nichts anderes sein wollte als «die Mutter»; wir nähern uns damit unmittelbar dem so problematischen Übergang, der *Verwandlung* der «alten Geiß» in den «bösen Wolf»; und wir müssen, um dieses Kernthema des Märchens zu verstehen, nur einen Augenblick lang überlegen, was es für ein Kind bedeutet, wenn die chronische Unzufriedenheit seiner Mutter umschlägt in die Wut blanken Jähzorns.

«Ich entsinne mich noch», schilderte jene Frau eine Episode ihrer Kindheit, die gleichwohl sprechend sein mochte für ihre gesamte Erlebnisbereitschaft, «wie ich einmal im Garten spielte; die Sonne schien, und unser großer Hund, ein schwarzhaariger Neufundländer, lag neben mir und genoß es, daß meine Hände durch sein Fell streichelten, da hörte ich, wie Mutter zornig meinen Namen rief. Voller Schrecken sprang ich auf und rannte in die Küche. Da stand sie am Herd und fluchte und schimpfte, griff nach einem Handtuch und suchte den Topf vom Feuer zu nehmen; in einem Moment der Unachtsamkeit war die Milch übergekocht. Es war genau das passiert, was sie hatte vermeiden wollen. Sie gab aber nicht sich die Schuld dafür, sondern mir. Heute würde ich sagen, daß ich lediglich ihr Blitzableiter war; ich war der einzige Mensch in ihrer Nähe, mit dem sie schimpfen konnte; mich selber als Kind meinte sie vermutlich gar nicht. Sie ärgerte sich über sich selber; sie verlangte von sich, daß ‹so etwas› ihr nicht passieren konnte; nun aber war es passiert! Also mußte jemand anderer daran die Schuld tragen. Inzwischen kann ich so denken, aber damals ...!»

Diese Frau hatte als Mädchen bereits gelernt, stets in Furcht zu sein vor der «Rückkehr» ihrer «guten Mutter», der «alten Geiß», in der Gestalt des «bösen», zähnefletschenden «Wolfs». Ein einziges solcher erinnerbarer Erlebnisse langt vollkommen aus, um sich begreifbar zu machen, wie ein solches Kind leben und erleben mußte: Dasselbe Mädchen geht anderen Tages erneut in den Garten zum Spielen; äußerlich hat sich gar nichts geändert: vom Himmel scheint wiederum heiter die Sonne, in der Nähe des Gartenzauns blühen Goldregen und Fliedersträucher, doch inwendig richtet sich all seine Aufmerksamkeit gespannt auf eine einzige Möglichkeit: daß wieder der wütende, grell bellende Ton jähzorniger Vorwürfe seiner Mutter von drinnen her laut wird: «Du bist ein böses Kind! Warum hast Du nicht auf die Milch aufgepaßt? Warum hast Du nicht überhaupt auf alles, was irgend passieren könnte, aufgepaßt?» – «Also bin ich für alles verantwortlich», muß ein solches Mädchen in Zukunft denken, und es wird eine Art Indianertaktik[15] im Umgang mit seiner Mutter entwickeln: Es ist nicht zu erwarten, daß diese von sich aus beizeiten erklärt, was sie will, was sie braucht, oder auch was sie nicht will, was sie nicht braucht; doch vielleicht gibt es Spuren, Hinweise, verborgene Anzeichen, die erraten lassen, wie es jetzt weitergeht und was als nächstes bevorsteht. Ein Leben beginnt, wie wenn jemand das Ohr auf die Gleise legt, um den Zug schon von ferne zu hören, der fauchend heranrollt, oder wie wenn jemand unverwandt zu den Wolken schaut, um an ihren Formationen die Stärke des Gewitters abzuschätzen, das sich Stunden später über dem Gebirge entladen wird. So viel steht fest: In alle Zukunft ist die Heiterkeit eines bloßen Geißlein-Daseins dahin. Fortan beginnt ein Leben wie auf dem Sprung, um sich selber vor dem «Gefressenwerden» zu bewahren, um in gewissem Sinne die «gute Geiß» vor dem «Wolf» zu retten!

«Seid auf der Hut vor dem Wolf.»

Die Bibel hatte es einfach. In Mt 7,15 konnte JESUS das genial richtige Wort von den «Wölfen im Schafspelz»[16] aussprechen, und jeder wußte, was damit gemeint war. Was aber steckt psychologisch hinter derlei Widersprüchen zwischen Innen und Außen, zwischen Absicht und Ansicht, zwischen Willen und Wirkung?

Wovor JESUS in seinem berühmten Ausspruch warnen wollte, war eine im Grunde einfache Form von Heuchelei: Eine harmlos aussehende Tarnung soll einen gefährlichen Angriff auf das ahnungslose Opfer noch aussichtsreicher für den Beutegreifer machen; nichts ist hier tragisch, alles ist Planung und Ziel. Auch das Märchen vom *Wolf und den sieben jungen Geißlein* will den Worten nach von nichts anderem sprechen, schildert es doch ausführlich, mit welchen Finten das gefürchtete Untier bei den «Geißlein» sich Zugang zu schaffen versucht. Wenn man aber nach allem Gesagten voraussetzt, daß der «Wolf» und die «alte Geiß» sich zueinander verhalten wie die zwei Seiten ein und derselben Person, dann stellt sich eine im Grunde erschütternde Frage: Wie ist es möglich, daß eine Mutter, die es nur gut meint, auf ihre Kinder wirkt wie ein fressendes Raubtier?

Bisher haben wir die «alte Geiß» mit ihren sieben Kindern als eine mit ihrer Aufgabe überforderte, mit ihrem Schicksal hadernde, mürrisch-meckernde, doch dann auch wieder fürsorglich wohlwollende Frau beschrieben, die alles Erdenkliche für ihre «Geißen» zu tun versucht; offen mußte indessen die Frage bleiben, wie eine Frau dazu kommt, sich *wesentlich* als die Mutter ihrer Kinder zu definieren. Die Antwort, ihr bleibe allein schon auf Grund des Ausfalls ihres Mannes gar nichts anderes übrig, als Mutter zu sein, langt jetzt nicht mehr aus, denn was wir erklären müssen, ist die widersprüchliche Wirkung, die eine «gute Geiß» bei ihrer «Rückkehr», oder besser gesagt: auf ihrer «Rück*seite*», zu einem gefährlichen «Raubtier» machen kann. «Irgendwann wird ‹es› der liebsten Mutter zu viel», sagten wir bisher; «irgendwann wird ihr ‹Gemecker› in eine ‹wölfische› Attacke, in einen Ausbruch zähnebleckenden Jähzorns umschlagen.» Von diesen Feststellungen ist auch jetzt nichts zurückzunehmen; doch müssen wir nun genauer fragen: Wie hängt das eine mit dem anderen zusammen? Und was eigentlich kann geschehen, um einer solchen Entwicklung entgegenzuwirken?

Im Deutschen gibt es die psychologisch überaus zutreffende Redewendung: «Ich habe Dich zum Fressen gern.»[17] Gemeint ist damit eine besonders intensive Form der Zuneigung, die man am besten aus dem Bedürfnis zweier Liebender, einander auf das innigste zu *küssen*, verstehen kann: Je leidenschaftlicher ihre Zärtlichkeiten sich tauschen, desto heftiger, saugender, «verschlingender» pressen sie die Lippen aufeinander, suchen sie nach immer neuen Bereichen der entblößten Haut, umschließen sie die hervorstehenden Körperteile des Partners mit dem Mund und wandern über seinen ganzen Körper hin, als ob sie ihn von Kopf bis Fuß, wie ein kleines Kind seine Mutter, in den Mund nehmen wollten. Verhaltensforscher sehen in diesem Bekunden von Zärtlichkeit ein Ritual, das sich aus dem Füttern und der Nahrungsaufnahme etwa zwischen Alt- und Jungvögeln ergeben habe[18]; doch geht es im menschlichen Erleben nicht um gegenseitige Übertragung von Nahrung, es geht seelisch, symbolisch darum, den anderen, indem man seinen Leib mit Küssen bedeckt, für sein Lebenselixier, für sein ein und alles zu erklären: Man braucht die physische und seelische Gegenwart des anderen wie Wasser und Brot, und man trinkt seinen Atem wie den Odem des Lebens; man möchte mit ihm verschmelzen, um nie mehr von ihm getrennt zu werden; man möchte ihn in sich aufnehmen wie einen festen Bestandteil des eigenen Daseins und ihn bei sich behalten wie einen Talisman des Glücks und des Schutzes ... Es gibt wohl überhaupt keine leidenschaftliche Liebe, die nicht so fühlt.

Und doch hat gerade deshalb das «Ich habe Dich zum Fressen gern» als Ausdruck einer Grundeinstellung auch eine ganz andere, gegenläufige Seite: Es läßt dem anderen zu wenig Spielraum für ein eigenes Leben; es inhaliert ihn wie ein Suchtmittel und bindet ihn bedingungslos an die Bedürfnisse des eigenen Empfindens, und es ist klar: aus einer solchen «identifikatorischen

Beziehung» zwischen dem «Enthaltenden» und dem «Enthaltenen», wie C. G. JUNG ein solches Verhältnis genannt hat[19], ergeben sich sehr leicht die bittersten Enttäuschungen im Falle auch nur der geringsten Abweichung von dem gewünschten beziehungsweise von dem benötigten Schema der jeweiligen Erwartungen aneinander. Auch *so* sagt man dann im Deutschen: «Den habe ich gefressen», und meint damit: «Mit *dem* bin ich fertig. Ich habe ihn so geliebt, doch er hat mich derart enttäuscht; er ist in meinen Erwartungen einfach untergegangen; er existiert nicht mehr für mich. Statt des Verlangens von früher fühle ich ihm gegenüber nur noch Wut im Bauche. Doch auch *die* habe ich hinter mir. Ich bemerke ihn einfach nicht mehr. Er ist in meiner Wahrnehmung zu einer Null geschrumpft.»

Liebe und Haß, Zärtlichkeit und Zorn, Trost und Trauer vereinigen sich in einer solchen «fressenden», «verschlingenden» Liebe zu einem schwer lösbaren Knoten. Eine solche Gefühlseinstellung besitzt, wohlgemerkt, all die Anzeichen der Ambivalenz[20], längst bevor ihr Negativanteil, etwa im Fall einer Enttäuschungsreaktion, sich ungehemmt freisetzt. *Von Grund auf* ist eine solche Form der Liebe Not und Nötigung in eins, – Anlehnung und Ablehnung, Sympathie und Antipathie, Entwurf und Vorwurf, Mögen und Müssen, Lust und Last; doch treten beide Seiten «normalerweise» «gemischt» auf; erst wenn «das Maß voll ist» oder wenn «das Faß überläuft», kommt es zu jener «Triebentmischung», die SIGMUND FREUD immer wieder derart beeindruckt hat[21], daß er glaubte, es handle sich bei der Ambivalenz der Gefühle um eine ursprüngliche Triebausstattung, um eine Naturerscheinung. In Wirklichkeit aber haben wir es zunächst mit nichts anderem zu tun als mit einer weitgehenden Unfähigkeit, sich von anderen *abzugrenzen* und in Ruhe zu unterscheiden zwischen Ich und Du, zwischen Mein und Dein, zwischen «das möchte ich» und «was möchtest Du?». Ja, man muß sagen: Solange eine solche Ich-Abgrenzung nicht möglich ist, wird die Widersprüchlichkeit aller Gefühle nicht aufhören; die Ambivalenz der Gefühle ist eine direkte Folge gewisser «Löcher im Ich»[22]. Die entscheidende Frage stellt sich damit natürlich um so mehr, woher eine solche mangelnde Ich-Abgrenzung rührt. Die Antwort kann nur lauten: weil das Ich nicht stark genug ist, sich durchzusetzen. Und, muß man weiter fragen, warum das? Antwort: weil die betreffende Person womöglich als Kind schon nicht dahin geführt wurde, sich selber zu mögen und wertzuschätzen, sondern sich abzulehnen und durch vollkommene Außenanpassung sich ein akzeptiertes Ersatzleben in fertigen Rollenvorschriften zu schaffen. Das Ergebnis einer solchen Entwicklung der Ichvermeidung ist immer zwiespältig, doch auf welche Weise diese Zwiespältigkeit wirkt, läßt sich an unserem Märchen als an einem geradezu klassischen Exempel besonders deutlich aufzeigen.

Da ist zum einen die vollkommene *Identifikation* der «alten Geiß» mit der Mutterrolle[23]. Wie viele Frauen gibt es, die im Gespräch mit ihren Kindern von sich nicht anders reden als von «Euerer Mutter»; sie sagen nicht: «Ich», sie sagen: «Euere Mutter». Mit anderen Worten: Sie äußern nicht ihre eigenen Wünsche und Bedürfnisse, sie richten vielmehr Forderungen an ihre Kinder, die sie aus ihren Pflichten zu mütterlicher Fürsorge ableiten; für die Kinder wiederum ergibt sich daraus der Anspruch auf eine pflichtgemäße und totale Unterwerfung: Sie haben so wenig ein Recht auf ein eigenes Leben wie ihre Mutter selber. Es liegt tatsächlich eine tiefe Tragik in einer solchen Beziehung[24]: Da ist eine Frau, die für ihre Kinder nur alles erdenklich Gute möchte, und doch ist gerade sie es, die, ohne es zu wissen, dem Glück ihrer Kinder im Wege steht; denn indem sie selbst als Person nicht lebt, wird sie auch ihre Kinder daran hindern, selber zu leben; da wird, im Bilde gesprochen, in der Gestalt einer «alten Geiß» ein «Wolf» im Hintergrund sich verbergen.

Psychoanalytisch läßt sich eine derartige Widersprüchlichkeit am besten mit den beiden Begriffen: *Hemmung* und *Haltung* wiedergeben[25]: Auf der *Hemmungsseite* erleben wir eine komplette Unfähigkeit, eigene Wünsche zu äußern, geschweige denn aktiv durchzusetzen; «ich möchte doch gar nichts» ist denn auch der Eindruck, den eine entsprechende Persönlichkeit subjektiv von sich selber entwickeln wird; nicht zu Unrecht erlebt sie sich als überaus bescheiden, und sie empfindet dabei sogar eine Art moralischer Befriedigung: Es ist eine Tugend, bescheiden, anspruchslos und rücksichtsvoll zu sein. Auf der *Haltungsseite* hingegen sieht die Bilanz weit weniger erfreulich aus. Unbewußt nämlich herrscht die Erwartung, auch der andere (der Lebenspartner, die Kinder, die eigenen Familienangehörigen) möchte ebenso «selbstverleugnend», sensibel und aufmerksam die fremden Bedürfnisse erspüren, wie man es sich selber zur Pflicht auferlegt hat. Wie stark diese nie geäußerte, stets verleugnete Erwartungshaltung ist, zeigt sich in jedem noch so kleinen Konflikt, dessen Lösung so etwas wie eine Auseinandersetzung zwischen zwei an sich gleichberechtigten Partnern erfordern würde. – Ein einfaches Beispiel:

Eine Frau und ein Mann gehen des Nachmittags die Straße entlang. *Er* möchte im Grunde beizeiten zu Hause sein und beschleunigt entsprechend seinen Schritt, *sie* fühlt sich bereits durch dieses Marschtempo irgendwie unter Druck gesetzt, sagt davon aber nichts. Da fällt ihr Blick in eine Auslage für Sommerkleider; das Schaufenster interessiert sie, doch wagt sie nicht, davor stehenzubleiben. Zehn Minuten später kommen beide zu Hause an, *er* in dem Glauben, nun einen schönen, gemütlichen Abend beginnen zu können, *sie* jedoch gänzlich verschlossen, schweigsam und unnahbar. «Was ist los?» fragt sie der Mann. Keine Antwort. «Ist was passiert?» Keine Antwort. «Habe ich etwas falsch gemacht?» Die Frage stellt sich, weil der Mann das «Brummschweigen» seiner Frau nicht ganz verkehrt als einen Vorwurf empfindet. Aber was wirft sie ihm vor? «Nein, Du machst nichts falsch», kommt ihr über die Lippen. Für *ihn* klingt gerade eine solche Antwort wie Hohn, und er sagt ihr das auch: «Willst Du mich auf den Arm nehmen?» Sie aber erwidert: «Ich habe doch gar nichts gesagt. Ich sitze nur einfach hier. Was regst Du Dich denn auf?» – «Weil Du herumflunschst, und ich nicht weiß, warum.» – «Du bist gegangen, als wenn es mich überhaupt nicht gäbe. Du kannst ja nächstens auch alleine ausgehen.» – «Aber ich wollte mit Dir spazierengehen.» – «Nein, Du hast mich überhaupt nicht gebraucht...»

Es läßt sich leicht denken, wie aus Gesprächen dieser Art sehr rasch ernste Zerwürfnisse entstehen können, indem bei beiden Partnern die Reaktionen aufeinander sich totalisieren. Nur noch einen Schritt weiter, und wir hören auf der einen Seite Worte wie: «Du hast an allem etwas auszusetzen; Dir kann man es niemals recht machen. Du zerstörst alles, was schön sein könnte. Ich bin es leid.» Auf der Gegenseite klingt die Antwort bald so: «Du bist so anders als ich. Du verstehst überhaupt nicht, was ich meine. Nennst Du das Liebe, wenn man nicht einmal gemeinsam ausgehen kann? Du hast immer etwas anderes im Kopf. Du wirst so schnell böse. Was haben wir uns eigentlich noch zu sagen?»

In wenigen Minuten kann es geschehen, daß in einem solchen Gespräch zwei Menschen aneinander scheitern, die sich eigentlich sehr liebhaben; ja, man kann sagen, daß ein derartiger Konflikt durchaus nicht zustande käme, wenn die Beziehung wechselseitig nicht als ausgesprochen wichtig erlebt würde: – es bestünde dann gar kein Anlaß zu einem solch hohen Maß an Enttäuschbarkeit und Verletzbarkeit! Dabei geht es in dem ganzen Beziehungsdrama an dieser Stelle im Grunde um nichts; das «Meckern» aneinander beginnt gleichwohl in dem Augenblick unvermeidbar zu werden, wo ein ganz simpler Wunsch wie: «Schau mal, das Kleid in der Auslage», oder: «Warte mal, das möchte ich noch etwas genauer sehen», hätte geäußert werden mögen, doch wie im Reflex unterdrückt wurde.

Was wir daraus lernen, ist sehr wichtig. Eine «Anspruchslosigkeit», die (zumindest auch) durch Gehemmtheiten erzwungen ist, schafft wie von selbst als unbewußte Grundhaltung gegenüber dem anderen eine Übererwartung, die sich in etwa in der Devise ausdrücken läßt: «Ich liebe Dich nur, wenn Du so liebenswert bist, Dich ganz von selbst so zu verhalten, wie ich es unausgesprochen wünschen und benötigen würde. Denn wenn Du Dich so nicht verhältst, sehe ich, daß Du mich nicht wirklich liebst. Ich liebe Dich sehr. Doch Du läßt mich im Stich.»

Deutlich wird in diesem kleinen Beispiel, was geschieht, wenn eine mangelnde Ichabgrenzung eine zu starke Verschmelzung mit dem anderen erzwingt. Es wird unmöglich, sich auch nur bei den kleinsten Unterschieden von Interesse und Neigung «auseinanderzusetzen»; die fehlende Auseinandersetzung, die zu einer raschen und konkreten Klärung im Einzelfall führen könnte, wird ersetzt durch eine Beziehungsfrage auf Entweder-Oder: Liebst Du mich – ja oder nein, beziehungsweise durch den unausgesprochenen Vorwurf: Du hast mich gar nicht lieb. Die durch Gehemmtheit verhinderte Auseinandersetzung innerhalb der Beziehung kann im Handumdrehen eine Art negativer Lust produzieren, den Kontakt zumindest für eine Weile zu unterbrechen oder ganz abzubrechen. Vor allem auf der Gehemmtheitsseite ist jetzt überhaupt nur ein einziges Mittel der Konfliktlösung oder besser, künftiger Konfliktvermeidung vorstellbar, das da programmatisch lautet: «Ich möchte gar niemals mehr irgend etwas», – die Selbstverstärkung der Anspruchslosigkeit in Gehemmtheit und Resignation!

Dabei haben wir es in diesem Beispiel nur erst mit den Folgen mangelnder Ichabgrenzung innerhalb einer Beziehung unter «erwachsenen» Persönlichkeiten zu tun, die sich im Grunde als gleichberechtigt behandeln könnten. Um indessen die Situation der «alten Geiß» und ihrer «Geißlein» im Märchen zu begreifen, ist nicht nur ein Gefälle von Abhängigkeit und Gehorsam vorauszusetzen, sondern zudem noch die Dynamik der Rollenidentifikation der «alten Geiß» als Mutter hinzuzunehmen. Diese Identifikation hat wesentlich einen inneren Grund: Eine Frau, die sich mit ihrer Person eher als unsicher erlebt, kann doch um so sicherer nach innen und um so stärker nach außen auftreten, als sie ihren Pflichten als Mutter nachgeht; sie vermag in dieser Rolle zugleich den größten Druck auf ihre Kinder auszuüben, indem sie jede Auseinandersetzung mit ihnen auf Grund eigener Gehemmtheiten vermeidet und durch einen zeitweiligen Kontaktabbruch ersetzt. Wie so etwas auf die betroffenen Kinder wirkt, wird in die Erinnerung eines jeden sich tief eingegraben haben, der in seiner Jugend ein derartiges Verhalten bei seiner Mutter (oder seinem Vater) hat miterleben müssen.

«Am schlimmsten war es, daß meine Mutter einfach wegging, wenn sie sich über etwas geärgert hatte», berichtete eine Frau bei der Schilderung ihrer Kindheit; «sie sagte nicht einmal, was sie gestört hatte. Sie schimpfte nicht, sie verweigerte einfach auf Stunden und Tage hin das Gespräch. Sie schloß die Tür vor uns ab und war nicht mehr ansprechbar. Sie schwieg stumm und vorwurfsvoll, und das dauerte so lange, bis sie die vollkommene Unterwerfung von uns Kindern erreicht hatte. Wir mußten sie aufsuchen und Abbitte leisten, und dabei wußten wir meistens gar nicht, was wir eigentlich getan hatten. Da jederzeit alles Mögliche passiert sein konnte, mußten wir uns letztlich dafür entschuldigen, überhaupt auf der Welt zu sein.»

Treffender, als es in diesen wenigen Worten geschah, ist es kaum möglich, den Totalanspruch wiederzugeben, den diese Frau an ihre Kinder stellte; dabei wußte sie gewiß nicht im entferntesten, in welch einem Umfang sie das Leben ihrer Kinder mit Schuldgefühlen und Gewissensbissen verwüstete. Sie, die mit ihrer Anspruchslosigkeit und Opferbereitschaft für sich selber gar nichts zu benötigen schien, beanspruchte in Wahrheit ihre Kinder über jedes Maß hinaus; infolge ihrer inneren Widersprüchlichkeit von Hemmung und Haltung wirkte sie auf ihre Kinder tatsächlich wie ein «Wolf im Schafspelz», und zwar ständig, im Hintergrund lauernd, unberechenbar, atmosphärisch, – ein seelisches Erdbebengebiet!

Niemals vergessen darf man bei der Analyse allerdings die Unfreiwilligkeit, mit der all diese tragische Gegenläufigkeit der besten mütterlichen Absichten zustande kommt. So viel steht fest: Keine Mutter auf Erden möchte so wirken, wie das Märchen es als Gefahr und Wirklichkeit beschreibt; und das Schlimmste wäre jetzt, wenn eine erste Einsicht in die innere Zwiespältigkeit bestimmter Gefühle schon wieder moralisch mißverstanden würde. Es kann gerade nicht darum gehen, einer an sich schon überforderten, am eigenen Leben weitgehend gehinderten Frau nun auch noch vorzuwerfen, daß sie eine «schlechte», ja, eine «böse», «wölfische» Mutter sei, die ihre eigenen Kinder mit grausamen Schuldgefühlen und Gewissensbissen «verschlinge». Die Lösung des bestehenden Dilemmas kann durchaus nicht darin liegen, daß eine Frau sich mit noch größerer moralischer Strenge kontrolliert und drangsaliert; ein Ausweg aus der Klemme kann vielmehr nur erfolgen, wenn eine solche Frau den Mut gewinnt, stärker und selbstbewußter gegenüber anderen aufzutreten und die – nur allzu berechtigten! – Bedürfnisse ihres eigenen Lebens auch und gerade ihren Kindern gegenüber geltend zu machen. Dazu müßte sie freilich die Gefühle von Unzufriedenheit, Auflehnung und «Aggression» in weitestem Sinne nicht einfach mehr im Ansatz bereits verdrängen, sondern «wahrzunehmen» lernen: sie müßte sie als bewußtseinsfähige Gefühle erkennen und anerkennen. Doch natürlich ist klar, daß der Weg dahin lang und beschwerlich sein wird, wenn man ein ganzes Leben damit hinbringen mußte, so gänzlich anders zu leben.

Als erstes wird sich der Einwand erheben, «egoistisch» zu sein, wofern man, statt weiterhin seine Pflicht zu tun, sich fortan ein «schönes Leben» zu machen gedenkt. Gegen eine solche Selbstbezichtigung steht freilich jetzt schon die Einsicht, die wir gerade gewonnen haben: Viel leichter ist es für alle Beteiligten, mit einem eindeutig geäußerten Wunsch oder, wenn nötig, auch mit einem klar geäußerten Befehl umzugehen als mit den breit angelegten Enttäuschungsreaktionen im Nachlauf zu an sich ganz «harmlosen» Themenstellungen und Szenen; weit weniger belastend wirkt ein klares: «So möchte ich es» zur rechten Zeit, als ein unklares: «Ich bin zutiefst verletzt, daß Du nicht gemerkt hast, was ich möchte» zur Unzeit; fatal, so läßt sich erkennen, wirken nicht Selbstbewußtsein und Selbstabgrenzung, sondern die Haltungsseiten von «Selbstaufopferung» und «Selbstverleugnung» auf Grund starker Gehemmtheiten. Die Frage aber bleibt, wie eine solche Erkenntnis einer Person sich vermitteln läßt, die bisher gänzlich in ihrer Rolle als Mutter (oder als Vater) «aufgegangen» ist? Auf sie kann tatsächlich der Eindruck zutreffen, daß sie ihre Kinder als Lebensersatz für ihr gesamtes ungelebtes Leben benötigt hat, ja, daß ihre Kinder bis dahin wirklich ihr Lebensinhalt, ihr Lebensmittel, ihre «Erfüllung» waren. Der Schrecken ist unter Umständen nicht vermeidbar, einsehen zu müssen, daß gerade eine solche an sich wohlwollende Haltung im Hintergrund «wölfische» Züge tragen kann; und doch liegt womöglich ein *heilsamer* Schrecken darin, denn es geht daraus allemal die Erlaubnis, ja, recht verstanden sogar die «Pflicht» hervor, in Zukunft mehr und mehr nach eigenen Lebensinhalten zu suchen und eben nicht *nur* «die Mutter» zu sein. Die Einsicht gilt: Das Beste, was eine Mutter für ihre Kinder tun kann, ist es, wenn sie sich ein eigenes glückliches Leben ermöglicht, an dem dann auch ihre Kinder ohne erdrückende Schuldgefühle teilhaben können. Freilich läßt sich eine solche Devise psychologisch leichter aufstellen, als sie im wirklichen Leben jeweils einzuhalten ist. Gewiß, es gibt dazu keine Alternative; wie aber, wenn die «Notwendigkeit» eines eigenen Lebens unter der inneren wie äußeren Not psychisch oder sozial alternativlos erstickt wird? Es ist gerade dieser Fall, den das Märchen vom *Wolf und den sieben jungen Geißlein* vorbildlich beschreibt!

Bisher haben wir die Bemerkung der «alten Geiß», sie müsse im «Walde» auf Nahrungssuche gehen, nur als den Ausdruck ihrer Fürsorge, als den Inbegriff ihrer Verpflichtungsgefühle als einer «guten Mutter» gedeutet; doch liegt darin auch mehr und anderes noch.

Man braucht zum Verständnis dieser Szene sich nur die Situation so vieler Frauen zu vergegenwärtigen, die «alleinerziehend» berufstätig sein müssen, um für ihr(e) Kind(er) eine tragfähige Lebensgrundlage zu schaffen. Nicht selten tritt hier ein Paradox ein: Auf der einen Seite kann die doppelte Aufgabenstellung von Erziehung und Beruf dazu führen, daß das persönliche Leben auch objektiv noch weiter eingeschränkt wird[26]; doch gerade dieser Umstand kann auf der anderen Seite auch bewirken, daß die Berufstätigkeit irgendwann sogar wie eine zeitweilige Erholung von der Mutterrolle empfunden wird: persönlich ist es nicht so aufreibend, sachliche (und gesellschaftlich anerkannte!) Aufgaben zu erledigen, als sich immer wieder dem Gefühlswirrwarr von «sieben Geißlein» aussetzen zu müssen; es bietet immerhin ein Stück Freiheit, einmal mit gleichaltrigen, «vernünftigen» Menschen wie den Arbeitskolleginnen und -kollegen ins Gespräch zu kommen, statt sich das endlose Mäh, Mäh der «Geißen» anzuhören; und vor allem: es lassen sich mit dem berufsbedingten «Weggang» von zu Hause in gewissem Umfang denn doch auch kleine eigene Wünsche kaschieren: Der Gang durch ein Kaufhaus muß nicht unbedingt zielgerade in die Lebensmittelabteilung führen; da gibt es auch noch anderes zu schauen, zu erträumen und zeitlich hinzuziehen.

Doch Vorsicht! Nur allzu schnell werden die «Geißlein» bemerken, wie gerne ihre Mutter in den «Wald» geht, und die alten Ängste, von ihr verlassen zu werden, kehren unfehlbar zurück. Wieder beginnt dann das Tauziehen um die unklar erklärten Wünsche und Gefühle der Mutter: Darf sie als eine gute Mutter sich eingestehen, daß sie von ihren Kindern, und sei es auch nur für Stunden, irgendwie «loskommen» möchte? Schon daß sie für jeden Schritt vor die Haustür ein moralverträgliches Alibi benötigt, zeigt die Zwangslage, in der sie sich innerlich befindet: Sie kann und darf es sich selber *nicht* zugeben, einmal «frei» von ihren Kindern sein zu wollen; sie hat nicht die Erlaubnis, ihren

Kindern zu sagen, was diese unter «normalen» Umständen wohl ganz gut verstehen würden: «So, ihr Lieben, ich gehe jetzt einmal spazieren, und vielleicht bringe ich uns aus dem Wald ein paar schöne Blumen oder Zweige mit; ich muß einfach mal frische Luft atmen, den Vögeln zuhören und den warmen Wind auf meiner Haut und in meinen Haaren spüren»; sie muß statt dessen ihre Wünsche als höhere Verpflichtungen umschreiben; sie muß sagen: «Ich gehe nur fort aus Sorge um euch; ich habe ja keine andere Existenzform als das Dasein für euch; ich bin und bleibe einzig eure Mutter; wenn ihr mich selbst seht, so ist das gewissermaßen nur eine optische Täuschung, – was ihr seht, ist die Trägerin einer Rolle mit der Vorschrift: Spiele die Mutter! Und eine solche Mutter geht niemals fort, wenn sie nicht wirklich fortgehen müßte. Also: ich muß jetzt fort in den Wald...»

Es versteht sich, daß eine Frau, die alle Energie in die Aufgabe investiert, die gute Mutter glücklicher Kinder zu sein, eine denkbar schlechte Chance hat, zu merken, was ihre «Geißlein» ganz unvermeidbar nur um so deutlicher merken werden: sie werden ihrer Mutter die Identifikation mit ihrer Rolle nur begrenzt glauben; sie werden spüren, was es bedeutet, wenn, psychoanalytisch ausgedrückt, ein Mensch nicht in seinem Ich, sondern in seinem Überich existiert[27]; sie werden die Doppeldeutigkeit und die Doppelbödigkeit empfinden, mit der ihre Mutter sagt: «Ich muß einmal fort», während sie doch zumindest manchmal, zumindest ein wenig *auch* meint: «Ich möchte mal ohne euch sein.» Wie glaubwürdig kann eine Frau auftreten, die unter dem Druck ihres Überichs stets nur äußern kann, was sie entsprechend ihrer offiziellen Pflicht äußern muß, doch niemals das, was sie wirklich möchte, und die folglich das, was sie möchte, stets kaschieren muß mit dem, was sie soll? Doch eben: in diese Lücke mütterlicher Glaubwürdigkeit dringt wieder die kindliche Angst ein, und diese Angst klammert sich an, und dieses Anklammern verstärkt das Gefühl, niemals legitimerweise sich auf Distanz halten zu dürfen; diese Illegitimität jedes inneren oder äußeren Abstandes aber führt dahin, wirklich nicht immer «die Wahrheit, die ganze Wahrheit und nichts als die Wahrheit» sagen zu können. Die Schraube dreht sich und dreht sich, bis zu einer Stelle, an der es endgültig nicht weitergeht.

Bislang haben wir die Rückkehr der «alten Geiß» in Gestalt eines «Wolfs» als eine Art «Jähzorns»-Attacke gedeutet, als ein schreckliches «Zähnezeigen» der all die Zeit über so friedfertigen «Geiß»; doch erst jetzt können wir verstehen, was hinter so manchem *Jähzorns-Ausbruch* steckt.

Moralisch hat die alte Tugend- und Lasterlehre der Kirche sich die Arbeit leichtgemacht: Der Jähzorn wurde als eine der sieben Todsünden gebrandmarkt und verurteilt[28]; man setzte die Höllenstrafe darauf und beging damit den psychologisch katastrophalen Fehler, der für die gesamte «Tugendlehre» im «christlichen» Abendland kennzeichnend ist: Man versuchte, mit moralischer Strenge ein Symptom zu bekämpfen, aber man nahm nicht wahr noch wollte man wahrhaben, daß man auf diese Weise lediglich die zugrunde liegende Krankheit verschlimmerte; man mahnte mit erhobenem Zeigefinger zu «Pflichtgefühl» und «Verantwortung» und ahnte nicht, daß gerade ein Übermaß an Pflichtgefühl und Verantwortungsbewußtsein das beklagte Fehlverhalten des Jähzorns zumeist erst verursacht; man weigerte sich zu sehen, daß man vor allem mit dem Begriff der Todsünde die offenbare Verzweiflung von Menschen, statt ihnen zu einem eigenen Leben zu verhelfen, theologisch damit beantwortete, daß man sie im Himmel wie auf Erden, im Namen Gottes wie der Menschen für todesschuldig erklärte. Dabei könnte ein einziges kleines Märchen wie unsere Geschichte vom *Wolf und den sieben jungen Geißlein*, recht verstanden, erheblich dazu beitragen, das gesamte Weltbild moralischer Eindeutigkeit und Selbstsicherheit an den Erschütterungen der Zweideutigkeit menschlichen Verhaltens im Zustand fundamentaler Selbstunsicherheit zum Einsturz zu bringen.

Denn was wir in dieser Erzählung psychologisch jetzt zu sehen bekommen, ist keinesfalls das Ergebnis von «Unbeherrschtheit», «Willkür» und «Fahrlässigkeit», sondern ganz im Gegenteil das Resultat von Überkontrolliertheit, Willensüberanstrengung und Überverantwortung. Wenn wir soeben noch gesagt haben, eine Frau nach dem Portrait der «alten Geiß» lebe wesentlich nicht in ihrem Ich, sondern im Überich, sie existiere nicht selber, sondern sie komme überhaupt nur als Trägerin ihrer (Mutter)-Rolle vor, so müssen wir diesem Bild jetzt hinzufügen, daß die

«Wolfs»problematik in der geschilderten Weise tatsächlich nur unter dem Diktat einer überstrengen Selbstzensur und Triebunterdrückung zustande kommt.

Wer jemals einem wirklichen Jähzornsausbruch beigewohnt hat, mag oberflächlich wohl den Eindruck einer ungehemmten Ichdurchsetzung und brutalen Rücksichtslosigkeit gewonnen haben; – wie kann denn ein Mensch sich auch nur so zügellos aufführen! Doch schaut man ein wenig genauer hin, so wird man bereits an dem Anlaß des Jähzornsausbruchs bemerken, daß es um ungehemmte Ichdurchsetzung gerade nicht geht! Ganz im Gegenteil. Wir müssen uns nur vergegenwärtigen, was wir die ganze Zeit über soeben gesagt haben: Ein Mensch, der seine eigenen Interessen ohne die Konfliktscheu aller möglichen Ängste und Schuldgefühle offen vertreten könnte, würde nur schwerlich in eine solche Klemme geraten, daß er wie der Jähzornige seine Bedürfnisse nur noch mit dem Rücken zur Wand, in die Enge getrieben, unter Überdruck, lauthals krakeelend zu artikulieren vermöchte; aber auch umgekehrt: ein Mensch, der es nie gelernt hat, sich selber für wichtig zu nehmen, wird in dem Moment eines offensichtlichen Triebdurchbruchs sein eigenes Ich gerade nicht wirksam ins Spiel bringen. Um es so zu sagen: Ein solcher Mensch würde sich nie für so zentral und bedeutsam halten, um plötzlich wie blind, wie besessen, unterschiedslos seine Mitmenschen, und darunter mit Vorliebe den erkennbar Schwächsten, anzufahren, um ein objektiv fast belanglos scheinendes Ziel zu erreichen. Was hingegen ein solches Verhalten fast unvermeidbar macht, ergibt sich in gerader Linie aus der Schwäche des Ichs im Schatten seiner Identifikation mit den Rollenvorschriften eines drakonischen Überichs.

Man muß sich die Situation möglichst genau vorstellen. Da ist ein Mensch, der ohnedies seine eigenen Bedürfnisse so klein wie nur irgend möglich schreibt und der von sich ein Gefühl haben muß wie manch ein Bauer alter Prägung: daß erst wenn alle anderen, Menschen wie Tiere, Haus und Hof «versorgt» sind, er das Recht hat, sich selbst an den Tisch zu setzen und es sich gut sein zu lassen; Zufriedenheit – das bedeutet für ihn, alle anderen zufriedengestellt zu haben; Glück – das bedeutet für ihn, alle anderen glücklich zu wissen. Der Krisenpunkt einer solchen Lebenseinstellung kommt, wenn die anderen trotz allen Bemühens immer noch nicht «zufrieden» und «glücklich» sind, wenn sie immer noch «meckern», wenn sie mit ihrer Unzufriedenheit und ihrem demonstrativen Unglück immer noch wirken wie ein lebendiger Vorwurf, nach wie vor nicht genug getan zu haben. Schon um an den eigenen Schuldgefühlen nicht gänzlich zugrunde zu gehen, beginnt an dieser Stelle die Sichtweise sich zu drehen: Der andere trägt selbst die Schuld an seinem Unglück! Er ist ganz einfach undankbar, wenn er immer noch unzufrieden ist! Mehr kann er nicht verlangen! Statt weiter unter dem Empfinden stillschweigender Vorwürfe zu leiden, kann man endlich dem anderen vorwerfen, daß er an seinem Unglück selbst die Schuld trägt.

Insbesondere bei den Jähzorns-Attacken einer an sich besonders fürsorglichen Mutter wird man feststellen, daß sie sich mit Vorliebe gerade in den Momenten entladen, da irgend etwas im Verhalten der Tochter oder des Sohnes als *erzieherisch* verbesserungsbedürftig erscheint. Ein Nachbar führt Klage über zu lautes Spielen, ein Lehrer beschwert sich über mangelnde mündliche Beteiligung, dem Pfarrer will scheinen, das Kind lasse den rechten Glaubenseifer vermissen – was auch immer den Auslöser bietet, plötzlich schlägt der (womöglich nur erst angedeutete, der noch gar nicht wirklich erhobene!) Vorwurf, die Kinder nicht «richtig» zu erziehen oder erzogen zu haben, bei einer solchen Mutter in die heftigsten Aggressionen um. Die Angst, keine gute Mutter zu sein, verwandelt sie jetzt im Handumdrehen von einer «alten Geiß» in einen «bösen Wolf».

«Wenn meine Mutter so weit war, konnte sie furchtbar auf mich einprügeln», schilderte eine Frau die Erfahrungen, die sie als Kind mit ihrer zum Jähzorn neigenden Mutter hatte machen müssen. «Sie nahm dann den Kochlöffel und schlug wie blindwütig auf mich los.» Den Anlaß für solche Ausbrüche boten, wie stets, harmlose Alltäglichkeiten: Das Kind war beim Spielen hingefallen und hatte sich das Knie aufgeschlagen, oder sein Kleid war eingerissen, oder es hatte beim Spülen eine Tasse fallen lassen, oder … Von außen betrachtet, hätte keines dieser Vorkommnisse irgendeinen Grund für eine exzessive Strafwut bieten müssen, ganz im Gegenteil, es hätte «vernünftigerweise» genügt, das ohnehin schon schuldbewußte, weinende Mädchen zu beruhigen und zu trösten; doch was die Mutter wie im Reflex erlebte, war die endgültige Weigerung, sich noch weiter von dem «Versagen» und den «Fehlern» ihrer Tochter «erpressen» zu lassen. Sie, auf deren Seele so lange und so viel herumgeprügelt worden war, schlug nun zurück. Und mit einem Mal meldeten sich all die niedergehaltenen und unterdrückten Gefühle von Zorn, Wut und Auflehnung aus unzähligen Situationen der jüngsten und ferneren Vergangenheit zu Wort, sie verdichteten sich und entluden sich in einer einzigen anfallartigen Eruption von Vorwurf, Ablehnung und Haß.

Mit diesem letzteren Wort: *Haß* ist an dieser Stelle nicht zu viel gesagt. «Ich wußte ja immer, daß meine Mutter mich nicht wollte», fuhr jene Frau in ihrer Schilderung fort, «aber wenn sie so schimpfte und schlug, war es mir, als wenn sie mich hätte umbringen wollen. Sie sagte dann so furchtbare Sätze. ‹Du bist der Nagel an meinem Sarg.› Oder: ‹Du trägst die Schuld, wenn mir das Herz stehenbleibt.› Oder: ‹Ich weiß nicht, was ich getan habe, daß Gott dich mir gegeben hat.› Es waren totale, alles vernichtende Vorwürfe und Verwünschungen, die sie dann ausstieß. Und ich spürte deutlich, daß sie es mir heimzahlte, überhaupt auf der Welt zu sein. Doch dafür konnte ich ja nichts!»

Den Kern dieser ganzen Tragödie kennen wir mittlerweile: Auch diese Mutter konnte in gewissem Sinne «nichts dafür»! Was da passierte, *wollte* sie nicht, es ging mit ihr durch. Mit der flammenden Wut in ihrem Antriebserleben konnte sie von Fall zu Fall umgehen, indem sie unter dem Druck des Überichs ein für allemal eine stabile Verdrängungsdecke über das kochende Magma ihrer Seele schichtete; doch im gegebenen Augenblick boten bestimmte Inhalte des Überichs selber einen scheinbar berechtigten Anlaß zum Zorn gegen die Tochter, sie bohrten gewissermaßen von oben her die Verdrängungsdecke an, und an diesen «heißen» Stellen jetzt fanden die verdrängten Aggressionen ihr Ventil: Das Es und das Überich schlossen sich ausnahmsweise zu einer gemeinsamen Aktion zusammen[29], und das ohnehin schwache Ich konnte nur mit Entsetzen über sich selbst dabei zuschauen. Es blieb sich selber in solchen Momenten fremd; später dann konnte es versuchen, die erfolgten Ausbrüche vor sich selber als notwendige pädagogische Maßnahme zu rechtfertigen, doch alles das half ihr nicht viel – im Grunde blieb ihr hernach nur eine untergründige Selbstverachtung für ihre erwiesene Charakterschwäche und Unbeherrschbarkeit übrig, gefolgt von dem zähneknirschenden Gelöbnis, etwas Derartiges werde sich «nie wieder» ereignen. Doch selbstverständlich, es ereignete sich immer wieder, ungewollt, aus viel zuviel gutem Willen! Wie jemand, der einen Krankenwagen fährt und weiß, daß das Leben des Patienten in höchster Gefahr ist und daß es jetzt auf Sekunden ankommen wird: also fährt er so schnell, als er kann, und beachtet nicht, daß der Streudienst der Stadt bei einsetzendem Winter auf den Seitenstraßen um diese Uhrzeit noch nicht durchgekommen ist; unter dem Zwang der Verantwortung fährt er für die Straßenverhältnisse bei weitem zu schnell; er verursacht einen Unfall, ja, er verschuldet schließlich mit dem Auffahrunfall genau die zeitliche Verzögerung, die er unter allen Umständen hatte vermeiden wollen und die nun dem von einer Gehirnblutung heimgesuchten Patienten wirklich zu einem lebenslänglichen Verhängnis zu werden droht; – so ähnlich läßt sich beschreiben, was in dem geschilderten Beispiel zwischen Mutter und Tochter sich abgespielt haben muß.

Das wirklich Unglaubliche in dem Märchen von dem *Wolf und den sieben jungen Geißlein* aber liegt darin, daß die «alte Geiß» am Ende selbst davor warnt, als «Wolf» zurückkehren zu können.

Solange man die Geschichte so liest, als wären «objektal» dieses Untier und die liebe «Geiß» zwei getrennte Wesen, wird man in diesem sorgenvollen Hinweis nichts weiter erkennen als eine unerläßliche Vorsichtsmaßnahme zum Schutz der «Geißlein». Ganz anders jedoch, sobald man «subjektal», wie wir vorschlagen, in der «alten Geiß» und dem «Wolf» zwei Seiten ein und derselben Person erblickt; dann ist es wirklich *erschütternd* zu sehen, wie hier eine Mutter ihre eigenen Kinder vor einer Möglichkeit, die in ihr selber latent vorhanden ist und die vermutlich bald schon hervorbrechen wird, in Sicherheit zu bringen versucht.

Wie denn muß ein Mensch sich fühlen, der die ihm liebsten Menschen vor sich selber in Schutz nehmen möchte und muß?

Diese Frau, die ihren Kindern alles zu sein und zu geben versucht, kommt sich offenbar vor als eine tödliche Gefahr für ihre eigenen Angehörigen, und nach allem, was wir bisher gesagt haben, erscheint dieser Eindruck denn auch tatsächlich alles andere als unberechtigt. Die Gefahr besteht wirklich, daß die «Geißlein» sich an der Seite ihrer Mutter wie «aufgefressen» vorkommen; das heißt, sie erleben in solchen Momenten eben nicht ihre Mutter, sondern etwas ganz anderes, Fremdes, Unheimliches in ihr, das in der «guten» Mutter verborgen liegt, ihr *Alter Ego*, ihren Schatten, ihren Wiedergänger, ihr Hintergrundich, – ihr *Nichts*, das selber auf Grund seiner Nicht-Existenz ringsum nur vernichtend sein kann. Rein abstrakt gesprochen, können wir auch sagen: Das Nicht-Leben der Mutter bedeutet notwendig die Lebensverweigerung ihrer Kinder, und es ist wichtig, sich diese Wahrheit wie einen allgemeingültigen Lehrsatz klarzumachen – keine noch so «christliche» Tugend- und Opferideologie führt an diesem psychologischen Tatbestand vorbei. Das Märchen vom *Wolf und den sieben jungen Geißlein* denkt indessen nicht abstrakt; es bietet gegenüber allen allgemeinen Lehren den unerhörten Vorteil, daß es die «grundsätzlichen» Schwierigkeiten des Lebens ganz und gar konkret beschreibt: *en detail* schildert es die Merkmale, an denen die Umwandlung der eigenen Mutter in einen verschlingenden «Wolf» sich erkennen läßt.

Gemeinhin läßt sich der drohende Auftritt des «Wolfes» kaum anders verstehen denn als eine Art von «Kriegslist», als (PECKHAMsche) «Angriffsmimikry»[30], wie die Biologen das Verhalten eines Beutegreifers bezeichnen würden, der «hinterhältig» wie der Wolf im Märchen sein Opfer anzuschleichen sucht; Tarnung und Täuschung auf seiten des Jägers, geschärfte Wachsamkeit und rechtzeitiger Rückzug auf seiten des sonst wehrlosen Gejagten stehen hier im Kampf ums Dasein gegeneinander. Wenn aber eine «alte Geiß» ihre Kinder vor sich selber warnt? Dann werden wir zu Zeugen einer wirklichen Tragödie; dann müssen wir unterstellen, daß die «Geiß» die Verwandlung durchaus nicht will, die in Bälde an ihr sich zum «Wolf» hin vollziehen wird; dann gibt es im Grunde gar keinen «Wolf», der die «Geißlein» überlisten möchte, es gibt vielmehr nur eine Mutter, die verzweifelt darum ringt, trotz aller gegenläufigen Gefühle immer noch vor ihren Kindern so zu erscheinen, wie sie bisher sich zu geben vermochte. Die «Lüge» ihres Auftretens als «Wolf» in «Geißgestalt» liegt dann nicht in der Absicht, die Kinder durch den Anschein von Harmlosigkeit zu täuschen, sondern gerade umgekehrt: in der Unfähigkeit, zu den eigenen Aggressionen, zu der hervorbrechenden Wolfsnatur sich offen zu bekennen.

Nur: welch eine wirklich «gute» «Geißen»mutter könnte das? Als ein besonders kennzeichnendes Angriffssignal stellt die «Geiß» ihren «Geißlein» im Märchen *die tiefe Stimme* des «Wolfs» in Aussicht, und tatsächlich wird jedes Kind, wird jeder Hund, wird jede Katze sogar die Veränderung der Stimme ihres Frauchens oder Herrchens in eine dumpfe, dunkle Tonlage, begleitet womöglich noch durch Vermehrung der Lautstärke, als eine unüberhörbare Drohung empfinden: Da ist Gefahr im Verzuge! Brüllend, gurgelnd, fauchend – das ist die einschüchternde Stimme des Raubtiers! Auch unsere menschliche Sprache arbeitet mit derartigen uralten «Tricks». Irgend etwas ärgert uns, wir können es im ersten Anlauf nicht ändern, Wut steigt in uns hoch, und schon wird unsere Stimme lauter und tiefer – der Austausch von Drohgebärden beginnt; wenn jetzt der Gegner nicht möglichst schnell nachgibt, werden die verbalen Attacken voraussichtlich sehr bald in Tätlichkeiten umschlagen. Die tiefe Stimme fungiert in solchen Szenen nicht als eigentliches Angriffs-, sondern als Warnsignal, das den Kampf vermeiden soll, indem es den anderen zu Fügsamkeit und Unterwerfung anzuhalten sucht. «Der Klügere gibt nach», sagt ein deutsches Sprichwort denn auch und versucht damit, physische Unterlegenheit am Ende sogar als geistigen Vorzug zu «rationalisieren». Moralisch ist es in der Tat nicht gerade die vorteilhafteste Bilanz, durch rohe Gewalt Sieger geworden oder geblieben zu sein. Doch wenn sich das menschliche Gebaren schon von den Durchsetzungsstrategien der Tiere unterscheidet, ist dann nicht die Wut an sich selber bereits kulturell inakzeptabel? Um sich an die Spielregeln eines zivilisierten Zusammenlebens zu halten, sollte man es in jedem Falle vermeiden, schimpfend und polternd vor anderen aufzutreten, und vollends eine Mutter, die es mit ihren Kindern gut meint, wird es solange als möglich zu vermeiden suchen, ihre

«Wolfsstimme» ertönen zu lassen. Statt vor lauter Ärger im Bedarfsfall die Stimme zu senken, wird eine solche Mutter also im Gegenteil ihre Stimme erhöhen, um sich ihren Zorn nicht anmerken zu lassen. Für die Kinder allerdings wird der Piepston in der Stimme der Mutter von einem bestimmten Erfahrungspegel an dieselbe Wirkung haben wie eine Sirene, die Vollalarm pfeift: Es wird die höchste Zeit, Deckung zu suchen!

Auch diese Wirkung ist paradox. Denn an sich ist die Erhöhung der Stimme ein Signal zur Entwarnung. Wenn ein Mensch in Angst ist, redet er meist etwas höher, als es für seine Stimmlage normal wäre. Der Ton seiner Stimme klingt dann ein wenig wie bei einem Kind, und so lautet denn auch die «Botschaft», die in dieser Stimmveränderung nach oben hin liegt: «Ich bin doch viel zu klein und schwach, um dich zu bedrohen»; «ich kann und will dir doch gar nichts tun». Manche Menschen kennt man überhaupt nicht anders als mit einer solchen «Fistelstimme», die in kleinkindhafter Ungefährlichkeit um Aggressionsfreiheit im Umgang fleht, während sie objektiv doch leicht in Gefahr kommt, Spott und Ablehnung von seiten der anderen zu provozieren. Da «pfeift jemand aus dem letzten Loch», wie man zu sagen pflegt, doch die Neigung der Umstehenden wächst, gerade einem solchen «Schwächling» «die Flötentöne beizubringen».

Bei all dem ist, wohlgemerkt, nicht von «Heuchelei» die Rede, und doch ist gerade das Motiv vom «Kreidefressen» aus unserem Märchen im Deutschen sprichwörtlich geworden. Besonders von Politikern sagt man, daß sie jeweils vor den nächsten Wahlen «Kreide fressen», um ihre Klientel nicht durch zu freimütige Willenserklärungen über das, was sie wirklich im Schilde führen, vorzeitig zu vergraulen. Gerade wenn etwas zu schön, zu angenehm, zu «süß» in den Ohren klingt, sollte man hellhörig werden: Da könnte jemand «Kreide gefressen» haben! Stets ist es das künstlich Erhöhte in der Modulation der Stimme, das auf die *Gegenbesetzung* einer ganz anderen «Gestimmtheit» verweist; und *diese*, da kann man recht sicher sein, wird über kurz oder lang sich wirklich zu Wort melden. Bei jemandem, der die «Kreide» tatsächlich bewußt zur Tarnung seiner eigentlichen Absichten einsetzt, mag die gewollte oder ungewollte Selbstoffenbarung schließlich Erkennungsmerkmal und Strafe genug sein; bei jemandem aber, der die «Kreide» nur schluckt, um nicht zu werden, was er doch in sich selber immer näher «kommen» fühlt, schließt sich an dieser Stelle ein Teufelskreis: Noch einen Schritt weiter, und unter der Fistelstimme und den weißen Pfoten wird der «Wolf» hervorbrechen, und zwar um so wilder und ungestümer, je ausgehungerter und unterdrückter diese Seite des eigenen Wesens bisher geblieben ist.

«Wir machen nicht auf», riefen sie.

«Wie wird aus einer ‹alten Geiß› ein ‹böser Wolf›?» Das wissen wir jetzt. «Wie aber können die jungen ‹Geißlein› mit einer solchen Mutter-‹Geiß› leben?» Es wird die höchste Zeit, daß wir die Blickrichtung ändern und uns dafür interessieren, was denn die Kinder eines wahrhaftigen Geißen-Wolfes durchmachen. «Sie leben in ständiger Angst, verlassen zu werden; sie fühlen sich permanent schuldig, ohne recht zu wissen, wofür; sie müssen stets auf der Hut sein, um nicht von dem Zornesurteil der eigenen Mutter ‹gefressen› zu werden», so sagten wir bisher; dabei sind diese «Geißlein» auf der anderen Seite auch überverwöhnt, äußerlich haben sie es in der Obhut ihrer Mutter nicht schlecht, all ihre Belastungen sind innerlich; doch was am schwersten wiegt: sie verlieren unter diesen Umständen das Vertrauen zu sich selbst; sie erleben ihre Umwelt wesentlich als feindgetönt; und sie sehen sich außerstande, reale Ängste von «nur» fiktiven Angstvorstellungen zu unterscheiden. Ihr Ich ist ähnlich schwach entwickelt wie das ihrer Mutter; doch während diese einen relativ festen Halt in den Rollenvorschriften ihres Überichs findet, treibt das Ich ihrer Kinder ungerichtet von Angstanfall zu Angstanfall dahin; und es ist diese charakteristische Unsicherheit, welche die eigentliche Belastung im Leben solcher «Geißlein»-Kinder ausmacht. Hören wir nur einmal aufmerksam den Worten zu, mit denen die «alte Geiß» sich von ihren Kindern verabschiedet.

Alles beginnt mit einer phantastischen Sicherungsmaßnahme: Die Geißlein müssen ihrer Mutter versprechen, «auf der Hut vor dem Wolf» zu sein und sich vor ihm «in acht zu nehmen»; denn nur unter dieser Voraussetzung kann die alte Geiß «ohne Sorge fortgehen» und sich getrost auf den Weg machen. In dem Tempo der Erzählung geht die entscheidende Frage fast unter: Wie fühlen sich Kinder, denen die Welt «draußen» als prinzipiell gefährlich erscheinen muß? Wir lassen es einmal dahingestellt, daß die ständige Feindgewärtigung[31]: «paßt auf den Wolf auf!» eher in der Erlebnis- und Reaktionsbereitschaft der Mutter begründet liegt als in der «Wirklichkeit»; – für die «Geißlein» *besteht* die «Wirklichkeit» in eben der Interpretation, welche die Mutter-Geiß ihnen vermittelt; sie müssen antworten auf eine Welt, die prinzipiell in Todesgefahr getaucht ist, solange nicht ihre Mutter anwesend ist; was also könnten sie anderes tun, als sich an ihre Mutter um so verzweifelter anzuklammern und auf das pünktlichste alles zu tun, was sie ihnen sagt? Dieselben Kinder, die in der ständigen Angst leben, ihre Mutter könne in Unmut, Überdruß und Jähzorn einfach von ihnen fortgehen und sie schutzlos in einer toddrohenden Umwelt zurücklassen, werden ihrer Mutter sich desto folgsamer anschließen: Das Wort der abwesenden Mutter besitzt eine noch größere Geltung als das der anwesenden, und so läuft alles auf die Frage hinaus, wie die Geißlein jetzt eine Welt erleben, in der sie ungeschützt, nur gestellt auf ihre eigene Wachsamkeit, sich buchstäblich mutterseelenallein fühlen müssen.

Das schlimmste für das Erleben solcher «Geißlein» ist: In einer solchen «Welt» ist alles möglich! Nie kann man wissen, womit man es zu tun hat! Wer zum Beispiel (und vor allem!) ist die eigene Mutter? Ist sie (noch) eine gute «Geiß» oder (schon) ein «böser Wolf»? Wann ist sie das eine, wann das andere? Und welche Kriterien gibt es, das eine von dem anderen zu unterscheiden? Wie läßt sich zweifelsfrei die eine Möglichkeit abgrenzen von der Möglichkeit des anderen? Die Wahrheit lautet: überhaupt nicht, weil sich die Wirklichkeit, die man gerade feststellt, sofort verändert, wenn sie merkt, daß sie bemerkt wird! In einer solchen Welt ist es nur möglich, den Kontakt nach draußen möglichst einzuschränken. Sicherheit gibt es nur drinnen, im Zuhause der Mutter; die Welt vor der Haustür hingegen ist mörderisch; man muß sie meiden, will man überleben.

Dieses Grundgefühl der «Geißlein» ist, wohlgemerkt, von ihnen selber nicht auf seinen Wahrheitswert zu überprüfen. In ihm verdichtet sich allein die Warnung der Mutter, und so fürchten sich die «Geißen» eigentlich nicht vor der «Welt» oder vor dem «Wolf», sondern sie fürchten die Furcht ihrer Mutter. Den «Wolf» kennen sie nur aus deren Beschreibungen, in die «Welt» haben sie sich niemals getraut, vielmehr verhindert gerade das Urteil der

Mutter, als Vorurteil verinnerlicht, jeden Kontakt mit der Realität und damit zugleich jede Möglichkeit einer Korrektur des mütterlichen «Weltbildes» auf Grund eigener, besserer Erfahrungen.

Allein diese Konstellation bereits bedeutet einen Selbsteinschluß der Angst, aus dem späterhin nur schwer ein Entkommen möglich ist. Denn all diese Angst könnte nur überwunden werden durch vertrauensvolle Kontakte zu anderen Menschen; wie aber soll es jemals zu einem solchen Kontakt kommen, wenn hinter jedem Menschen der «Wolf» lauern kann? Und diese Angst gründet sich nach allem Gesagten ja nicht auf eine bloße Annahme; sie ist vielmehr das Resultat der einzigen Erfahrung, die über Jahre hin mit dem einzigen Menschen gemacht wurde, den es wirklich gab: mit der eigenen Mutter! Wenn schon diese an sich wohlmeinende Frau, man weiß nicht wann und warum, sich jederzeit in einen «Wolf» verwandeln kann, wie sollte man dann ein Gleiches nicht um so mehr bei einem an sich fremden und gleichgültigen Menschen befürchten müssen? Die Erkenntnis ist nicht zu gewinnen, daß jeder andere Mensch, eben weil er *nicht* die Mutter ist, *weniger* ambivalent wirken wird als diese «alte Geiß» mit ihren sieben Kindern! Beispiele für diese Blockierung positiver neuer Erfahrungen durch eine negative Grunderfahrung durchziehen das ganze Leben.

So stellt es in nicht wenigen psychotherapeutischen Sitzungen ein Hauptproblem dar, zu manchen Patientinnen und Patienten überhaupt in einen tieferen Kontakt zu kommen; statt dessen stellt sich beizeiten das Gefühl ein, von Gespräch zu Gespräch auf dem rutschigen Film einer Öllache dahinzugleiten: Man rutscht immer wieder ab. Der andere, so hat es den Eindruck, spielt elegant, beherrscht und gekonnt eine recht artige, angepaßte Rolle, doch diese Anpassung erscheint als Teil eines Behandlungswiderstandes; sie verfolgt den Zweck, jede tiefere Beziehung zu vermeiden. Und wirklich, schaut man genauer nach, so stößt man auf mindestens *drei* verschiedene Gründe, die dem Patienten eine vertrauensvolle Öffnung als nicht gerade ratsam erscheinen lassen.

Da ist *einmal* die Angst, eine Art Familien-Tabu zu brechen. Der verzweifelte Wille einer «alten Geiß», eine «gute» Mutter zu sein, hat es ihren Kindern auf viele Jahre hin förmlich zur Pflicht gemacht, das Bild von der guten Mutter auch innerlich gegen jede Wolfs-Gefahr zu verteidigen: Um selber ein gutes und gehorsames Kind zu sein (und um nicht neuerlich den Jähzorn der «Geiß» auf sich zu ziehen!), gilt es, das Familien-Dogma zu glauben und nachzusprechen, demzufolge die Mutter immer eine gute Mutter war. Es würde das Kind mit schlimmen Schuldgefühlen erfüllen, wenn es von seiner Mutter «böse» zu denken und über sie «Böses» zu sagen wagte, und sein Schuldgefühl bildete dabei gewiß nicht nur ein Echo der alten mütterlichen Vorwürfe, sondern es würde in ihm auch eine durchaus reale Erfahrung zum Ausdruck kommen: Die Mutter tat wirklich alles, was sie konnte; sie war wirklich keine «schlechte» Mutter; sie verdiente wirklich nicht die Vorwürfe, die man ihr so oft und so gern hätte machen mögen! Vor sich selbst und vor allen anderen kann und kommt es daher im Leben solcher «Geißen»-Kinder unter allen Umständen darauf an, die Hintergrund-Seite ihrer Mutter, den jederzeit drohenden «Wolf», zu verschweigen, zu verleugnen, zu verdrängen. In einem Therapiegespräch macht sich eine solche lebenslängliche Einstellung natürlich als ein schier uneinnehmbares Verteidigungssystem mit Burggraben und schießschartenbewehrten Mauern geltend – eine Bastion, die mit dem Anspruch der Ehre bis zum äußersten verteidigt wird. Es bedarf schon eines enormen Vertrauens, wenn der «Wächter» am «Burgtor» doch schließlich insgeheim einmal die Tür öffnen und Eingang und Einblick in das Innere zulassen sollte.

Ein *weiterer Grund* für die so schwierige Öffnung zu neuen positiven Kontakten ist noch wichtiger: die Angst vor neuerlichen Verletzungen. Da hat so ein «Geißenkind» nun wirklich, nach langen Mühen, Zutrauen und wohl auch ein wenig Zuneigung in die Zuwendung seines Partners oder Therapeuten gefaßt; wie soll es vermuten, daß gerade darin der Grund für neuerliche schwere Irritationen gelegen sein könnte? Und doch verhält es sich gerade so!

In die neue Beziehung, wenn sie nur tief genug geht, mischen sich unvermeidbar all die Hoffnungen und Befürchtungen noch einmal von vorn, die schon in Kindertagen enttäuscht oder bestätigt wurden, und bereits die unausgesprochene Erwartung, es möchte jetzt endlich «alles» gut werden, holt doch auch die Sorge wieder herauf, es könnten die alten Leiden von damals nur um so schmerzhafter sich erneuern. Diese Angst vor der Wiederholung des Alten aber kann leicht zu dem stärksten Antrieb eines echten «Wiederholungszwangs»[32] werden.

Man stelle sich nur einfach einmal die folgende Szene vor: Eine Frau ruft ihren Freund an, um sich mit ihm auf den Sonntagnachmittag zu einem Rendezvous zu vereinbaren; ihr liegt sehr daran, daß dieses Treffen zustande kommt, sie möchte aber auch nicht als aufdringlich erscheinen, und so hält sie sich mit der Offenbarung ihres Wunsches sehr zurück; um so wichtiger wird für sie natürlich die Frage, was ihr Geliebter von einer solchen Einladung hält. «Aber ja; und wann?» hat er gesagt. Das ist inhaltlich eine Zusage; aber meint er diese Zusage auch wirklich? Reagiert denn jemand, der sich über ein Treffen unter Verliebten von Herzen freut, derart kühl und sachlich – mit: «und wann?» Gewiß, Männer sind vielleicht anders als Frauen; aber hätte er nicht wenigstens irgend etwas sagen können, das sich nach einer Freude anhört: «O schön!» hätte er sagen können, oder: «Das ist aber ein guter Vorschlag! Wenn Du ihn nicht gemacht hättest, würde ich es Dir selber vorgeschlagen haben!» Mit einer Äußerung dieser Art hätte er alle Sorgen vertrieben; so aber macht doch die lakonische Kürze seiner Antwort bereits Verdacht, daß ihm an dem Treffen gar nichts Besonderes liegt – daß ihm die ganze Beziehung womöglich vollkommen egal ist! Im Handumdrehen kann sich unter solchen Umständen eine formale Zusage in eine wirkliche Absage verwandeln. Unsere Anruferin also ist schockiert; aber sie kann, die Zusage noch im Ohr, natürlich jetzt auch nicht gleich sagen, welch eine Angst und Enttäuschung in ihr aufsteigt – der andere würde sich dann ja erst recht unter Druck gesetzt fühlen, oder er würde ganz einfach abstreiten, daß er mit der Einladung ein Problem hat; doch damit würde der Konflikt womöglich nur zunehmen: – Die Gefahr wüchse ins Ungemessene, daß der andere zwar käme, für diesmal, vielleicht auch fürs nächste Mal, aber daß er über kurz oder lang die ganze Beziehung als eine unerträgliche Strapaze abbrechen würde. Es ist deshalb so wichtig herauszufinden, was der andere wirklich fühlt! Aber wie läßt es sich herausfinden? Einen Hinweis geben könnte der Tonfall, in dem er gesprochen hat. Klang seine Stimme nicht wie belegt, irgendwie gedrückt, als er sagte: «Und wann?» Hat er nicht so laut dabei geatmet, daß es fast wie ein Stöhnen klang? Und dann hat er auch nicht sofort spontan und ungezwungen geantwortet, sondern er hat, wenn auch nur kurz, eine Pause gemacht, er hat bei der Antwort gezögert; aber besagt dieses Zögern nicht bereits mehr als alles, was dann verbal gesagt wurde?

All solche Überlegungen laufen in Bruchteilen von Sekunden ab, und sie führen mit Gewißheit dahin, ein angenommenes Angebot als eine geschickt getarnte Absage zu interpretieren. Am Ende kann es geschehen, daß der so Eingeladene sich bereits wirklich auf das vereinbarte Treffen freut, nur um zu erleben, daß seine Freundin im letzten Augenblick irgendeine Ausrede findet, um das Rendezvous wieder aufzukündigen. Nun, so etwas kann vorkommen, wird er denken. Doch dann trifft er zwei Tage später zufällig seine Freundin in der Innenstadt, er geht lächelnd auf sie zu, doch wie konsterniert ist er, miterleben zu müssen, wie sie, ohne ein Wort zu sagen, vor ihm in Tränen ausbricht. «Was ist los?» wird er fragen, doch keine Antwort von ihr erhalten, oder sie wird nur sagen: «Gar nichts.» Das Gegenteil ist offensichtlich, doch dafür schämt sie sich, und wie soll er sie dazu zwingen, ihm etwas mitzuteilen, das offenbar für ihn gar nicht bestimmt ist? Andererseits spürt er schon, daß die Trauer seiner Freundin ebenso wie ihr Schweigen mit ihm selber etwas zu tun hat, ja, daß sie wie ein unausgesprochener Vorwurf gegen ihn gerichtet ist; und das wiederum treibt ihn unter Umständen jetzt wirklich in Harnisch. «Warum sagst Du denn nichts? Was soll ich denn jetzt schon wieder verbockt haben?» wird er vielleicht seinerseits nicht ohne Vorwurf sie fragen. Und in diesem Stil kann es weitergehen; nur ein paar Gesprächswechsel noch, und eine im Grunde ganz wohlwollende, freundschaftliche Beziehung verzankt sich an einer Fülle uralter Ängste, Projektionen und Mißverständnisse.

In unserem Zusammenhang am wichtigsten ist die Feststellung, daß sich in einer Szene wie dieser ein uraltes uns inzwischen vertrautes Schema wiederholt: Es hat, so sagten wir, zwischen der «alten Geiß» und den «Geißlein» nie eine Auseinandersetzung, nie ein wirkliches Verhandeln verschiedener Wünsche und Interessen gegeben; statt dessen bestand die Pflicht, unablässig zu horchen, wie, in welcher Tonlage, mit welcher Lautstärke, mit welchen Atem- und Handbewegungen, mit welchen Worten etwas gesagt wurde. All die indirekten Mitteilungen der Mutter konnten weit wichtiger sein als das, was direkt gesagt wurde; alles direkt Gesagte folgte der Pflicht, war Ausdruck ihrer Selbstunterdrückung, hatte zu gelten, doch galt es nicht eigentlich, wohingegen die «Begleitumstände» als Indizien für ihre wahren Gefühle und Gedanken gewertet werden konnten.

Auf diese Weise kommt es zu einer Einstellung, die wie die Karikatur einer Gesprächspsychotherapie[33] erscheint: Um einen Menschen wirklich zu verstehen, so lautet dort eine Hauptregel, sollte man nicht so sehr auf das achten, was gesagt wird, sondern sich stets fragen, was das Gesagte über den Betreffenden, der es sagt, selber aussagt: Warum sagt er das, was er sagt, an gerade dieser Stelle, in gerade dieser Weise? Auf eine solche Weise hellhörig zu werden, hat sicher jedes Geißen-Kind gelernt, – es mußte übersensibel werden, um zu überleben, und seine Feinnervigkeit trug gewiß mit dazu bei, den Geißen-Wolf in seiner Mutter so gut zu verstehen, als es einem Kinde nur irgend gelingen mag; jetzt aber gerät, was einmal dem Bemühen eines echten Verstehens galt, in die Gefahr, aus lauter Angst sich wie ein Standardwissen in ganz neue Situationen und Beziehungen zu übertragen und dort, statt zu veränderten Erfahrungen und Erkenntnissen, zu Projektionen uralter Erinnerungen und unveränderlicher Einstellungen zu führen. Aus dem sensiblen Verstehen von einst kann jetzt leicht ein überreiztes, allzu leicht kränkbares Mißverstehen mit allen möglichen Unterstellungen und Fehlwahrnehmungen werden.

Unbewußt kommt dabei freilich etwas zustande, das im Rückblick jeweils wie die Wiederholung eines Aktes frühkindlichen Gehorsams erscheinen kann: Wieder einmal ist es gelungen, eine an sich aussichtsreiche, glückliche Beziehung zu zerstören; wieder einmal hat das Gebot der Geißen-Mutter sich durchgesetzt, die Türe nach draußen nur ja verriegelt zu lassen und sie einzig ihr selber zu öffnen; wieder einmal haben die Ängste der Mutter, vervielfältigt in den Ängsten ihrer Kinder, es vermocht, eine neue Kontaktaufnahme, die auch das Bild der Mutter selber noch einmal hätte in Frage stellen können, zu vereiteln. Das Sicherungssystem von Angst und Leidvermeidung hat erneut den Sieg davongetragen, um den Preis freilich, daß die Angst vor dem fremden Leid dazu führt, sich selber immer von neuem das alte erlittene Leid zuzufügen und aus Furcht vor Enttäuschung schon im Vorlauf zu jeder möglichen Erfüllung nunmehr sich selbst zu enttäuschen.

Und ein *drittes Moment* liegt in dieser Absperrung jedweden tieferen Kontaktes: das ist die Gestalt der Mutter selber. Oft genug im Verlauf einer Psychotherapie («normale» Beziehungen scheitern an solchen Schwierigkeiten fast immer zu früh, um noch zu erleben, wovon hier die Rede ist!) stößt man auf ein merkwürdiges Phänomen: Man kann mit der Patientin oder dem Patienten bestimmte Erinnerungen an kindliche Erlebnisse mit Vater und Mutter so oft besprechen, wie man will, man kann den Übertragungscharakter zahlloser Konflikte in der Gegenwart so deutlich wie nur möglich gegenüber dem dunklen Grau der Vergangenheit abgesetzt haben, man mag an Entschlüssen, aus dem Getto kindlicher Ängste nun endlich herauszutreten, so viele provoziert und gefaßt haben, als es nur irgend geht, – es ist, als hätte sich ein magischer Kreis um die Patientin, um den Patienten geschlossen und verhinderte infolge einer ebenso unsichtbaren wie unüberschreitbaren Grenzziehung jeden wirksamen Ausbruchsversuch. Aus der «Burg», die einmal eine Zuflucht bot, ist sozusagen längst ein Verlies geworden, ein Belagerungszustand unentrinnbarer, alle Freiheit versperrender Angst. Erneut aber zeigt sich bei genauerem Hinblick, daß diese Angst einen historischen Grund, eine biographische Gestalt zur Ursache hat: Stets, wenn man glaubt, die Patientin oder den Patienten bis zur «Tür» eines wirklichen Auf- und Ausbruchs geführt zu haben, findet sich der Durchgang nach draußen versperrt von der Person der Mutter (oder des Vaters); es ist aber keinesfalls so, daß die Mutter (oder der Vater) damals etwa auf Grund persönlicher Mißgunst ein Leben ihres Kindes in Glück und Zufriedenheit hätte verbieten wollen, es war nur so, daß an jeder

Stelle, wo ein unbekümmertes, zwangloses «Spielen», wo ein neugieriges Erobern und Kennenlernen der Welt sich hätte freisetzen mögen, die Angstbereitschaft der Mutter die «Türe» nach draußen versperrte. Wie sollte denn auch eine verantwortungsbewußte, liebende Mutter ihre Kinder allein in eine Welt hinauslassen können, in welcher zu jeder beliebigen Zeit, unvorhersehbar, als eine stete Todesgefahr, ein «böser Wolf» auf den Plan tritt? Es ist die eigene Angst vor der feindlichen Welt, die ihr gesamtes Verantwortungsbewußtsein dahin lenkt, den Kindern dieselbe Angst einzuimpfen, um sie den Gefahren der «Welt» nicht auszusetzen. Alle denkbaren Alternativen werden von dieser Angstfürsorge weggedrängt.

Kein Gedanke ist in dem Märchen etwa daran, die Kinder zu lehren, wie man den Wolf im freien Gelände schon von weitem, zum Beispiel an seiner Gangart und seinem Geruch, zu erkennen vermöchte – objektiv sollte das viel leichter sein, als aus der sehr eingeschränkten Perspektive der Angst durch das Fenster, durch die «Schießscharten» der «Burg» sozusagen, beurteilen zu wollen, mit wem man es eigentlich zu tun hat; das Märchen deutet immerhin an, daß es gerade der mangelnde Weitblick der Angstwahrnehmung ist, der die Einschätzung realer Gefahren für die Geißlein außerordentlich erschweren kann, ja, der sie in gewissem Sinne fast blind macht für die Bedrohungen, die es wirklich gibt. Zudem ist auch der Rückzug in den Innenraum des Hauses keine so sichere Maßnahme, wie die Geschichte uns glauben machen möchte: Zumindest in felsigem Gelände sollten selbst *junge* Ziegen bereits den Nachstellungen eines Wolfes mit wenigen Sprüngen entlaufen können; lediglich in der Ebene bei einem Angriff im Rudel wären die Attacken der Wölfe mit aller Wahrscheinlichkeit erfolgreich: da würde ein einzelnes Tier zweifellos das leichte Opfer eines von einem erfahrenen Leitwolf strategisch richtig geführten Angriffs. Doch seit wann wären Ziegen Steppenbewohner? Es gäbe eine Menge nützlicher Dinge, die den Geißlein von seiten ihrer Mutter beizubringen wären. Statt dessen hören wir kein Wort davon, daß die «alte Geiß» ihre Kinder auf eine Auseinandersetzung mit wirklichen Wölfen vorbereiten würde, zum Beispiel, indem sie den Kleinen erklärte, wie sie selbst, eine erfahrene Frau, sich in einer entsprechenden Situation verhalten würde. Eine solche Einführung in ein «erwachsenes» Geißenleben bildete offensichtlich den einzigen Weg, um die Kinder einigermaßen sorgenfrei ihre Mutter in den «Wald» ziehen zu lassen und ihnen zugleich ein gewisses Vertrauen in die eigenen Fähigkeiten auf dem Lebensweg mitzugeben. Doch eben davon erfahren wir bezeichnenderweise gar nichts.

Was uns das Märchen hingegen bietet, weist eine entfernte Ähnlichkeit zu einer Geschichte in ALPHONSE DAUDETS *Briefen aus meiner Mühle*[34] auf: In dieser Fabel, die einen jungen Mann davor warnen soll, sein Leben auf die ungewisse finanzielle Grundlage eines freien Schriftstellers zu setzen, schildert der französische Dichter, wie eine junge Ziege, die in ihrem Stall auf das beste versorgt ward, sich von den Wiesen im Hochgebirge verführen läßt, ins Freie zu entweichen; eine traumhaft schöne Nacht lang genießt diese Ziege die Ungebundenheit ihres Lebens und die Sinnenfreude saftiger Weiden, «aber am Morgen fraß sie der Wolf». Nicht ganz davon verschieden lautet die «Moral», die in dem GRIMMschen Märchen die «alte Geiß» ihren Kindern einflößt: «Sobald ihr euch nach außen hin nicht vollkommen verbarrikadiert und nur euere Mutter hereinlaßt», erklärt es warnend, «schwebt euer Leben in Todesgefahr, und es gibt für euch dann keine Rettung mehr.» Überleben ist einzig möglich in promptem Gehorsam gegenüber der Mutter und damit in der Angstflucht einer kompletten Kontaktabsperrung nach außen. Sonst wartet lauernd der «Wolf». Die entscheidende Frage stellt sich jetzt «nur»: Wie und woran erkennt man einen «Wolf»?

An der Art seiner Stimme – das galt bisher als das erste Kriterium. Der Tonfall, der Ausdruck, die Wortwahl der Sprache – sie werden, sogar gegen den Willen des Redenden, jemandem, der aufmerksam zuhört, verraten, ob der Betreffende freundlich oder feindlich gesonnen ist. Doch ist selbst dieses Kriterium so sicher nicht; es ist vieldeutig interpretierbar, und es ist, bei einigem schauspielerischem Geschick, willentlich manipulierbar. Gerade davon erzählt jetzt das Märchen. Was es dabei malt, ist ein unumwunden *paranoisches Weltbild*[35].

Vorausgesetzt ist bereits eine Grundbedingung aller paranoischen Wahrnehmung: der Selbsteinschluß der Angst in der Weltdeutung und Weltbewältigung der Mutter, eine Angst, die sich, wie wir sahen, nicht eigentlich vor der Wirklichkeit fürchtet, sondern die sich, wie pflichtgemäß, ängstet in der Angst der Mutter, und zwar in einer Form und in einem Ausmaß, daß eine ichgerechte Realitätsprüfung aus eigenen Mitteln nicht mehr möglich ist[36]. Gefürchtet wird von Anfang an zweierlei: die Widersprüchlichkeit in der eigenen Mutter zwischen «Geiß» und «Wolf» – sie führt zur Spaltung auch des kindlichen Ichs zwischen Anpassung und Auflehnung[37], und dann die Unberechenbarkeit der Welt – sie führt aus Unsicherheit und mangelndem Selbstvertrauen zu Kontaktvermeidung und Rückzug auf den vermeintlich sicheren «Innenraum» einer relativ isolierten Privatexistenz[38]. Zu diesem aus vielen Einzelmitteilungen des Märchens bereits erarbeiteten Grundschema tritt nun eine Reihe weiterer konkreter Einzelzüge, die wir summarisch als *paranoische Regeln zur Umdeutung der Wirklichkeit* bezeichnen können.

1. Regel: Redet jemand freundlich mit dir, so sei aufs äußerste gewarnt – gerade dann droht Todesgefahr! Wer da sagt: «Ihr lieben Kinderlein» und gibt noch vor, er hätte «etwas mitgebracht», der kommt nur, um euch «aufzufressen». Deutlich sind diese Ängste im Märchen an die zwiespältige Wahrnehmung der Mutter gebunden, doch strahlen sie natürlich auf *jede* Kontaktnahme im weiteren Leben der Kinder, insbesondere auf den Bereich der Sexualität, aus[39].

Auch unabhängig von einer paranoischen Weltdeutung werden nicht wenige Eltern sexualpädagogisch aus Verantwortungsgefühl ihre Kinder genauso warnen, wie das Märchen es hier beschreibt: «Wenn ein Mann zu dir kommt und will dich streicheln und schenkt dir Schokolade und verspricht dir etwas besonders Schönes, dann geh auf keinen Fall mit ihm, nimm das Geschenk nicht an, sondern lauf schnell nach Hause; denn bestimmt ist es ein böser Mann, der dir sehr weh tun wird.» Der «fressende Wolf» kann auch traumpsychologisch sehr wohl für die Sexualangst eines Mädchens stehen, das sich vor der verschlingenden Gier des männlichen Begehrens fürchtet[40]. Das «Ich habe dich zum Fressen gern» der Mutter findet in solchen Vorstellungen seine Fortsetzung in den Komplikationen des Liebeswerbens. Insbesondere die Hundephobie mancher Mädchen wird man auf derlei sexuelle und aggressive Gehemmtheiten zurückführen müssen[41].

Vergessen sollten wir bei der Interpretation der Geschichte vom *Wolf und den sieben jungen Geißlein* allerdings nicht, daß in dem ganzen Märchen von dem Auftreten eines Mannes, gleichgültig ob in der Rolle eines Vaters oder Liebeswerbers, nicht die Rede geht[42]; denn gerade darin liegt eine psychologische Besonderheit der Erzählung. Der komplette Ausfall jeglicher Erfahrung mit einem Mann bietet eine Art Freifläche für Projektionen aller Art. Ja, wir dürfen sogar vermuten, daß die Warnung der «alten Geiß» vor dem «bösen Wolf» zu einem gewissen Teil wohl auch mit ihren eigenen Ängsten als Frau zu tun hat[43]. Dann freilich müßten wir das Motiv der «alleinerziehenden Mutter» noch weit energischer interpretieren, als wir es bisher getan haben: Möglich wäre es, daß bestimmte Sexualängste diese Frau überhaupt erst dahin geführt haben, die Person eines Mannes nur noch als etwas «Wölfisches» zu halluzinieren, vor dem es die eigenen Kinderchen zu bewahren gilt.

Gegen solche Erwägungen spricht keinesfalls schon der Umstand, daß die «alte Geiß» immerhin sieben Kinder zur Welt gebracht hat; vielmehr gerade umgekehrt: Eine Frau, die sich wesentlich als «die Mutter» bestimmt, wird erhebliche Gründe kennen, jede partnerschaftliche Beziehung zu einem Manne *auszuschließen*. Männer, in einer solchen Sicht der Dinge, sind wölfische Ungeheuer und Raubtiere, die allesamt nur «das eine» wollen und die man allenfalls nur für einen einzigen Zweck an sich heranlassen darf oder muß. Selbstredend spiegelt sich in einer solchen Gefühlslage auch etwas von der Situation der Frau in den Tagen der BRÜDER GRIMM zu Beginn des 19. Jh.'s in Deutschland wider: Wieviel an Recht auf Selbstbestimmung blieb da schon einer Frau, die im Durchschnitt (!) mit etwa sieben Kindern «gesegnet» war?[44] Was damals sozialgeschichtlich bedingt war, wird indessen bis heute konserviert in den Morallehren vor allem der katholischen Kirche, etwa wenn sie den Frauen das wichtigste Instrument der Emanzipation: die Pille, unter dem Vorwurf der «schweren Sünde» zu verbieten sucht, nur um anschließend dieselben Frauen in der Beichte darüber zu verhören, ob sie ihre «ehelichen Pflichten erfüllt» haben[45]. Eine solche Moral mag zur Vermehrung katholischer Kinder beitragen[46], doch sicher nicht zur Befreiung der Frauen zu Selbstbestimmung und Selbständigkeit; solange Frauen aber abhängig und furchtsam sich in ihre Mutterrolle flüchten müssen, um darin ihre alleinige Erfüllung zu finden, werden auch durch ihre Träume und Alpträume Männer als «Wölfe» spuken.

Freilich ist in unserem Märchen das Motiv der Sexualangst nur eben angedeutet, es wird keinesfalls derart zentral behandelt wie etwa in dem vergleichbaren Märchen vom *Rotkäppchen* (KHM 26). *Dort* erscheint der Wolf gegenüber dem Mädchen auf seinem Weg zur Großmutter als erstes in der Rolle eines Verführers, der das Kind vom Wege fortlocken möchte; es ist als ein echter Kompromiß zu verstehen, wenn Rotkäppchen zwischen der Warnung der Mutter, den rechten Weg nicht zu verlassen, und der Aufforderung des Wolfes, doch nur einfach in den Wald hineinzugehen, sich dafür entscheidet, abseits des Weges Blumen zu pflücken, mit denen es die Großmutter erfreuen könnte[47]. Die Tragödie des *Rotkäppchen*-Märchens liegt darin, daß selbst dieses Versöhnungsangebot zwischen den Forderungen des Triebwunsches (symbolisiert in dem Wolf) und den Forderungen des Überichs (symbolisiert in der Großmutter) nicht akzeptiert wird; Es und Überich schließen sich vielmehr zu einer Aktionseinheit zusammen: Nachdem erst der Wolf die Großmutter verschlungen hat, zieht er sich ihre Kleider an und legt sich in ihr Bett, um so, an ihrer Stelle und in ihrer Rolle, das arme Rotkäppchen zu verschlingen[48]. Die Übertretung des mütterlichen Gebotes, die «Abwegigkeit» des (sexuellen) Triebwunsches, die Strafe in Form verschlingender «Gewissensbisse» und Schuldgefühle (bei völliger Identifikation mit den Überich-Ansprüchen) bilden, kurz gesagt, das Thema *dieses* Märchens. In *unserer* Geschichte von dem *Wolf und den sieben jungen Geißlein* indessen sind die geschilderten Konflikte deutlich genug nicht eigentlich sexueller Natur; psychoanalytisch müßte man sie als «*präödipal*» bezeichnen.

Für diese These spricht in gewisser Weise die Tatsache, daß die Hauptmotive der Geißen-Geschichte sich unter anderem als eine in sich geschlossene *infantile Geburtsphantasie* lesen lassen[49]: Kinder, wie sich beobachten läßt, kommen aus dem Bauch der Mutter zur Welt; wie aber kommen sie dort hinein? Wenn einem der Bauch anschwillt, lehrt die kindliche Erfahrung, so liegt das daran, daß man «tüchtig» gegessen hat; entsprechend also wird die Mutter die Kinder «gegessen» haben, und sie müssen später aus ihrem Leib «herausgeschnitten» werden, um (wieder!) zum Leben zugelassen zu werden[50]. Beide Geschichten: das Märchen vom *Rotkäppchen* ebenso wie das Märchen vom *Wolf und den sieben jungen Geißlein*, kennen das in vielen Mythen verbreitete Motiv von der oralen Konzeption (der Empfängnis durch den Mund)[51] und von der sadistischen Geburt (dem gewaltsamen Öffnen des Mutterleibes); in beiden Geschichten erscheint die Mutter beziehungsweise die Großmutter als ein fressender Wolf; aber ein entscheidender Unterschied zwischen beiden Erzählungen liegt darin, daß das *Rotkäppchen* vor den ersten Erfahrungen mädchenhafter Sexualität in die Phantasien der frühen Kindheit zurückflieht, während die Ängste, von denen das *Geißen*-Märchen erzählt, die seelische Entwicklung auf dem Stadium kindlicher Sexualität festhalten. Wenn wir bisher sagten, daß es im Verhalten der «alten Geiß» und der «Geißlein» keine wirkliche Auseinandersetzung noch eine wirkliche Wechselseitigkeit gebe, so können wir denselben Sachverhalt nun auch triebdynamisch ausdrücken und sagen, daß die Möglichkeit einer sexuellen Begegnung unter den Angstbesetzungen identifikatorischer Verschmelzungsideen untergeht. «Wer mit dir freundlich redet, ist dein Feind» – wenn diese «Regel» bereits in den Erfahrungen eines Kindes mit seiner Mutter zur Basis der Beziehung wird, ist eine sexualverträgliche Reifung zu Partnerschaftlichkeit und wechselseitigem Austausch schwer vorstellbar. Doch es kommt noch ärger. Denn:

Die 2. Regel zur Uminterpretation der Wirklichkeit im Felde der Angst lautet: Traue niemals deinen eigenen Beobachtungen. Du glaubst, etwas richtig wahrzunehmen, doch du bedenkst nicht, daß man vielleicht nur wollte, daß du etwas in einer bestimmten Weise wahrnimmst; wenn man aber erst einmal weiß, was du wahrgenommen hast, und vor allem wenn man dahintergekommen ist, warum du es so wahrgenommen hast, läßt sich die Wirklichkeit ohne weiteres so manipulieren, daß deine eigenen Wahrnehmungen in die Irre geleitet werden. Da sieht etwas harmlos aus, aber es ist in Wahrheit lebensgefährlich. Wenn du daher etwas Harmloses siehst, sei doppelt vorsichtig! Jede Falle, die man dir stellt, wird äußerlich harmlos aussehen; und jeder harmlose Anblick kann als eine Falle für dich arrangiert sein.

Zu dem Mißtrauen gegenüber fremden Mitteilungen gesellt sich unter solchen Erlebnisvoraussetzungen jetzt auch noch eine tiefe Verunsicherung gegenüber dem eigenen Urteilsvermögen.

«Wie sollte ich denn daraus schlau werden», klagte eine Frau im Rückblick auf ihre angstzerstörte Kindheit, «wenn ich doch nie wußte, wie ich meiner Mutter begegnen würde? Wie konnte ein und dieselbe Frau, die eben noch so lieb und freundlich war, plötzlich derart aus der Haut fahren und auf mich schimpfen und einschlagen?» Es waren die Unerklärtheit und damit subjektiv die Unerklärlichkeit, mit der diese Übergänge sich vollzogen, an denen das Wahrnehmen und Denken dieser Frau als Kind immer wieder irritiert worden war. Wie weit darf man dem trauen, was man sieht? Wie lange wird es so bleiben? Und vor allem: Was hat man übersehen, wenn man derart überrascht und erschrocken, wie wenn es keinerlei Vorbereitung noch Vorwarnung gegeben hätte, den vollkommenen Wechsel im Wesen eines anderen, äußerst wichtigen Menschen: der eigenen Mutter, miterleben muß?

Solcher Art waren die Fragen, die sich im Leben dieser Frau immer wieder gestellt hatten. Wie läßt sich Sicherheit finden? Wem überhaupt kann man, darf man irgend etwas wirklich, ohne Hintergedanken, glauben? Aus dieser Ungewißheit heraus hatte sie es sich abgewöhnt, durch Nachforschen in der Realität zu prüfen, welche Denkmöglichkeiten sich jeweils als richtig oder falsch herausstellen würden; da ohnedies für sie nicht mehr klar erkennbar war, was für real, was für irreal gelten durfte, erschien ihr zum Beispiel der therapeutische Vorschlag, eine größere Sicherheit im Urteil durch eine sorgfältigere Realitätskontrolle zu erwerben, fast als eine Zumutung, jedenfalls als ein unnötiger Umweg; woran sie als gewiß zu glauben gelernt hatte, waren die Vorstellungen ihrer jeweils stärksten Befürchtungen. Es genügte irgendeine Wahrnehmung, die in der Beziehung zu einem für sie wichtigen Menschen etwas Ungewöhnliches, Erklärungsbedürftiges, Merkwürdiges verriet, und schon schob sich in diese Lücke gedanklicher Kohärenz sogleich eine Angstdeutung höchster subjektiver Evidenz; und so wie ihr dann die Welt erschien, war sie. Es bildeten sich (nach einem zutreffenden Ausdruck von PAUL FEDERN) «falsche Gewißheiten»[52], die gegen jede mögliche Widerlegung gefeit waren. Es half nichts, darauf hinzuweisen, wie schmal und objektiv vieldeutig das Beobachtungsmaterial für die jeweils als sicher geglaubten Behauptungen war – kein Kripo-Beamter würde auf Grund solcher «Indizien» auch nur einen Anfangsverdacht bestätigt gefunden haben. Es half auch nichts, darauf hinzuweisen, daß all die gefundenen «Gewißheiten» sich ausnahmslos auf negative Inhalte bezogen – auf Spiegelungen eines grundlegenden Mißtrauens, das auf der Suche nach seinen Begründungen fündig ward. Sie kannte (endlich!) die Gründe für ihre Angst, und das allein schon wirkte wie eine Beruhigung für sie.

Kennzeichnend ist, daß es an solchen Stellen einer therapeutischen oder sonstwie menschlich intensiven Beziehung regelmäßig zu einer Art «Machtkampf» um die Definition der «Realität» kommt. Die Verführung für den «Therapeuten» ist groß, im Namen der «Vernunft» den eigenen «realitätsgerechten» Standpunkt mit einem autoritären Machtwort dem anderen als «maßgebend» zu verkünden, doch läßt sich der «Wahn» nicht hinwegbefehlen; was sich bei einem solchen Vorgehen wiederholen würde, wäre lediglich derselbe Machtkampf, der in Kindertagen gegen die eigene Mutter verloren wurde, doch würde dieser Machtkampf sich jetzt gegen eine erwachsene Persönlichkeit richten, denn was da als «paranoid» oder als «wahnähnlich» in Erscheinung tritt, ist in gewissem Sinne das Ergebnis einer hohen Anpassungsleistung des Ichs an eine in sich höchst widersprüchliche, undurchschaubare und ängstigende Welt, ja, es ist vor allem ein Sicherungssystem *gegen* diese Welt, das sich seit vielen Jahren bewährt hat, das sich durch immer neue Erfahrungen subjektiv betätigt hat und das, bei intelligenten Personen, sich einer höchst komplexen und reflektierten Argumentation zu bedienen pflegt. Einen gewissen Einblick in ein solches «vernünftiges» Gehabe solcher Angstsicherung bietet unser Märchen, wenn wir im folgenden nur einmal zuhören, wie die «Geißlein» mit dem «Wolf» zu sprechen pflegen.

Es liest sich gewiß recht artig, folgsam und in gewissem Sinne sogar lustig, wenn wir die «Geißen» im Gespräch mit dem «Wolf» wortgetreu all die Warnungen replizieren hören, die ihre Mutter ihnen eingeschärft hat. Doch die ästhetische Vergnüglichkeit fällt rasch dahin, wenn wir bedenken, daß die Gespräche der «Geißen» um Tod und Leben kreisen. Wie zu ihrer eigenen Beruhigung tragen sie die mütterlichen Worte zur Begründung vor, warum das, was sie da vor sich hören und sehen, nicht ihre Mutter sein kann; was sie von dieser gelernt haben, repräsentiert ihr ganzes Wissen von der Welt draußen, und daran klammern sie sich auf Sein oder Nichtsein. Ihre ganze Intelligenzleistung also ist angstbedingt auf die Gedächtnisfunktion reduziert, und sie merken nicht, daß ihre eigentliche Gefährdung gerade in der Starrheit besteht, mit der sie ihre erlernten Standards zur Bewertung der wahrgenommenen Wirklichkeit handhaben. Würden sie wenigstens nicht so «artig» oder so «dummschlau» sein, dem «Wolf» auch noch *en detail* zu erklären, *woran* sie ihn zu identifizieren vermögen, so könnte das Untier sich nicht mit solcher Leichtigkeit auf die jeweilige Situation einstellen, indem es sein Erscheinungsbild verändert. Doch das Merkwürdige ist, daß die «Geißlein» von ihrer Mutter zwar die Angst vor der drohenden Gefahr gelernt haben, nicht aber eine hinreichende List, die der Arglist des «Wolfes» Paroli zu bieten vermöchte. Es ist aber gerade diese Mischung aus Angst und «Ehrlichkeit», die den «Geißlein» zur wirklichen Bedrohung wird. Sie entdecken gerade, was eine Lüge ist; doch daß der Gegner schlau genug sein könnte, im Fall, daß er durchschaut wird, seine Tarnung zu verbessern, auf diese «Umfunktionierung» ihrer Erkenntnismittel zur Irreführung kommen sie nicht. Das psychische Resultat aus all dem ist ein Gefühl der intellektuellen Nichtbewältigung der Welt, des schieren Unvermögens, einer Wirklichkeit von solcher Schlechtigkeit und Gemeinheit geistig standzuhalten.

Stets, wenn im Raum der Psychiatrie von «paranoischen Erlebnisinhalten» die Rede geht, ist damit eine eindeutig «wahnhafte» Interpretation der Wirklichkeit durch einen Patienten gemeint, und die Neigung der Mediziner ist groß, den begleitenden Verfolgungsängsten medikamentös, mit den Mitteln der Biochemie, den Boden zu entziehen[53]. Doch was uns das Märchen vom *Wolf und den sieben jungen Geißlein* zeigt, ist eine wirkliche *geistige* Erkrankung, die darin gründet, daß es unter den gegebenen Voraussetzungen einem Kind bei aller Sensibilität und Intelligenz nicht gelingen will, zu durchschauen, was sich in der Wirklichkeit abspielt, und man kann das gut verstehen, wenn man überlegt, was ein Kind, das heranwächst, an Hilfen zur Realitätskontrolle denn brauchen würde.

Um auf eine Situation wie die mit dem «Wolf» vorbereitet zu sein, hätten die «Geißlein» unbedingt das Vexierbild vom *«Wolf und den Geißlein»* spielerisch immer wieder durchüben und nachgestalten müssen, – tatsächlich läßt sich das GRIMMsche Märchen in der Pädagogik von Kindergarten und Grundschule vorzüglich in gerade diesem Sinne einsetzen! Um mit der Welt, wie sie ist, zurechtzukommen, bedürften Kinder zudem der Erlaubnis, ihren natürlichen Neigungen zu Spielen wie Fangen, Anschleichen, Überraschen, Überlisten usw. ungehemmt zu frönen. Die «Geißlein» in dem GRIMMschen Märchen aber haben nichts dergleichen gespielt noch geübt! Sie können nur immer wieder ihre «Wahrheit» wiederholen; zum «Lügen» wurden sie nie erzogen; derartigen Praktiken und Machenschaften gegenüber sind sie hilflos ausgeliefert. Und so spaltet sich ihr Leben in eine subjektive Selbstgewißheit und in eine objektive Ungewißheit: Sie selber, das steht fest, sind ehrlich, vertrauenswürdig, gehorsam, brav und lieb; doch der «Wolf» draußen ist verlogen, gemein, hinterhältig, bösartig und häßlich – man versteht nicht, wie er so sein kann!

Von diesem Moment an tritt etwas Neues ein: Es vollendet sich gewissermaßen der Selbsteinschluß der Angst durch eine *moralische Selbstaufwertung*: Man vermag den «Wolf» nicht mehr zu verstehen, *weil* er so ist! Er ist *zu* gemein, *zu* bösartig, als daß ein guter und gewissenhafter Mensch ihn noch begreifen könnte! So wie er *darf* man nicht sein. Die Aufspaltung zwischen drinnen und draußen ergibt sich jetzt also nicht mehr nur als eine Notfallreaktion der Angst, sondern als Konsequenz einer neu gefundenen moralischen Identität[54]: Mag man auch belogen werden, man selber wird doch niemals lügen!

In dieser Haltung liegt, aufs äußerste gesteigert, etwas, das man neurosepsychologisch als «funktionalen Leidensdruck»[55] bezeichnen muß: Man erlebt die anderen als besonders schlimm, weil man auf Grund eigener Gehemmtheiten über die Maßen «gut» sein muß; man fühlt, wie im Fall unserer Wolfsphantasie, sich von den anderen ständig belogen, weil man selber zu ehrlich ist. «So etwas würde ich nie tun!» So lautet die Überzeugung des eigenen Wertes. «Aber die anderen lügen permanent.» Dieser Eindruck geht mit jener Überzeugung einher. Doch entsteht dieses Bild jetzt nicht einfach aus einer Projektion der Anteile eigener Unwahrhaftigkeiten, es korreliert vielmehr mit dem Unvermögen, die «»Spiele» zu beherrschen, die zum Überleben in gewissem Sinne unverzichtbar sind.

Aber selbst mit solchen Feststellungen, obwohl schon verzweifelt genug, stehen wir noch nicht am Ende der geistigen Entwicklung in einen quasi paranoischen Bewußtseinszustand hinein. Damit es *dahin* kommen kann, muß noch das einzelne, situative Erleben in den gezeigten Strukturen sich generalisieren und totalisieren, um ein wirklich paranoisches Format zu gewinnen. Und wie es dazu kommen kann, zeigt jetzt die

3. Regel; sie lautet in den Worten des Märchens: «Das sind die Menschen», und sie gibt in der Tat das Lebens- und Weltgefühl eines Menschen wider, der in seiner Angst und entsprechend seiner Überzeugung sich als das wehrlose, verfolgte Opfer inmitten einer Welt der Bosheit und der Hinterhältigkeit betrachten muß.

Denn was wir mit den «Geißlein» an dieser Stelle zu lernen haben, ist die wohl bitterste Enttäuschung, der ein Mensch in seiner Angst gewärtig sein muß: Er hat keine Freunde mehr, alle sind seine Feinde![56] Schon längst genügt es jetzt nicht mehr, nur vor dem «bösen Wolfe» auf der Hut zu sein; das wirkliche Problem ergibt sich daraus, daß alle anderen in den Sog der Wolfsphobie hineingezogen werden; sie büßen in der Vorstellungswelt eines derart verängstigten Menschen ihre Neutralität ein und werden von Freunden zu Feinden, von Verbündeten zu Überläufern, von Unbeteiligten zu Komplizen. In drei einfachen Szenen beschreibt das Märchen, wie dieser Wandel sich vollzieht.

Kaum erfährt der «Wolf» von den «Geißlein», daß seine rauhe Stimme ihn verrät, da geht er zu dem *Krämer*, um sich zur phonetischen Kosmetik ein Stück Kreide zu kaufen. Der Krämer weiß nicht noch kann er vermuten, zu welch einem absonderlichen Zweck seine Kreide Verwendung finden soll, er hat mit dem Schicksal der «Geißlein» an sich nichts zu tun, und doch trägt er ursächlich zu deren Untergang bei. Man merke: In einer Welt der totalisierten Angst genügt es, daß alle «Geschäfte» weitergehen wie bisher, und man wird erleben, wie der Fortbestand der «Normalität» selbst den Totalitarismus dessen, der die Angst verkörpert, nach sich zieht. Der «Krämer» macht nichts anderes, als er bislang auch getan hat: Er tauscht Waren gegen Geld und kauft mit dem gewonnenen Geld neue Waren zum Gebrauch und Weiterverkauf ein, doch indem er das tut, schafft er ungewollt und ohne Schuld das Medium, in dem die Angst sich ausbreitet bis zu den Rändern hin. – Unwillkürlich muß man bei dieser Szene an das Muster denken, mit dem etwa eine *Diktatur* an die Macht kommt und sich an der Macht erhält: Sie kann das nur, wenn die Grundvorgänge des gesellschaftlichen und wirtschaftlichen Lebens sich ungestört fortsetzen[57]; nur über dem Sockel bürgerlicher Alltagstreue kann das Monument des «Wolfs» errichtet werden!

Anders noch erscheint der Siegeszug des «Wolfes» in der zweiten Szene: Kaum hat dieses Ungeheuer von den «Geißlein» erfahren, daß seine schwarze Pfote es verrät, als es zum *Bäcker* läuft, um sich einen Teig darüberstreichen zu lassen, unter der Vorgabe, sich den Fuß gestoßen zu haben. Aus der Sicht der «Geißen» ist es entsetzlich, wenn wir hören, daß jetzt offenbar ganz normale menschliche Kontaktformen, daß sogar Hilfsbereitschaft und Mitleid, in das Kalkül des «Wolfes» eingebaut werden können, um dessen Angriffsvorteile zu verbessern. Wem soll ein Mensch noch trauen, dem in seiner Angst selbst das, was eigentlich Vertrauen bilden könnte, nur als das Instrument einer noch größeren Gefährlichkeit erscheinen muß?

Zu den «Geschäftsverbindungen» und den «menschlichen Beziehungen» aber tritt, schlimmer noch, als drittes jetzt die Angst, die der «Wolf» auf jeden ausübt, der ihm nicht augenblicklich gehorcht. Der *Müller* ahnt sehr wohl, daß der «Wolf» das Mehl nur auf seine Pfote gestreut haben möchte, um irgend jemanden grausam zu hintergehen, ja, er ist redlich und rechtschaffen genug, um dem Vielfraß zunächst seine Mithilfe zu verweigern; doch als der «Wolf» ihn selber zu fressen droht, gibt er sich willfähig und gefügig. Dieser Eindruck ist jetzt wohl am ärgsten: Wie erpreßbar *alle* sind oder sein können im Getto der Angst! Jeder fürchtet da seine Furcht, und am Ende zerfällt jede Gemeinsamkeit in ein williges oder unwilliges Helfertum zugunsten einer immer stärkeren Angstverbreitung, bis daß am Ende nur noch die angezielten Opfer hilflos und ausgesetzt übrigbleiben[58]. Es ist ein überaus sprechendes Bild, wenn das Märchen erzählt, wie der «Wolf» schließlich selbst für die «Geißlein» nicht mehr zu erkennen ist, weil alle, die er benötigt, um seinen Plan zu erfüllen, ihm irgendwie hilfreich oder doch nützlich geworden sind. Der «Wolf», noch klarer gesagt, erscheint harmlos auf Grund der Furchtsamkeit derer, die ihm zu seiner «Tarnung» verhalfen! – Erneut fühlt man unweigerlich sich erinnert an die «Weißfärbung» etwa eines diktatorischen Regimes durch all seine Protagonisten und Propagandisten, die doch in Wahrheit nichts anderes sind als Marionetten der Angst. Sind so die Menschen? Und wo, wenn es so sein sollte, läge dann noch der Unterschied zwischen «Normalität» und «Wahn», zwischen Politik und Paranoia, zwischen geistiger Gesundheit und kranker Geistigkeit?[59]

Bisher haben wir entlang dem GRIMMschen Märchen nur über bestimmte Wege in bestimmte Formen angstgeprägter Wahrnehmung und Wirklichkeitsdeutung gesprochen; was aber, wenn «der Wolf los ist», wenn sich die Erfahrung der Angst subjektiv totalisiert, wenn die ganze Welt nur noch Angst ist – wenn der «Wolf» die Sperrwände der Sicherungsmaßnahmen durchbricht und niemanden mehr schont?

Aber der Wolf fand sie alle.

Stets ist es lohnend, Märchenmotive zu vergleichen mit der Art und Weise, wie sie in *Mythen* vorkommen und verwandt werden, teils weil überlieferungsgeschichtlich mitunter der Mythos selber die Quelle bildet, aus welcher in zahlreichen Flußarmen Märchen entspringen, teils weil im Mythos oft übergewaltig, ins Riesenhafte vergrößert, erscheint, was im Märchen ins sozusagen Private verkleinert uns vorliegt. Der Mythos beansprucht, objektive Weltdeutung zu sein, wo das Märchen «nur» Spiegel der Welt des Subjekts sein will und sein kann; versucht der Mythos, eine «Metaphysik» in Symbolen zu bieten, beschränkt sich das Märchen auf eine «Psychologie» projizierter Bilder[60]. Entscheidend in unserem Zusammenhang aber ist darüber hinaus eine andere, noch weit wichtigere Feststellung: daß nämlich ein solcher Unterschied von «objektiver» und «subjektiver» Weltdeutung sich nur von außen her treffen läßt. «Unser Zusammenhang» – das ist die Frage, wie ein Mensch inmitten von Angst die Welt erlebt; für ihn läßt sich, was er erlebt, von vornherein nicht weiter zerlegen in eine Welt, wie sie an und für sich besteht, und in eine Welt, wie sie ihm erscheint, oder, besser, da ja auch der Mythos kein «Wissen» um die Weltwirklichkeit «an und für sich» zu behaupten vermag: in eine Weltdeutung, die kollektiv (gesellschaftlich, religiös) vorgegeben und mitgetragen wird, und in eine Weltdeutung, die «nur» als subjektiv sich darstellt. Dabei mag für ein paranoisches Welterleben der Abstand des subjektiven Bewußtseins vom Standpunkt der Allgemeinheit durchaus bewußt sein, doch gehört dieser Abstand innerhalb der paranoischen Wirklichkeitsdeutung bereits zu dem System der objektiven Täuschungen: Es zeigt sich eben daran, was für ein Interesse *alle* (oder doch *fast* alle) haben, die Welt, in welcher der «Wolf» regiert, vor sich selber und am meisten vor dem «Zielobjekt» seiner Anschläge zu verschleiern. Die Diskrepanz zwischen dem persönlichen Erleben und der offiziell zur Schau getragenen «Realitätswahrnehmung» bestärkt unter den gegebenen Denkvoraussetzungen die paranoische Grundgewißheit eher, als daß sie diese erschüttern könnte[61].

Mit dieser Feststellung kommen wir auf eine äußerst bemerkenswerte Tatsache zurück: Der Aufbau eines paranoischen Wahrnehmungssystems ist, wenn das stimmt, in aller Regel als eine außerordentliche *Intelligenzleistung* im Erleben einer verängstigten Persönlichkeit zu würdigen; ja, es ist klar, daß ein solches Interpretationsschema sich den Mitmenschen auch «objektiv» um so plausibler darstellen wird, je virtuoser die künstlerischen und geistigen Mittel sind, in denen es sich ausdrückt[62]; das individuell Exzeptionelle steigt dann auf zum Rang des Exemplarischen; der (Alp)Traum eines einzelnen verwandelt sich dann in den Mythos einer bestimmten Zeit, ja, unter Umständen kann er selber sich als zeitlos gültig, als «klassisch» behaupten. An ein paar Beispielen aus Religion, Geschichte, Philosophie und Kunst sei dieser Zusammenhang verdeutlicht. Wie, das bleibt unsere Frage, sieht eine «Welt» aus, in welcher die Angst vor dem «Wolf» im Zentrum aller Aktivitäten steht?

Die ältesten und dramatischsten Zeugnisse einer Weltsicht unter dem Zeichen des «Wolfes» finden sich religionsgeschichtlich im germanischen Kulturraum zweifellos in den Götterdichtungen der *Edda*, und dort am eindringlichsten in der berühmten *Völuspá*, in der *Seherin Gesicht*[63], dieser «Summe» nordischer Weltsicht, die von der Urzeit der Weltenstehung hinüberschaut zu dem Untergang der Götter und der Heraufkunft einer «Neuen Erde»; möglich ist, daß in diese beschwörenden Visionen bereits die «christliche» Angst vor dem Weltuntergang zur Jahrtausendwende sich eingetragen hat[64] und nicht zuletzt auch die Ahnung von dem Sturz der alten germanischen Gottheiten durch die Heraufkunft der «christianisierten» Welt des Mittelalters sich auswirkt; doch die Art, in welcher die Angst vor dem Untergang des «Alls» in dieser beschwörenden Dichtung sich ausspricht, kann nicht anders denn als «archetypisch» bezeichnet werden: Es ist die Vorstellung von einem «Ungeheuer», das die Welt des «Geheueren» am Ende der Tage mit seinem riesigen Rachen verschlingen wird. Ein derartiges «Ungeheuer» kann, je nach der Umwelt einer bestimmten Kultur, an sich auch eine Schlange sein, wie bei den Ägyptern[65], oder ein Kaiman, wie bei den Azteken[66], oder eben: ein Wolf, wie in der germanischen Mythologie; in jedem Falle haust es drohend, als lauernde Gefahr, im Hintergrund und Untergrund der Welt, die es jederzeit vernichtend heimsuchen kann und zu gegebener Zeit heimsuchen wird. Die zentrale Gestalt dieses Untiers nimmt in der germanischen Mythologie der *Fenris-Wolf* ein – ein Kind des Trickster-ähnlichen Gottes *Loki* und der Riesin *Angrboda*, der «Sorgenbringerin», von denen auch die *Midgardschlange* und die Unterweltherrscherin *Hel* hervorgebracht wurden[67]. Wohl ist es den Göttern einstweilen gelungen, diese grauenhaften Ungetüme zu bändigen, doch nicht auf Dauer, denn schon steht fest, daß sie in den Ragnarök, in den «letzten Geschicken der Götter», ihre furchtbare, zerstörerische Macht entfalten werden. Speziell die Fesselung *Fenrir*s gelang den Göttern überhaupt nur erst im dritten Versuch mit Hilfe des Bandes *Gleipnir*, das ein paar Zwerge aus sechs Teilen gefertigt hatten: aus «dem Lärm des Katzengangs, dem Bart der Frau, den Wurzeln des Berges, den Sehnen des Bären, dem Atem des Fisches und des Vogels Speichel»[68], kurz, aus Materialien, die es «eigentlich» geben müßte, die es aber in «Wirklichkeit» nicht gibt.

Schon hier wird man sagen müssen, daß der «*Wolf*» in der *Edda* eine Form der Angst verkörpert, die ihre «Wirklichkeit» eben darin besitzt, daß sie nicht «real», als ein Etwas in der Welt, zu begreifen ist, sondern daß sie sich «nur» als ein Grundgefühl «festmachen» läßt: Niemals wird sich beweisen lassen, daß es wirklich gelungen ist, den «Wolf» zu fesseln!

Tatsächlich stellt denn auch die ganze Art dieser Angstberuhigung in der Vorgehensweise der Götter sich als ein plumper Trick heraus: Die Asen erklären dem Wolf, er werde das Seidenband der Zwerge gewiß mit Leichtigkeit zerreißen, nachdem er zuvor doch schon Eisenfesseln gesprengt habe, zum Wahrzeichen ihrer Rede aber muß der Gott *Tyr* seine rechte Hand in den Wolfsrachen legen; als dann das Untier merkt, wie das Band sich immer fester um es legt, je heftiger es daran zieht, beißt es *Tyr* vor Wut und Schmerz die Hand ab; doch das nützt ihm jetzt nichts mehr: Die Asen binden es an einer großen Steinplatte fest, die sie an dem Stein *Thwiti* verankern; und wie der Wolf mit dem Kopf hin und her fährt, um nach ihnen zu schnappen, stecken sie ihm überdies noch ein Schwert in den Rachen, dessen Griff den Boden seines Maules berührt und dessen Spitze an den Gaumen stößt. Auf Grund dieser Maulsperre heult (seither) der Wolf fürchterlich, Speichel rinnt aus seinem Maule, und aus diesem Speichel entsteht der Fluß *Wan*, auf hochdeutsch: die Hoffnung! (*Die jüngere Edda*, Nr. 34, S. 76–80)

Stets also bleibt selbst einer der Götter in der Auseinandersetzung mit dem «Wolf» in wörtlichem Sinne «gehandicapt», und alle «Hoffnung», die den Menschen gegen die Angst übrig ist, besteht darin, daß der «Wolf» seinen alles verschlingenden Rachen jetzt noch nicht zu schließen vermag, ohne sich dabei selbst zu verletzen. Doch ist diese «Hoffnung» erkennbar nur ein vorübergehender «Wahn»: Wenn die *Ragnarök* anheben, wird jener Winter kommen, «der Fimbulwinter heißt, mit Schneetreiben aus allen Himmelsrichtungen, starkem Frost und scharfen Winden, ohne Sonnenschein. Es sind drei Winter, die unmittelbar, ohne Sommer dazwischen, aufeinanderfolgen. Ihnen vorauf gehen drei andere Winter (Jahre), in denen auf der ganzen Welt große Schlachten geschlagen werden.»[69] Dann wird es sein, wie *Der Seherin Gesicht* (Strophe 32; 33) sagt:

«Gellend heult Garm (sc. ein riesiger Hund, d. V.)
vor Gnipahellir (sc. vor dem Eingang der Hel):
es reißt die Fessel,
es rennt der Wolf (sc. Fenrir, d. V.).
...
Brüder kämpfen
und bringen sich Tod,
Brudersöhne
brechen die Sippe;
arg ist die Welt,
Ehbruch furchtbar,
Schwertzeit, Beilzeit,
Schilde bersten,
Windzeit, Wolfzeit,
bis die Welt vergeht –
nicht einer will des andern schonen.» (*Die Edda*, II, S. 40)

«Dann geschieht etwas ganz Großes», schreibt SNORRI (*Die jüngere Edda*, Nr. 51, S. 110); «der Wolf... verschlingt die Sonne... Der andere Wolf raubt den Mond... Die Sterne stürzen im Bogen vom Himmel.»

Gleichwohl kann das verheerende Auftreten des Fenris-Wolfes in den Ragnarök, so schrecklich es ist, im Grunde nicht Wunder nehmen. Immer schon bedrängten nach germanischem Glauben *zwei* Wölfe die Sonne (wohl als mythische Abbilder der Nebensonnen):

«Trug heißt der Wolf,
der bis zu des Waldes Schutz
die funkelnde (sc. die Sonne, d. V.) verfolgt;
der andere Hasser,
der Erbe Fenrirs,
läuft vor der heiteren Himmelsbraut.»
(*Die Edda*, II 11,32; S. 84)

Stets also ist das Lichtgestirn von den «Erben» Fenrirs: von den zwei «Wölfen» *Skalli* und *Hati*, Trug und Haß, bedroht (vgl. *Die Edda*, II 11,32; S. 84), die sie unentwegt vor sich hertreiben – die ganze Himmelsbahn erscheint mithin als ihr nicht endender Fluchtweg. Nun aber, am Ende der Tage, wenn «die Bäume sich aus dem Boden lösen, die Berge hinstürzen, alle Fesseln und Bande brechen und reißen», «kommt der Fenriswolf los. Das Meer überströmt die Lande, weil die Midgardschlange sich in Riesenzorn windet und zum Land strebt. Da geschieht es auch, daß Naglfar flott wird, das Schiff dieses Namens, das ist gebaut aus den Nägeln von Toten; deswegen lohnt sich Vorsicht dabei, wenn jemand mit unbeschnittenen Nägeln stirbt, denn ein solcher vermehrt bedeutend den Baustoff zu dem Schiff Naglfar, von dem Götter und Menschen wünschen, daß es so spät wie möglich fertig wird. Doch auf jener großen Flut schwimmt Naglfar. Hrym heißt der Riese, welcher Naglfar steuert. Und der Fenriswolf rennt mit klaffendem Maul, den Unterkiefer an der Erde, den oberen am Himmel. Er würde den Rachen noch weiter aufreißen, wenn mehr Raum da wäre. Feuer glüht in seinen Augen und Nüstern. Die Midgardschlange bläst so viel Gift vor sich, daß es Luft und Meer ganz überdeckt; sie ist über die Maßen furchtbar und zieht neben dem Wolf einher.» (*Die jüngere Edda*, Nr. 51, S. 110–111)

Nach diesen Vorstellungen ist es letztlich die Lieblosigkeit der Menschen, insbesondere der Verlust der Pietät gegenüber den Verstorbenen, die das an sich unvermeidbare Ende der Welt heraufführen wird. Der «Fimbulwinter», der «Frost» und das «Schneetreiben» bieten, so verstanden, keine meteorologischen Angaben, sondern sie sind (zumindest auch) als Symbole für die Kälte des Herzens, für das Erfrieren aller «wärmeren» Gefühle zu lesen; und nicht anders das «Erbeben» unter den Füßen und das Verdunkeln der Sonne: Selbst das Neue Testament beschwört in der Szene, als JESUS am Kreuz stirbt, derartige Bilder[70], die in den Apokalypsen der Völker immer wieder den angstvollen Zustand der Haltlosigkeit und der Aussichtslosigkeit in der Seele verängstigter Menschen «am Ende» all ihrer Möglichkeiten und Hoffnungen malen.

Es scheint von daher nicht zu viel gesagt, wenn wir das Auftauchen des «Wolfes» auch in unserem Märchen auf der Ebene des individuellen Erlebens als eine «Apokalypse» der Persönlichkeit bezeichnen, als das Eintauchen in eine solche «Welt» bodenloser Angst und seelenumdüsternder Traurigkeit, einer Verlorenheit und Hilflosigkeit in allem[71]; der Unterschied zwischen Mythos und Märchen an dieser Stelle ist nur, daß die germanischen Götter, anders als die «Geißlein» unseres Märchens, sich natürlich beim Anblick des «Wolfes» nicht kampflos geschlagen geben; doch wenn selbst Götter zugrunde gehen, wie sollen im Schatten einer verlöschenden Sonne, auf dem Boden einer bebenden Erde sich Menschen dann fühlen, wenn nicht wie die bloßen Opfer eines unabwendbaren und undurchschaubaren schrecklichen *Schicksals*?

Denn so geht es weiter: Kaum bläst *Heimdall*, der Wächter der Götter, ins Gjallarhorn, da ziehen die Asen mit all ihren Kriegern zur Endschlacht aufs Wigrid-Feld. «Es zittert die Esche Yggdrasil», heißt es; «voll Furcht ist alles im Himmel und auf Erden.» (*Die jüngere Edda*, Nr. 51, S. 111) Voran reitet den Asen und den Einheriern (sc. den «Einzelkämpfern», die im Krieg gefallen sind und im Walhall sich auf den Endkampf vorbereitet haben) der Gott *Odin* «im Goldhelm und in schöner Brünne und mit seinem Speer Gungnir. Er lenkt auf den Fenriswolf zu. Neben ihm reitet Thor, aber er kann ihm nicht beistehen, da er ganz aufgehen muß im Kampf mit der Midgardschlange... Thor wird der Midgardschlange zum Töter und schreitet von der Kampfstätte neun Schritte zurück, dann fällt er tot zu Boden von dem Gift, mit dem die Schlange ihn überhaucht. Der Wolf verschlingt Odin, das wird dessen Tod, aber sogleich erscheint Widar und tritt mit dem einen Fuß in den Unterkiefer des Wolfes; an diesem Fuß hat er einen Schuh, zu dem von jeher gesammelt worden ist, nämlich mit den Dreiecken, die man für Zehen und Absätze aus seinem Schuhleder schneidet, und die deshalb derjenige wegwerfen soll, der darauf denken will, den Asen zu helfen. Mit der einen Hand ergreift Widar den Oberkiefer des Wolfes und reißt so seinen Schlund auf, wodurch der Wolf verendet.» (A.a.O., S. 111–112) Die *Völuspá* beschreibt den Kampf mit den Versen:

«Dann naht (sc. nach dem Tod ihres Sohnes Balder, d.V.) neue
Not der Göttin (sc. Frigg, der Gemahlin Odins, d.V.),
wenn wider den Wolf (sc. Fenrir, d.V.)
Walvater (sc. Odin, d.V.) zieht
und gegen Surt (sc. den Schwarzen Herrscher der Feuerriesen, d.V.)
der sonnige Freyr (sc. der Gott des Wachstums, Bruder der Freyja, d.V.):
fallen muß da
Friggs Geliebter (sc. Odin, d.V.).

Der starke Sohn
Siegvaters (sc. Odins, d.V.) kommt,
Widar, zum Kampf
mit dem Waldtiere (sc. dem Wolf, d.V.):
es stößt seine Hand
den Stahl ins Herz
dem Riesensohn (sc. dem Fenriswolf, dem Kind der Riesin Angrboda, d.V.);
so rächt er Odin.»

(*Die Edda*, II, 5,40–41; S. 41–42; vgl. a.a.O., 12,51; S. 93)

Man hat das Selbstverständnis des Menschen in Texten wie diesen als eine Wanderung zwischen den Mächten des Lichts und der Finsternis gedeutet und dabei religionsgeschichtlich, wohl zu Recht, sogar iranische Einflüsse geltend gemacht[72]; doch wenn das zutrifft, so gehen die «Ragnarök» einher mit dem *Zusammenbruch* eben dieser Spannung zwischen den Gegensätzen. Dabei sind «Licht» und «Finsternis» gewiß nicht nur moralische Chiffren für den Kontrast des «Guten» und des «Bösen», vielmehr gewinnt in ihnen alles «Helle» und «Dunkle» der menschlichen Seele seinen Ausdruck. In den «Ragnarök» werden wir mithin zu Zeugen einer Implosion all der Kräfte, die in ihrem Widerspruch zwischen Bejahung und Verneinung, zwischen Zusage und Absage des menschlichen Daseins eine gewisse Entwicklung innerer Reifung in Gang setzen und halten konnten. Gerade damit ist es jetzt vorbei. Am Ende paralysieren die Gegensätze der Daseinswirklichkeit, zerstören die «Götter» sich wechselseitig, und es erscheint wieder der «gähnende Abgrund» (*Ginnungagap*); da eigentlich bricht an die dunkle, grimmige «Wolfszeit», von der die *Völuspá* spricht. *Naturmythologisch* mag man in der *Midgardschlange* mit guten Gründen das Weltmeer erblicken, das sich um Midgard, um die von den Menschen bewohnte «Mittelerde» legt, während in dem Heulen des *Fenriswolfes* das Brüllen des Sturmwindes zu hören ist[73], der in der Skaldenpoetik auch als «Wolf des Holzes» oder als «Wolf des Segels» umschrieben wird (*Die jüngere Edda*, S. 175, Nr. 27); *psychoanalytisch* aber geht es um zwei «Dimensionen» einer Angst, die von außen wie von innen den Menschen all die Zeit seines Lebens zu erdrücken und zu verschlingen droht und die ihn irgendwann in den Abgrund reißen wird. Daß dabei gerade der «schamanistische» Gott *Odin*, der selber, als Führer der Einherier, als Totengott gilt, von dem *Fenriswolf* gefressen wird, scheint insofern «konsequent», als er (neben den sprechenden Raben *Hugin* – «Gedanke» – und *Munin* – «Gedächtnis»)[74] zwei Wölfe als Totentiere bei sich führt: *Freki*, den «Heißhungrigen», und *Geri*, den «Gierigen» (vgl. *Die Edda*, II, 11,25; S. 84). *Hungr* (Hunger) heißt auch *Hel*s Tisch, ihr Wohnsitz heißt *Eljudnir* (Elend), und so projiziert sich in die Wolfsgestalt selber ein «höllisches» Verlangen nach Nahrung im Umkreis von Unglück und Entbehrung aller Art.[75]

Bei der Interpretation unseres Märchens vom *Wolf und den sieben jungen Geißlein* werden wir vor diesem Hintergrund auf ein Moment aufmerksam, das in seiner Bedeutung sonst wohl nur schwer erkennbar wäre. Wir erinnern uns, daß der Fortgang der «alten Geiß» wesentlich damit begründet wurde, daß sie zur Nahrungssuche in den Wald gehen müsse; doch jetzt erst stoßen wir mit ganzer Wucht auf das Gefühl, das erklärend hinter der Szene steht: auf das elementare Empfinden des *Hungers*, und zwar vor allem auf seiten der «Geißlein», auf die ganz wörtlich «orale» «Gier», die in den Vorstellungen vom Fressen und Gefressenwerden sich ausspricht. Auch für ein solches Erleben gibt es mythische Beispiele. Bei den *Eskimos* etwa erzählt man von der Unterweltgöttin *Sedna*, die tief drunten im Meere haust und alles verschlingt, was in ihre Nähe kommt.[76] Gibt es eine «sprechendere» alptraumartigere Symbolik, in welcher das permanente Gefühl *des Hungers* sich darstellen könnte? Mit dem Blick auf die Götterlehre der *Edda* können wir diese Frage in gewissem Sinne mit Ja beantworten, denn der *Fenriswolf* stellt ein womöglich noch «packenderes», schrecklicheres Bild dar als das *Hel*-ähnliche Meerweib der Eskimos. Der heulende Wind, der offene Schlund, der gierige Rachen – wie quälend in der germanischen Frühzeit die Allgegenwart des Hungers erlebt worden sein wird, zeigen überaus eindrucksvoll zum Beispiel die Befunde der Moorleichen, die im Museum zu Schleswig ausgestellt sind: – die Leiche etwa eines 12jährigen Mädchens, dessen Knochen mehrfach Wachstumsstörungen infolge von Mangelernährung aufweisen![77]

Allerdings haben wir bei der Betrachtung unseres Märchens bereits gesehen, daß es, weit wichtiger noch als von der Problematik der *materiellen* Nahrungsbeschaffung, von dem «Hunger» *der Seele* nach Zuwendung und Zärtlichkeit spricht: Wird die Mutter wiederkommen als «gute Geiß» oder als «böser Wolf»? *Das* ist die Frage der «Geißen» in unserem Märchen. Doch wird uns jetzt erst recht deutlich, daß die «Geißlein», ebenso wie sie ihre eigene Enttäuschung und ihren eigenen Ärger in das Bild des «fressenden» Mutterwolfes hinein verlegen, auch ihren Heißhunger nach Liebe auf die Mutter projizieren: Nicht nur die Muttergeiß steht in der Gefahr, daß sich in ihr ein reißender Wolf hervordrängt; auch ihre «Geißlein» tragen ein «wölfisches» Ver-

Abb. 1: Richard Oelze: Tägliche Drangsale (1934), Öl auf Leinwand, 130 x 98 cm, Kunstsammlung Nordrhein-Westfalen, Düsseldorf

Abb. 2: Edvard Munch: Selbstportrait zwischen Standuhr und Bett (1940–42), Öl auf Leinwand, Munch Museum, Oslo

Abb. 3: Käthe Kollwitz: Die Überlebenden (1925),
Kreide und Tusche, Schabtechniklithographie, 56,2 x 68,5 cm, Käthe-Kollwitz-Museum, Berlin

*Abb. 4: Otto Pankok: Weinende Frau (1914), Kohlezeichnung, 61 x 86 cm,
Museum Ludwig, Köln*

langen in sich, das sie in der Erzähllogik des Märchens freilich nicht ausagieren, sondern durch den Abwehrmechanismus der Projektion von sich fernzuhalten suchen. Zu einem nicht geringen Anteil muß man daher die Angst der «Geißlein» vor dem (Mutter)Wolf auch als eine Angst der Kinder vor dem «Wolf» in ihnen selber verstehen: Ich werde (von der Mutter) «gefressen», sobald ich «maßlos» fordere, wünsche, bitte – in dieser Erfahrung, die wir schon erörtert haben, ist auch eine «Wolfsangst» gegenüber den eigenen Triebregungen eingeschlossen[78], und diese Angst wird ergänzt durch die «Maßlosigkeit», die in allen verdrängten Affekten und Wünschen enthalten ist; mit anderen Worten: Wir werden die Dialektik von «Hemmung» und «Haltung», die wir vorhin schon auf seiten der Muttergeiß ausführlich besprochen haben, nun auch auf seiten der «Geißlein» voraussetzen müssen.

Speziell das für unser Märchen so wichtige Motiv der *Verwandlung eines Menschen in ein Tier*, genauer: einer Frau in einen Wolf, findet übrigens auch in den Texten der *Edda* eine bemerkenswerte dramatische Parallele.[79] Die Rede geht da zum Beispiel von *Thor* als einem derb-bäuerischen Riesentotschläger, dem *Odin* (in der Verkleidung *Harbards*) vorwirft, er habe sich lästerlich benommen, als er auf der Insel Hlesey, der Insel des *Hler* (des Meergottes *Ägir*, dem heutigen Läsö im Kattegat), Berserkerweiber, die es «gar toll getrieben», umgebracht habe: – wie habe er nur imstande sein können, «loszuschlagen auf Weiber!» Doch *Thor* entgegnet zu seiner Rechtfertigung:

> «Wölfinnen waren das,
> doch Weiber schwerlich.»
> (*Die Edda*, II, 9,37–39; S. 68–69)

Gemeint waren ursprünglich mit den «wölfischen» Berserkerweibern gewiß Riesinnen, die aber nun in Analogie zu den «Berserkern» vorgestellt werden. Als «Berserker» wiederum galten die sogenannten «Bärenfellhemde», Krieger, die im *berserksgangr* sich ekstatisch in eine Bärenstärke und -wildheit hineinsteigerten[80], eine Vorstellung, die noch in dem GRIMMschen Märchen vom *Bärenhäuter* (KHM 101) auftaucht.

Die Verwandlung speziell in *Werwölfe* scheint im germanischen Kulturraum desgleichen eine weitverbreitete Vorstellung gewesen zu sein. PAULUS DIACONUS jedenfalls, ein Historiker zur Zeit Karls des «Großen», berichtet in seiner *Geschichte der Langobarden* von den «Hundsköpfigen» (den «Kynokephalen»), die wild und blutig zu kämpfen pflegten[81]. Diese «Hundsköpfe der Germanen, die Hundingas, waren fürchterlich vermummte und wild bellende Krieger, die entweder als bloßes Schreckmittel eingesetzt wurden oder ausgesprochene Schlägertrupps waren. Ein anderer, älterer Name der Langobarden war Vinilli und bedeutete ‹Hunde›.»[82] Allem Anschein nach handelt es sich in diesen Vorstellungen nicht einfach um das Fortleben totemistischer Züge, sondern um einen gesellschaftlich gewünschten militärischen Effekt, der durch die Identifikation mit einem Raubtier aus Menschen «Wölfe» machen sollte. Freilich enthielt diese Möglichkeit auch zugleich ihre Kehrseite: Wenn es erst einmal möglich ist, die Fesseln der Menschlichkeit abzustreifen, wie zuverlässig kann dann ein Mensch einem anderen Menschen sein? Ist dann nicht jeder Mensch des Menschen «Wolf»? Und wie weit sind wir dann noch von der Weltsicht der Paranoia entfernt?

Es war immerhin der Kirchenlehrer THOMAS VON AQUIN, der den Engeln wie den Teufeln das Vermögen zusprach, den menschlichen Körper nach Belieben umzugestalten, und so lehrten Leute wie zum Beispiel JEAN BODIN in seiner *Hexendämonomanie* (*De la Démonomanie des Sorciers*, Paris 1587) denn auch tatsächlich die Möglichkeit einer realen Verwandlung von Menschen in Tiere. Selbst der in katholischen Kreisen hochgeachtete JOSEPH VON GÖRRES (*Die christliche Mystik*. 5 Bde., Neuaufl. Regensburg o.J.) vertrat unter dem Titel: *Die dämonische Metamorphose* die These von einer «Doppelnatur» des menschlichen Wesens, das «Krankheit mit … Bosheit» zu verbinden vermöge, indem ein Dämon ein so ekstatisches Wütendwerden bewirken könne, daß Menschen sich wie Wölfe bewegten und aufführten[83]. Feststeht jedenfalls, daß im 16. Jh. aus lauter Wolfsangst (aus «Lykophobie») eine Reihe von Menschen in Konstanz, in Orleans (1583), in Rennes (1598), in Dôle (1573) und anderswo hingerichtet wurden[84]. Geht man den Wurzeln solcher Geschichten nach, so stößt man psychoanalytisch auf ein

Moment, das wir zum rechten Verständnis der Wolfsangst der Geißen wie der Geißenmutter in unserem Märchen als eine Art Schlußstein dringend benötigen.

Die älteste uns erhaltene Geschichte einer *Wolfsverwandlung* nämlich erzählt von dem König *Lykáon* in Arkadien, der in der älteren Überlieferung ein frommer Herrscher war und auf dem Lykaion-Berg den dortigen Zeus-Kult eingerichtet haben soll. Tatsächlich wurden noch im 4. Jh. v. Chr. auf dem Lykaion Menschenopfer dargebracht, und dieser Umstand dürfte, in Abwehr derartiger Riten, eine Sage begründet haben, die zu den Quellen auch der Phantasien von Wolfsverwandlungen und Werwölfen zählen muß: *Lykáon*, so wird jetzt berichtet, habe dem Gott Zeus, als dieser ihn in Bettlergestalt besuchte, die Körperteile eines als Geisel gefangen Gehaltenen zur Nahrung vorgesetzt, und als der Gott daraufhin sein Haus in Brand gesetzt habe, sei er in einen Wolf verwandelt worden; seither

Heult er laut und versucht zu sprechen umsonst. Von ihm selber
Sammelt im Mund sich die Wut, und mit der gewohnten Mordgier
Bricht in die Herden er ein, auch jetzt am Blute sich letzend.
Rauh in Haare verkehrt sich das Kleid, in Beine die Arme:
Wolf ist er nun und bewahrt noch Spuren der vorigen Bildung.
Noch ist dasselbe Grau, derselbe Trotz in den Zügen,
Ebenso funkelt der Blick, dasselbe Gebilde der Wildheit.

So schreibt der römische Dichter OVID (*Metamorphosen*, I 233–239) um 10 n. Chr. die Wolfsverwandlung Lykáons[85].

PAUSANIAS (*Reisen in Griechenland*, VI 8,2; Bd. II 96) indessen berichtet, daß Lykáon «im zehnten Jahre danach wieder Mensch wurde». Die Tierverwandlung erscheint in Überlieferungen dieser Art als ein *Jus talionis* für den Rückfall in kannibalistische Praktiken; und eben dieses Motiv liefert uns jetzt einen weiteren Hinweis auf die Hintergründe der Gefühlslage auch in dem Märchen von dem *Wolf und den sieben jungen Geißlein*.

All die Gefühle, die wir bisher in der Beziehung zwischen den «Geißlein» und der «Geißenmutter» beschrieben haben, entsprangen tiefen Ängsten vor der Gefahr des «Gefressenwerdens» und ergaben sich aus vielerlei Formen mangelnder Ichabgrenzung und Ichidentität mit der Folge schizoid-paranoischer Verfolgungsideen. Bei dieser Betrachtung darf freilich die *depressive* Getöntheit der angesprochenen Empfindungen nicht unerwähnt bleiben, die mit der «oralen» Thematik von selber gegeben ist. Es war vor allem KARL ABRAHAM, der bereits in den *Untersuchungen über die früheste prägenitale Entwicklungsstufe der Libido* (1916) auf den Zusammenhang zwischen «melancholischen Depressionszuständen» und dem «Wunsch nach Einverleibung» hingewiesen und gemeint hat: «In der Tiefe des Unbewußten findet sich die Tendenz, das Objekt zu verschlingen, zu vernichten.»[86] Diese Einsicht erlaubt es, vor allem die *Schuldgefühle*, die wir bislang mit der Unerfüllbarkeit bestimmter Pflichten unter den gegebenen, sehr beengten Bedingungen des Märchens verbunden haben, ein Stück tiefer noch zu verstehen.

Den Ausgangspunkt der Analysen ABRAHAMS bildete die Tatsache, daß manche Melancholiker sich in psychotischen Zuständen als die größten Verbrecher aller Zeiten bezichtigen können, indem sie die ganze Welt ins Unglück gestürzt und sogar die eigenen Kinder gegessen zu haben glauben. Offenbar sprechen in solchen Selbstvorwürfen sich kannibalische Wunschphantasien aus. KARL ABRAHAM nun verknüpfte diese Formen depressiver Wahnbildungen mit der Idee, in ein wildes, menschenverschlingendes Tier verwandelt worden zu sein. «Der älteren Psychiatrie», schrieb er, «war diese wahnhafte Selbstanklage so geläufig, daß man nach ihr einen bestimmten Zustand der ‹Besessenheit› als *Lykanthropie* (sc. Wolfsmenschentum, d. V.) bezeichnete. Es war der Wahn, in einem Werwolf verwandelt zu sein.»[87] In aller Regel aber bleiben die Inhalte der depressiven Schuldgefühle *verdrängt* – der Patient weiß nicht, wofür er sich schuldig fühlt und was er sich eigentlich vorwirft, er weiß nur, daß er schuldig ist wegen einer unerhörten Anzahl begangener Verbrechen. Erst in der Psychoanalyse wird sichtbar, «daß die tiefsten verdrängten Wünsche des Melancholischen kannibalischer Natur» sind und «daß seine ‹Sünden› im letzten Grunde auf ein verbotenes, ja verabscheutes Essen zurückgehen»[88].

Nun wäre es allerdings unzutreffend, wollte man in den «kannibalischen» Triebregungen nur ein krankhaftes Merkmal oral-depressiver Psychosen erkennen, im Gegenteil belegen Kulturgeschichte wie Völkerkunde die *menschheitliche* Verbreitung derartiger kannibalischer Praktiken[89]. Die Annahme scheint gut begründet, daß es eine frühe kannibalische Entwicklungsstufe der psychischen Energie gibt, die von jedem durchlaufen wird. KARL ABRAHAM resümierte deshalb: «Diese Phase des individuellen Trieblebens entspricht ganz der kannibalischen Kulturstufe, welche sich bei gewissen Völkern bis auf den heutigen Tag erhalten hat, die aber auch von den ‹Kulturvölkern› auf dem langen Weg ihrer Entwicklung einmal passiert wurde. Und wie gewisse psychische Produkte des gesunden und kranken Einzelwesens an jenes frühe Stadium seiner Kindheit erinnern, so bewahrt auch das Volk in Sagen und Märchen die Spuren seiner entferntesten Vergangenheit.»[90] *Ein* solches Märchen ist offenbar unsere Geschichte von dem *Wolf und den sieben jungen Geißlein*, mit der Einschränkung allerdings, daß uns der eigentlich «kannibalistische» Inhalt des Geißenmärchens erst deutlich wird, wenn wir die Geschichte tiefenpsychologisch in angegebener Weise «subjektal» deuten und die «Muttergeiß» und den «Wolf» als zwei Seiten ein und derselben Person betrachten. Die «Werwolfsphantasie» mitsamt ihren kannibalistischen Implikationen schildert, wie zum Beleg dieser Ansicht, ganz offen, was unser Märchen nurmehr verhalten andeutet.

Gleichwohl gibt es eine Reihe von Märchen, die das kannibalistische Motiv offen aussprechen, wie zum Beispiel das Märchen *Der Räuberbräutigam* (KHM 40); darüber hinaus berichten Mythen der Antike und schildern Romane in der Neuzeit immer wieder, wie Kinder von ihren Eltern «gefressen» werden – insbesondere OTTO RANK hat in seinem Buch über *Das Inzestmotiv in Sage und Dichtung* ein eigenes Kapitel diesen Zusammenhängen gewidmet[91]. Auch die Phantasie von *Vampiren*, wie sie BRAM STOKER in seinem psychologisch kongenialen Roman von dem Grafen *Dracula* ausgestaltet hat[92], gehört in diesen Zusammenhang, indem hier depressive, oral-kannibalistische Motive mit *sexuellen* Sehnsüchten und Problemstellungen verschmelzen: Es ist in der Gestalt des Vampirs das sexuelle Liebesverlangen, das unter erheblichen Ängsten und Schuldgefühlen zur oralen Stufe der Triebentwicklung zurückkehrt und «wölfische» Dimensionen erlangt.

In eine ganz andere Richtung führt der *totemistische* Einschlag, der wohl schon die Wolfskrieger der Germanen prägte und der in den Werwolfsphantasien wiederbelebt zu werden vermag.

Daß Menschengruppen zueinanderfinden, indem sie sich auf einen gemeinsamen tierischen Ahnen zurückführen und damit eine mythisch-mystische Verwandtschaft untereinander behaupten, darf für ein ebenfalls menschheitliches Phänomen archaischer Kulturgeschichte gelten. Doch wenn wir soeben die Wolfsphantasien individuell als Regression auf eine frühe oral-kannibalistische Phase der Triebentwicklung zu betrachten gelernt haben, ausgelöst von schweren Ängsten mit dem Ergebnis neuerlicher schwerer Ängste und Schuldgefühle, so müssen wir jetzt auf der kollektiven Ebene hinzufügen, daß offenbar auch heute noch ganze Völker und Volksgruppen unter entsprechenden Voraussetzungen den Zustand der Zivilisation verlassen und auf archaische Organisationsformen kollektiver Bewußtseinszustände regredieren können. So mochte es etwa in der Kaiserzeit um die Wende zum 20. Jh. noch für eher witzig, zumindest für bizarr und absonderlich gelten, als sich die ersten Männer- und Burschenbünde zu Wehrverbänden zusammenschlossen, um in der Nachfolge langobardischer «Kynokephalen» einer wilden, blutrünstigen Romantik von Heldentaten, dargebracht im Dienste für Volk und Vaterland, nachzuhängen; – der alles andere als «liebliche» Heidedichter HERMANN LÖNS zum Beispiel schilderte um 1910 in seiner Romanchronik *Der Werwolf* voller Hingabe und Anteilnahme die in seinen Augen offenbar vorbildlichen Hau-drauf-Aktivitäten eines bäuerlichen Selbsthilfebundes im Dreißigjährigen Krieg[93]. Welch eine Gefahr in einer solchen Kombination von Chauvinismus, Gewaltverherrlichung und Verzweiflung indessen enthalten ist, zeigte sich schon rund dreißig Jahre danach, als in den Endzeittagen des «Dritten Reiches» JOSEPH GOEBBELS den «Werwolf» als letztes Aufgebot gegen die einrückenden Verbände der Alliierten auf dem Boden des «Großdeutschen Reiches» ins Feld zu schicken suchte: Ganz «normale» Männer über 65 Jahren, die am Kriegseinsatz vorbeigekommen waren, ganz «gewöhnliche» Frauen sollten sich da mit Mal in hinterhältige, blutrünstige Bestien verwandeln, die den «Feind» töteten, wo irgend sich Gelegenheit bot[94]. «Jedes Tafelmesser muß zur Waffe werden», so die Bunkergespräche Anfang 1945 in den bombenzerstörten Städten und Dörfern Deutschlands. Das Makabre an dem Aufruf des Reichspropagandaministers war nicht allein der haßerfüllte Fanatismus, den er all die Jahre zuvor schon seinen Volksgenossen einzuimpfen gesucht hatte, sondern mehr noch die zynische Selbstverständlichkeit, mit der er jedem durchschnittlichen Bürger die Rückverwandlung in ein «Raubtier» zutraute, wenn irgend es ihm nur in genügender Strenge «von oben» befohlen würde. Noch einmal müssen wir fragen: Was ist das für eine Welt, in welcher der «Wolf» anscheinend in jedem Menschen nur auf die Gelegenheit seines Auftritts lauert?

Als genial erwies sich in diesem Zusammenhang der griechische Philosoph PLATON, als er (*Politeia*, 565d–566a) die Sage von der Verwandlung des arkadischen Königs *Lykáon* in einen Wolf als eine *politische* Parabel über die Entstehung des *Tyrannen* deutete. Jede Demokratie, meinte er warnend, könne entarten, wenn durch Ungerechtigkeiten, wie Raub und Betrug, das Zusammenleben eines Gemeinwesens sich immer mehr in gegenseitige «Anklagen, Rechtsstreitigkeiten und Kämpfe» auflöse, bis daß das Volk *einen* an die Spitze stelle, damit er auf seine Weise für «Recht und Ordnung» sorge; dieser *eine* könne sehr bald, wie im Tempel des Lykäischen Zeus, sich in einen Wolf verwandeln, wofern er «die Menge sehr lenksam findet, sich einheimischen Blutes nicht enthält, sondern – wie sie es gern machen – auf ungerechte Beschuldigungen vor Gericht führt und Blutschuld auf sich lädt, indem er Menschenleben vertilgend und mit unheiliger Zunge und Lippe Verwandtenmord kostend bald vertreibt, bald hinrichtet..., daß dann einem solchen von da an bestimmt ist, entweder durch seine Feinde unterzugehen oder ein Tyrann und also aus einem Menschen ein Wolf zu werden.»[95]

Ausführlich schildert PLATON des weiteren, wie ein solcher «Wolf», um sich vor den Anschlägen seiner Gegner zu schützen, ein Rudel von Leibwächtern hält, wie er lächelnd und freundlich dem Volk gegenübertritt, während er in Wahrheit durch Krieg und Unterdrückung sich an der Macht zu halten sucht, und wie er schließlich der «gar seligen Notwendigkeit» unterliegt, «entweder unter einer Menge schlechter Menschen zu hausen, noch dazu von diesen gehaßt, oder gar nicht zu leben.» (*Politeia*, 567d)[96] Die gleiche «Notwendigkeit» ist es natürlich, der zufolge er sich darüber hinaus einen Stab von Propagandarednern und Staatspreisträgern halten wird, die dem gutgläubigen Volke die «Schönheit» und «Weisheit» seiner Regierungskunst so recht vor Augen zu stellen vermögen. Und wieder entsteht, nun ins Politische gewendet, die Schwierigkeit, den «Wolf» als einen solchen überhaupt wahrzunehmen; denn je besser die «Kreide» ihre Wirkung entfaltet, desto leichter sind allüberall die «Geißen» zu täuschen.[97]

Keinesfalls beschränkt sich dieses Problem dabei nur auf Staatsgebilde, deren Verfassung bereits anzeigt, daß sie autokratische Herrschaftsverhältnisse zuläßt; auch Gemeinschaften, die sich selbst demokratisch verstehen, können, wie die Gegenwart zeigt, auf eine Weise verwaltet werden, die man besser als eine «Plutokratie» denn als Demokratie bezeichnen sollte, befindet sich hier die Macht doch in den Händen einer zahlenmäßig womöglich winzigen, doch vom Einfluß her allmächtig scheinenden Finanzoligarchie, für die innerhalb des kapitalistischen Wirtschaftssystems Geld einzig dem Zweck seiner «Selbstvermehrung» durch ständige Ausdehnung von Produktion und Konsum zu dienen hat[98]. Entsprechend gestaltet sich die «Öffentlichkeitsarbeit» dieser Kreise zu einem ständigen Verwirrspiel. Was etwa beim Lesen der Zeitung morgens ist wahr, was halbwahr, was falsch? Wie hängen die Nachrichten auf der linken Seite zusammen mit den Nachrichten auf der rechten Seite, und wer sorgte für ihre Zersplitterung, für die logischen Verwerfungen zwischen ihnen, für die Unmöglichkeit ihrer Rekombination? Inwieweit kann die Attitüde moralischer Überzeugung, die Hervorhebung «humanitärer» Zielsetzungen nicht ein besonders schlau erdachter Trick sein, um ganz andere Absichten, wie zum Beispiel die Sicherung von Erdölquellen oder die eurostrategische Vormachtstellung auf dem Balkan, dahinter zu tarnen?[99] Wann, in der Bildersprache des Märchens geredet, haben wir es mit dem «Mehl», wann mit dem «Fell» des «Wolfs» zu tun? Wann redet da wirklich die «Geiß», wann der «Wolf»?

Wer will das wissen? Wer kann das wissen?

Das ganze 20. Jh. ist in derlei «kafkaesken» Strukturen dahingegangen, und es hat uns eine Welt hinterlassen, in der GEORG ORWELLS *«1984»* längst Wirklichkeit geworden ist, ohne daß wir den «Großen Bruder» als solchen identifizieren könnten[100]. Inmitten der zur Normalität geronnenen «Wolfszeit», «da einer nicht des andern schonen will», sind private Paranoia und politische Realität offenbar ununterscheidbar geworden[101]. «Wenn schon der römische Komödiendichter PLAUTUS (sc. um 200 v. Chr., d.V.) gewußt hat, daß der Mensch dem Menschen ein Wolf ist», schreibt ERWIN CHARGAFF, «was hätte er zu solchen Wolfszähnen gesagt, wie den ‹smarten Bomben›, die gerade vor kurzem (sc. im Frühjahr 1991, d.V.) das unglückliche Volk des Irak zerfleischt haben?»[102]

Vermutlich gibt es, wenn wir einmal von Religion, Philosophie und Geschichte zur Malerei überwechseln, kein Bild, das die schizoid-depressiven Ängste einer solchen «paranoiden» Welterfahrung, wie sie in dem Motiv der Tierverwandlung im Märchen von dem *Wolf und den sieben jungen Geißlein* sich ausspricht, in so erschreckender Unheimlichkeit und alptraumartiger Eindringlichkeit darstellt, wie das Gemälde, das 1934 RICHARD OELZE unter dem Titel *Tägliche Drangsale* geschaffen hat (Abb. 1)[103].

Das erste, was man auf diesem 1,30 mal 89 Zentimeter großen Bilde zu sehen bekommt, ist der Eindruck einer tiefen Irritation und Verunsicherung: Wo eigentlich befindet man sich? Anscheinend steht der Betrachter am Rande eines Waldes, vor ihm könnte eine Wiese sich ausbreiten, die, vollkommen eben, sich bis zu einer Stadt am äußersten Horizont erstreckt, doch verschwimmt diese Stadt mehr, als daß sie sichtbar wird – die Zivilisation als eine Fata Morgana? Jedenfalls sind Ausweg wie Ausblick dort hinüber verstellt durch eine Mauer spukhafter Gestalten, die teils aus dem Boden zu wachsen, teils über ihm zu schweben scheinen, so als drohten sie den Betrachter zu umstellen oder einzuschließen. Pflanzenartige Gebilde ranken sich wie Korallen, Pilze oder modrige Baumstümpfe in einen grüngelben Himmel, so als fände die ganze Szene irgendwo auf dem Grunde des Meeres statt. Zwei Gruppen dieser «Pflanzen» aber tragen, durch einen Wiesenstreifen voneinander getrennt, zwei menschliche Köpfe. Klar erkennbar zeigt sich an dem Baumstamm in der Mitte des Bildes das Gesicht eines Mannes, doch sind seine Augen geschlossen, sein Mund wirkt wie angefressen von Fäulnis – eine wächserne Totenmaske eher als das Antlitz eines lebenden Menschen. Über ihm, den ganzen «Himmel» bedeckend, breitet sich eine dunkle «Wolke» aus, die, genauer betrachtet, wie die riesigen Schwingen eines Raubvogels mit geöffnetem Schnabel wirkt; einerseits scheint dieser «Vogel» etwas zu tragen, das gelblich-sonnenhaft leuchtet, dann wieder bricht ein ähnlicher Schimmer erst hinter den «Flügeln» des «Vogels» hervor, so als brächte dieses Vogelungeheuer die Sonne und verdeckte sie zugleich. Handelt es sich dann aber überhaupt noch um «Flügel» und «Federn» oder nicht eher um Blätter und Tang, in denen nur scheinbar der Kopf eines Raubvogels spielt?

Alles auf diesem Bilde scheint möglich, nichts wirklich, alles gleitet hinüber in nie geahnte Formen der Wandlung, der Auflösung, der undefinierbaren Übergänge zu anderen unbekannten Gestaltungen, und eben dieses Zerfließen von allem, diese Vieldeutigkeit in allem, diese Unabgegrenztheit, die alles durchzieht, macht die Angst aus, die wie ein stummer Schrei des Schreckens dem Bilde entsteigt.

Fasziniert fällt der Blick des Betrachters, wenn er sich von dem Totenmaskengesicht abwendet, vor allem auf eine unmittelbar vor ihm stehende Frauengestalt – auf eine solche jedenfalls scheint das weich fließende blondbraune Haar hinzudeuten, das am Scheitelansatz von einer Rose geschmückt wird. Doch wie nun? Anstelle des Körpers dieser «Frau» schaut eine rätselhafte Katze über ihre Schulter hinweg mit seltsam verschattetem Blick den Betrachter an; ein Marder klettert an ihrer Seite über ein Fell hinauf, das in einem überdimensionierten Kükenkopf in noch embryonalem Stadium endet. Und jetzt, wo sich das Auge an die ständigen Wandlungen von Pflanzlichem, Tierischem, Totem und Menschlichem schon etwas gewöhnt hat, tauchen, wie aus dem Dunkel des Pflanzendickichts emporgewachsen, nun auch noch ein schläfrig wirkender Dackel und eine grimmig fixierende Wildkatze in liegender Stellung auf. Da plötzlich wird deutlich, daß schon die ganze Zeit über für den Betrachter des Bildes gerade diese geschlossenen, halboffenen, verdeckten, dann wieder starrenden Augen zu den am meisten beunruhigenden Momenten zählen: Der Betrachter fühlt von den Figuren dieses Bildes sich selber betrachtet, ohne doch sagen zu können, wen er da eigentlich sieht und wer ihn mit diesen unheimlichen Blicken anschaut; er fühlt sich in eine Welt versetzt, innerhalb deren alles gleichermaßen bedrohlich ist; selbst in dem jetzt noch «harmlos» Wirkenden scheinen unabsehbare Gefahren zu schlummern.

In all diesen Merkmalen gewährt OELZES Bild in unübertrefflicher Weise Einblick in gerade jene Weltsicht, die wir anhand unseres Märchens vorhin als «paranoisch» gekennzeichnet haben: Alles ringsum macht Angst, schon auf Grund seiner «Undurchschaubarkeit»; die Grenzen zwischen Mensch und Tier verwischen sich, jederzeit kann das eine übergehen in das andere; die Möglichkeit, innerhalb dieses Fließens der Formen sich selbst als Betrachter abzugrenzen von dem Betrachteten, schwindet; von vornherein ist der eigene «Standpunkt» nicht klar, – er wird umwuchert von all diesem Unförmigen, Ungestalteten, Ungeheueren; niemals im Schein dieses Zwielichtes läßt sich herausfinden, was eigentlich sich den Blicken des Betrachters darbietet. Alles kann sein, alles ist möglich, und je mehr man es wahrnimmt, desto beunruhigender wird es: – Dieser Eindruck als Gesamtgefühl gegenüber der Wirklichkeit beschreibt nicht mehr nur eine paranoische Angstform, er ist diese selber.

Tatsächlich hat RICHARD OELZE das Bild *Tägliche Drangsale* gemalt, nachdem er «im März 1933 auf der Flucht vor den Nationalsozialisten» «mit dem letzten Zug, bevor die Grenze geschlossen wurde», nach Paris gekommen war. Kunstgeschichtlich präsentiert sein Bild reinsten «Surrealismus, gemalt von einem Künstler, der aus der Neuen Sachlichkeit kam». Doch geht es hier nicht um Maltechniken und um Kunststile; wer OELZES Bild auf sich wirken läßt, erlebt eine «handgemalte Traumfotografie» und eben darin jenen Alptraum, der den Maler sein Leben lang verfolgte. «So oft er ihn auch zu bannen versuchte, stets erschien er ihm aufs neue. Immer wieder wuchsen diese bedrohlichen Köpfe, Larven und Lemuren aus Bäumen und Zweigen hervor.» «Oelze hat seine Vision stets minutiös in selbstquälerischer Genauigkeit Detail für Detail realisiert, sie mit haarfeinen Pinseln auf die Leinwand gezeichnet und dann erst die Farbe aufgetragen, über die Untermalung Schichten zartester transparenter Lasuren gelegt. Oft hat Oelze monatelang über einem Bild gebrütet.»[104] Gerade so entstanden Visionen, «Ansichten» und «Einsichten», in denen die inneren Alpträume der Angst zum Spiegelbild und Vorbild der unberechenbaren Möglichkeiten der äußeren Welt wurden, und wieder umgekehrt. Dargestellt ist auf dem Bild nicht ein «Wolf», keine «Geiß», keine «Geißlein»; doch wer immer sehen und fühlen will, wie einsam, verlassen, verängstigt und hilflos ein Mensch die Welt zu erleben vermag, ganz so, wie wir es in unserem Märchen im Erleben kindlicher Ängste kennengelernt haben, dem kann OELZES Bild es in außerordentlicher Eindringlichkeit zeigen.

Nur *ein* Unterschied scheint zwischen der totalisierten Angst, die in dem Märchen geschildert wird, und der Unheimlichkeit der *Täglichen Drangsale* zu bestehen: Das ist der Faktor der Zeit beziehungsweise der Eindruck der «Normalität». Wo OELZES Bild eine Grundbefindlichkeit des Erlebens portraitiert, berichtet das Märchen scheinbar von einer einzelnen dramatischen Begebenheit. Doch mißversteht Märchen, wer nicht Stelle um Stelle zeitzerdehnt im wirklichen Leben sich vorstellt, was dort, wie im Traum, als ein einzelnes symbolisches Geschehen geschildert wird. Auch die Angst der «Geißlein» in dem Märchen der BRÜDER GRIMM spiegelt ein Grundgefühl wider, und es ist nur möglich, die Geißengeschichte in ihrem psychischen Gehalt tief genug zu verstehen, wenn man den «Überfall» des «Wolfes» als ein Empfinden deutet, das die Art des gesamten Welterlebens eines Menschen seit Kindertagen begründet und darstellt: So, wie in dieser einen Szene, kann es immer sein! Jederzeit kann die gute Geiß als böser Wolf wiederkehren! Allerorten lauern die potentiellen Komplizen dieses Untiers! Insofern stellt OELZES Bild nur in zeitloser Gültigkeit dar, was in dem Märchen als ein endgültiges Geschehen wiedergegeben wird. So oder so aber stehen wir jetzt überhaupt vor der Frage, wie im Schwerefeld der Angst sich *die Dimension der Zeit* verändert.

Nur das in dem Uhrkasten fand er nicht.

Wohl jeder hat schon erfahren, daß in Momenten akuten Angsterlebens die Zeit stehenzubleiben scheint. Ein Auffahrunfall zum Beispiel: man sieht das Hindernis (einen Baum, ein stehendes Fahrzeug) deutlich vor sich, und man spürt, daß es kein Ausweichen mehr gibt; man bremst, so gut es geht, ab, doch die Geschwindigkeit ist viel zu hoch, als daß man das Auto noch vor dem Aufprall abfangen könnte; die Hände klammern sich am Lenkrad fest, die Augen sind schreckgeweitet, doch wird subjektiv in diesem Moment keine Angst erlebt, eher herrscht ein Gefühl unabwendbarer Notwendigkeit – alles kommt jetzt so, wie es kommen muß; dafür läßt die Konzentration des Bewußtseins auf den zu erwartenden Aufprall die «Vorlaufzeit», die letzten Sekundenbruchteile, als außerordentlich «gedehnt» erscheinen. Es ist, als wollte die Natur selber dafür sorgen, daß in Momenten tödlicher Gefahr der verbleibende Reaktionszeitraum noch optimal genutzt werden könnte. Wie aber, wenn es keinen «Spielraum» zum «Reagieren» mehr gibt? Wie, wenn die Zeit vor der «Katastrophe» nicht einen Moment, sondern ein ganzes Leben umfaßt? *Das* eigentlich ist die Situation unseres Märchens, wenn es jetzt erzählt, wie die «Geißlein», eins nach dem anderen, von dem «Wolf» «gefressen» werden. Gerade weil der «Wolf» mit seinem aufgerissenen Maul in angegebener Weise als ein Symbol aller nur vorstellbaren Schrecken verstanden werden muß, beschreibt die nun folgende Szene die unausweichliche «Heimsuchung» eines Kindes in tödlicher Angst als ein *Stehenbleiben der Zeit*. Es bedeutete gewiß eine Überinterpretation, wollte man im weiteren Gang der Erzählung die verschiedenen Fluchtzonen, an denen die «Geißlein» (vergeblich!) ihr Versteck suchen, psychisch *en detail* mit bestimmten «Lebenslagen» und «Lebenseinstellungen» identifizieren. Angedeutet freilich werden solche Beziehungen immerhin durch gewisse Sprachbilder, die im Deutschen sich fest eingebürgert haben: Da sitzt jemand *«unter dem Tisch»* – und verleiht damit seiner demütigenden Schreckhaftigkeit und Erniedrigung Ausdruck; die Angst macht ihn zum «Hündchen». Oder: Jemand liegt (nur noch) *im Bett* – und zeigt damit an, daß er von all dem Gefährlichen draußen nichts mehr «hören noch sehen» will. Von einem anderen kann man sagen, er stecke *im Ofen* (oder «im Schornstein»), und man meint damit, daß jemand vor lauter Ruß und Schwärze (vor lauter Trauer und Aussichtslosigkeit) wie unauffindbar ist. Der Aufenthalt *in der Küche* erinnert an den Wunsch nach Nahrungszubereitung, verschmilzt aber auch mit der Angst, selber in «Nahrung» verwandelt zu werden. *Der Schrank* hat zu tun mit Ordnung und (innerer) Aufgeräumtheit; als Fluchtraum könnte er das Verlangen bedeuten, vor Verfolgung verschont zu bleiben, wenn nur alles an seinem «Platze» stünde, wenn man (wieder) «alle Tassen im Schrank» hätte, wie man auch zu sagen pflegt. *Die Waschschüssel* endlich deutet auf eine Art Rettung durch «Reinheit» und «Sauberkeit» hin. – Doch, wie gesagt, sollte man derlei Anspielungen auf keinen Fall überstrapazieren; – irgendwohin müssen die «Geißlein» schließlich fliehen, und wichtiger als die mögliche Symbolik ihrer Fluchtorte ist in jedem Falle das Panikartige ihres Auseinanderstrebens selbst. Ein anderes aber ist jetzt entscheidend: das Überleben des Jüngsten! Bisher schon haben wir die «sieben Geißlein» als Einheit betrachtet und in ihnen gemeinsam das Bild für die Seele eines Kindes gesehen, das inmitten der Übergröße seiner Angst in jeder nur möglichen Richtung Schutz und Rettung zu finden sucht; was das Märchen indessen im folgenden schildert, ist die schrittweise Reduktion einer solchen psychischen Verfassung auf ihre unterste Entwicklungsstufe: Indem all die älteren «Geißlein» «gefressen» werden und nur das jüngste noch überlebt, deutet sich an, daß unter der fressenden Gier des «Wolfes» offenbar alles wieder revidiert werden muß, was an seelischen Reifungsschritten bereits erreicht wurde, ganz, als wenn jetzt nur noch überleben dürfte, was kaum erst zum Leben erwacht ist. Mit einem Wort: Wir finden in diesem Märchenbild auf dramatische Weise eine psychische *Regression* dargestellt[105], einen seelischen Rückzug auf eine Entwicklungsstufe, auf welcher die Angst (vor der Mutter als «Wolf») noch nicht ein derart tödliches Ausmaß erreicht hatte, wie es jetzt bei ihrer «Rückkehr» als «Wolf» der Fall zu sein scheint; eine solche Position ist identisch mit der Schoßgeborgenheit vorgeburtlicher Existenz beziehungsweise mit der nicht-ambivalenten Phase der oralen Entwicklung[106]. Dargestellt finden wir diese Rückkehr zur «Dualunion» von Mutter und Kind in der Symbolsprache des Märchens, wenn wir das «siebte Geißlein», das der «Wolf» im Unterschied zu allen anderen nicht zu finden vermag, ausgerechnet in eine (Stand)*Uhr* hineinfliehen sehen, bedeutet dieses Bild doch eine Rettung gerade in der anderen, bergenden Seite der Mutter selbst[107], unter Verzicht freilich auf alle weiteren Entfaltungsmöglichkeiten.

Die Redensart hat sich im Deutschen wohl erst aus unserem GRIMMschen Märchen selbst entwickelt: der (oder das) ist «*in der Uhr*»[108]. Im Bergmanns-Deutsch drückt man den gemeinten Sachverhalt mit der Wendung aus: Der (oder das) ist «verschütt gegangen», was heißen soll: Er (oder es) ist «im Berg» (unter Tage, in der Grube) «verschüttet» (unter Gestein begraben) worden. In jedem Falle will man mit solchen Redensarten sagen, daß etwas unauffindbar ist; die Blickrichtung, in der so gesprochen wird, ergibt sich freilich aus der Perspektive dessen, der das Verschwundene wiederzufinden hofft und sich doch eingestehen muß, daß seine Hoffnung trügerisch war: «Es ist in der Uhr» drückt das *Bedauern* darüber aus, daß etwas unwiederbringlich «weg» ist. Gerade umgekehrt erzählt unser Märchen. In der Sicht des siebenten Geißleins bedeutet es einen lebenrettenden Vorzug, «in der Uhr» und damit versteckt vor den Blicken des «Wolfes» zu sein. Doch der Preis für diese Rettung ist hoch. Denn der Uhrkasten ist selbst nur ein anderes Symbol für den «Bauch» der Mutter: Aus Angst vor ihr als Wolf flieht das siebente Geißlein im Bilde der Uhr gewissermaßen in die Mutter hinein; es tauscht den «Wolfsbauch», der jedes eigenständige Leben verfolgt, gegen das Bewahrtsein in ihrem Schoße; es annuliert die Tatsache seiner eigenen Existenz zugunsten einer völligen Verschmelzung mit der Mutter bis hin zur gänzlichen Unauffindbarkeit des eigenen Daseins. An die Stelle der Angst, von der Mutter verschlungen zu werden, tritt mithin das Verlangen, in der Mutter gänzlich aufzugehen und in gewisser Weise den Schritt der Geburt hinein in die gefahrvolle Wirklichkeit draußen wieder rückgängig zu machen[109]. «Leben», so lautet die Einsicht jetzt, «kannst du nur, wenn du ununterscheidbar eins wirst mit deiner Mutter. Wie sie mußt du sein, wie sie mußt du wollen, wie sie mußt du handeln. Nur wenn du ihr ‹einverleibt› bist, als ein Teil ihrer selbst, hört sie auf, dir nachzustellen, dich zu bedrohen, dich zu ‹verzehren›.» Entkommen bedeutet Verschmelzen. Nur so ist Rettung.

Subjektiv freilich wird ein solcher Zustand neuerlicher «Dualunion» durchaus nicht als Glück und Zufriedenheit erlebt, bedeutet er doch einen Stillstand von allem, ein Eingeholtsein und Eingesperrtsein von einer dunklen, unentrinnbaren Macht. Die Quelle des Lebens hat sich in Tod und Bedrohung verwandelt: Der Schoß der Mutter als Höhle und Hölle, als Grube und Grab, als Ort der Geborgenheit und als Ort der Verborgenheit – das Bild der Mutter, anders gesagt, zerlegt sich selber in «Wolfsbauch» und «Uhr», in Gefressenwerden und Wiedergeburt, in die Flucht vor der Mutter und in die Sucht nach der Mutter. Ambivalenter geht es nicht.

Doch was in dem Bild von der (Stand)Uhr am meisten imponiert, ist der angedeutete Stillstand der Zeit[110], ist das Anhalten jeder Entwicklung im Festgehaltenwerden von der eigenen Mutter, ist das komplette Unvermögen, sich selber an ihrer Seite mit einem eigenen Leben bemerkbar zu machen.

Zwischen 1940 und 1942 hat EDVARD MUNCH einmal ein Selbstportrait gemalt, das uns wie im Kontrast helfen kann, den Sinn dieser Märchenszene zu verdeutlichen. Das Bild zeigt den Maler selber zwischen *Standuhr und Bett* (Abb. 2)[111]. Für die Kunstgeschichtler besteht kein Zweifel an der Genauigkeit, mit welcher der norwegische Maler auf diesem Bild auch äußerlich das Interieur seiner Wohnung dargestellt hat[112]; und doch erscheint alles auf diesem Bilde symbolisch inszeniert, denn alles spricht von dem unausweichlichen Näherrücken des Todes. Mag auch das Bett etwa mit einer grellbunten Tagesdecke belegt sein – man ahnt schon, wie bald es sich in ein Totenlager verwandeln wird. Mag auch die Wand bedeckt sein mit noch so vielen Gemälden des Malers – man sieht, daß der Mann, der sie schuf, mit seinen fast 80 Jahren, mit seinen gebeugten Schultern und seinen müden, fast schon geschlossenen Augen, zu keinen weiteren Großtaten taugt. Schon steht er gleichzeitig vor einer offenen wie vor einer geschlossenen Tür, in Gedanken versunken, als wüßte er nur zu gut, daß er einen einzigen letzten Schritt noch zu tun hat, und man wird die bereits geöffnete Tür für immer hinter ihm schließen. Seine Gestalt selbst bereits wirkt wie eine Zwillingsfigur der neben ihm sich erhebenden Standuhr, die als sein stets gegenwärtiger Schatten die Nähe des Todes markiert – zeigerlos, zeitlos, ohne erkennbaren Pendelschlag, doch um so unheimlicher, wem es gilt, an sein baldiges Ende gemahnend. Erkennbar bezeichnet die Standuhr auf diesem Bilde ein stehengebliebenes Leben, das vom Tode, gleichgültig eigentlich wann, doch ganz sicher bald schon, eingeholt werden wird.

Anders, ganz anders bietet in unserem Märchen die Situation des siebenten «Geißleins» in der Standuhr sich dar. Nicht ein erfülltes, ein in sich gelungenes Leben wartet hier, müde und matt, auf sein Ende, vielmehr zeigt sich, wie ein Dasein, das aus lauter Angst niemals wirklich zu leben vermochte, von Tod und Aussichtslosigkeit sich verhüllt und verschlossen sieht. Auf MUNCHS Bild findet noch eine «Entwicklung» statt, wenngleich nur zum Ende hin; das GRIMMsche Märchen hingegen erzählt von der Blockierung aller Entwicklungsmöglichkeiten schon zu Anfang des Lebens, es spricht von der Zurücknahme aller schon erreichten Entwicklungsschritte auf ein unterstes kindliches Niveau des Bewußtseins; nicht die Einsamkeit des Alters angesichts des Todes bildet sein Thema, sondern das Unleben eines Daseins, das aus lauter Angst vor den Ambivalenzen des Mutterbildes in die Verschmelzung mit der Mutter, in die Dualunion der ersten Lebensmonate zurückflieht. «Ich möchte aus Furcht, von meiner Mutter ‹gefressen› zu werden, ihr gegenüber und gegenüber anderen Menschen nur noch lieb und gefügig sein. Ich werde nie mehr mich irgendwie von ihr durch eine eigene Meinung, durch ein eigenes Denken, durch irgendeinen, wenn auch noch so geringen Abstand unterscheiden. Ich möchte einfach so sein und bleiben, wie sie mich haben will. Sie ist mein Leben. Ohne sie kann ich nicht sein. Drum muß ich tun, was sie sagt, ihr Zorn würde mich sonst verschlingen.» Es ist schwer, sich ein Lebenskonzept vorzustellen, das verschüchterter und verzweifelter, resignierter und regressiver durch reinen Rückzug vor dem Leben sich eine letzte Chance zum Überleben zu bewahren suchte.

Wie also lebt es sich, wenn sechs Siebtel der Psyche von der eigenen Mutter wie «verschlungen», wie entfremdet sind und nur ein Siebtel noch ein gewisses Eigenleben sich erhält? Die Antwort des Märchens auf diese Frage ist zweifach.

Da liegt *zum einen* eine tiefe Traurigkeit über einem derart reduzierten Leben: – Es gibt kein Selbstvertrauen noch Selbstbewußtsein mehr bei einem solchen Maß an Angst und Regression; es gibt nur noch die Strategie der Konfliktvermeidung um jeden Preis, es gibt nur noch den Wunsch nach vollkommener Harmonie und Einheit und daneben eine abgründige Furcht vor jedem Riß, den das «gute Einvernehmen» mit der Mutter und mit allen anderen Menschen aus irgendeinem Grunde erleiden könnte. Bei all diesen Einschränkungen herrscht zugleich eine tiefe Sehnsucht nach der Wärme und Geborgenheit, die man als Kind doch auch bei der so sorgsamen und fürsorglichen Mutter erleben durfte. Wäre sie *nur* ein «Wolf» gewesen, so wären die «Geißlein» längst selber zu «Wölfen» geworden; das aber möchte ein «siebentes Geißenkind» niemals sein noch werden. Es möchte buchstäblich für sein Leben nichts anderes, als seine «gute» «Geißenmutter» wiederfinden und bei ihr bleiben; der Weg dahin aber lautet: selber so «gut» und so «lieb» zu sein, wie man die Mutter vordem, vor ihrer «Wolfsverwandlung», erlebt hat. Also: keine Aggressionen nach außen, eher Rückzug in schwerste Depressionen, keine Auseinandersetzungen mit anderen, eher gefügige Angleichung und Übernahme des Fremden als Eigenen, und: keinerlei Widerwort noch Widerstand gegen irgend jemanden, eher totaler Verzicht: «Ich will gar nichts mehr!»

Vergessen darf man bei all dem nicht die Sogkraft, die paradoxerweise von der Traurigkeit selbst ausgeht: Sie garantiert gewissermaßen, daß man sich subjektiv nichts vorzuwerfen braucht, daß man es nur gut gemeint und zumindest jede Ähnlichkeit mit den «Wölfen» draußen verloren hat; – moralisch läßt sich die Depression durchaus als ein Vorteil erleben[113]. Und vor allem: Sie hebt die «paranoische» Unterkühlung der Affekte auf! Im «Uhrkasten» kehrt das Gefühl für sich selbst wieder zurück! Man muß nicht immer wieder nach draußen schauen und alle Aufmerksamkeit auf die Daseinssicherung lenken; es stellen sich jetzt endlich wieder wärmere Gefühle für die eigenen Empfindungen und Erlebnisse ein. Lieber in Traurigkeit mit der guten «Geißenmutter» verschmolzen als in Frechheit und Freiheit dem bösen «Wolf» ausgesetzt zu sein! So lautet die Devise jetzt. Dabei hat es in der «Wirklichkeit» der persönlichen Biographie eine solche «nur gute» «Geißenmutter» vermutlich nie gegeben; – doch um so stärker und ausgeprägter kann das Verlangen sein, gerade diese Seite der Mutter, die es doch *auch* gegeben hat und die es viel eindeutiger und ungebrochener sogar hätte geben müssen, zurückzugewinnen. Für all diese Gefühle, Gestimmtheiten und Tendenzen steht der «Uhrkasten.»

Vorausgesetzt in dieser Deutung ist allerdings, daß die Flucht des «siebenten Geißleins» in die «Uhr» keine nur momentane Reaktion darstellt, sondern daß sich darin eine psychische Haltung ausspricht, die in der «Realität» viele Jahre im Leben eines Menschen Bestand haben kann, ja, die, genauer gesagt, das Leben selbst zum Stillstand bringt. Das Leben «in der Uhr» hält das Schlagwerk der Zeit an; es verkörpert selber das Zeitloswerden des Daseins. In eine solche Gefühlslage muß sich hineinversetzen, wer den Überlebenskampf oder, besser, da von «Kampf» durchaus keine Rede sein kann, wer die Überlebens*kunst* eines «siebenten Geißleins» verstehen will. Eben darin nämlich liegt *die zweite* Antwort des Märchens, wie es sich lebt, wenn nur ein Siebtel der Psyche, und auch das nur im «Uhrkasten», überleben darf.

Immer wieder, wenn man hört, wie Depressive sich und ihr Verhalten schildern, wird man *die Aufhebung der Zeit* als einen bemerkenswerten Zug in ihrem Erleben feststellen können[114]. Es ist nicht nur, daß es den entsprechenden Patienten oder Patientinnen ausgesprochen schwerfällt, ihren eigenen Werdegang zeitlich «richtig» zu rekonstruieren, es verschwimmt in ihren Erinnerungen überhaupt jegliches Empfinden für zeitliche Entfernung und Nähe. Alles kann «noch vor kurzem», aber auch «schon vor langer Zeit» sich ereignet haben, jedenfalls wird es im «Ich weiß nicht wann» gespielt haben. *Ein* Erklärungsgrund für dieses eigentümliche Verhältnis zur Zeit liegt in der Angst aller «Geißlein» vor dem «Gefressenwerden» durch den (Mutter)«Wolf».

Wir haben bereits von den Jähzornsattacken gesprochen, die gerade eine überaus wohlmeinende «Geißen»Mutter hin und wieder, wenn ihr «alles» zu viel zu werden droht, überkommen können; doch was das Erleben der Zeit angeht, so müssen wir dem jetzt noch hinzufügen, daß im Schatten solcher Überfälle einem «Geißlein» gar nichts anderes übrigbleibt, als von Fall zu Fall auf dem Sprung zu sein. Ein eigenes Festlegen von Erfahrungswerten aus der Erinnerung ist unter solchen Umständen völlig unmöglich; desgleichen muß jede eigene Planung von Zukunft mißraten; kurz, das gesamte Erleben von Zeit schrumpft zu einem Bündel von Augenblicksreaktionen zusammen, mit dem Ergebnis, daß es im Bewußtsein eine Erstreckung von Zeit, mithin so etwas wie eine eigene Biographie im Umkreis eines solchen «gelebten Lebens» durchaus nicht gibt. Menschen, die nach dem Vorbild des «siebenten Geißleins» ihr Leben aus Angst vor dem (Mutter)«Wolf» im «Uhrkasten» verbringen müssen, leben buchstäblich «zeitlos». Sie sind «ewig jung» und doch auch zugleich schon in jungen Jahren «vergreist» – *uralt* nach dem Maß der Verantwortung und der Belastung durch die «alltäglichen Drangsale», *ganz ohne Alter*, weil gänzlich ohne die Möglichkeit von Entwicklung, Reifung und Fortschritt.

«Ich komme mir vor wie 25jährig», bekannte ein Mann, der schon seiner äußeren Erscheinung nach deutlich auf die 50 zuging. Seine hochaufgeschossene, spindeldürre Gestalt war, wie unter dem Lastgewicht eines längst unerträglich gewordenen Lebens, vornüber gebeugt, seine faltige Haut blaßgrau, wie von jeglichem Blutandrang zeitlebens verschont, sein Kopf spärlich bedeckt von schütteren Haaren – ein Mann, wie er CERVANTES als «Ritter von der traurigen Gestalt» vorgeschwebt haben könnte, wären da nicht statt eines leidenschaftlichen, verträumt-energischen Blicks, wie er einen rechten *Don Quijote* auszeichnet, seine Augen gewesen, die wie verloschen wirkten, unsäglich müde und verloren, verwirrt und verirrt, außerstande, irgendein Ziel zu fixieren. Und dann sein Mund: schmallippig, bleich, die Worte nur stammelnd, wie spaltweise, durchlassend! Seit Kindertagen hatten alle an diesem Manne etwas auszusetzen gefunden; sie hatten an ihm herumgezogen und herumerzogen, auf ihm herumgeprügelt und herumgebügelt, er aber hatte unter dieser Mischung aus Behandlung und Mißhandlung niemals gewußt, wer er für sich selbst hätte sein können oder sein sollen. Statt dessen fühlte er sich stets überfordert durch Ansprüche, deren Inhalt im einzelnen auszumachen er sich gar nicht in der Lage sah. Unter diesen Umständen verfügte er nur über zwei Möglichkeiten: entweder sich anzupassen an die Wünsche der anderen, bis daß diese ihn selbst, seine wirkliche Person, unter der Maskerade eines perfekten Rollenspiels gar nicht mehr wahrzunehmen vermochten, oder aber den anderen auszuweichen und sich ins «Private» zurückzuziehen. Beides versuchte er. Doch mit beiden Strategien gelangte er niemals dahin, auch nur ein wenig mit sich selber zufrieden zu werden; vielmehr verachtete und beschimpfte er sich mit einer Selbstverständlichkeit, als wenn Resignation und Frustration, als wenn Selbstablehnung und Selbsthaß bereits zu seiner «wahren» Natur geworden wären. In Wahrheit jedoch zeigte sich gerade an den Invektiven, die er gegen sich so hemmungslos richtete, daß sein eigentliches Wesen einmal humorvoll, witzig, scharfsinnig beobachtend, geistreich, voller Phantasie, Sensibilität und Kreativität gewesen sein mußte und auch wohl geblieben wäre, im Falle es nicht insbesondere von seiner Mutter, noch als er ein Junge war, vollständig «verschlungen» worden wäre.

Diese Frau hatte sich selbst offenbar in vielerlei Hinsicht psychisch überfordert gefühlt; – ihr Sohn beschrieb sie als herzensgut, zugleich aber als «schrecklich labil», als «unberechenbar», als «manchmal richtig psychotisch». Stets hatte er dieser Frau, seiner Mutter, entgegenlaufen müssen, damit sie nicht hinter ihm herlief; stets hatte er in sie hineinkriechen müssen, um nicht von ihr «gefressen» zu werden; stets hatte er in ihr seine Zuflucht gesucht, um nicht vor ihr auf der Flucht sein zu müssen. Doch eines war klar: Gerade dadurch war er ihr niemals entronnen, war er überhaupt erst bis ins Unlösbare mit ihr verschmolzen und verwoben, war er tatsächlich in ein Leben ständiger Flucht und Fluchtbereitschaft gedrängt worden. Sich abzugrenzen und einzugrenzen, Ja und Nein entsprechend seinen wirklichen Bedürfnissen auf die «richtigen» Stellen zu verteilen, das «richtige» Maß von Distanz und Nähe in eigener Regie selbst zu bestimmen – alles das hatte er im Bannkreis, im «Bauch» seiner Mutter niemals gelernt. Statt dessen schaute er ohnmächtig zu, wie sein Leben sich zu einer nicht endenden Kette von Mißerfolgen und Fehlschlägen aufsummierte. Die Mitmenschen mied er – sie erschienen ihm als zu langweilig, grob oder unleidlich; allein gelassen aber beschlich ihn das Gefühl einer vollkommenen Nutzlosigkeit, Unbrauchbarkeit und Sinnleere: – Für wen eigentlich lebte er? Und: Für was eigentlich sollte es sich lohnen zu leben oder gelebt zu haben? Für nichts und niemanden, das stand ihm fest. Aber wie kann man leben für nichts, ohne sich selbst zu vernichten?

Sein ganzes Dasein war buchstäblich «in der Uhr». Die Mutter hatte ihn nicht erreicht, hatte ihn nicht verschlungen, doch die Mutterangst hatte sein Leben zu einer «stehenden Welle» eingeschlossen. Jede seiner Bewegungen trat auf der Stelle, schwang nur um sich selbst und erschlaffte in immer niedrigeren Amplituden. Sein wirkliches Zeitmaß inmitten der Zeitlosigkeit seines Daseins bildeten daher die wachsende Müdigkeit, das sich ausbreitende Gefühl der Vergeblichkeit sowie das Empfinden, wie auf dem Bild RICHARD OELZES, von unheimlichen Wesen, teils Tier, teils Pflanze, teils Mensch, in Form einer undurchdringlichen Mauer umringt und belagert zu sein. Die Zeit hielt den Atem an. Kein Pendelschlag deutete auf ein Vorrücken der Zeiger der Uhr. Er lebte ein Unleben im Zeitlosen, Wesenlosen, Gestaltlosen, also im immer Träge-Gleichgültigen, im ständig Unwesentlichen, im dauernd Unheimlichen. Alles war jederzeit möglich, nichts eigentlich «wirklich»; alles durchkrochen von Angst, Mißtrauen und Scheu vor Kontakten, nichts fühlte sich an wie Bestätigung, Beistand und Liebe. Statt dessen: Gleichgültigkeit (im besten Falle!), Ablehnung (im Normalfall!) und offener Haß (manchmal, im Ausnahmefall!). Und, in Antwort darauf: eine chronische Vermeidehaltung, eine permanente Neigung zu Selbstbezichtigung und Selbstvernichtung und schließlich eine dauernde Form von Negativismus im Umgang mit sich selbst. Welche Möglichkeiten sollte es da eigentlich geben, einem solchen «Wolfsbauch» noch zu entkommen, wenn schon ein ganzes Leben womöglich sich im «Uhrkasten» zugetragen hat?

Eine Möglichkeit bestünde theoretisch darin, die endlosen Selbstvorwürfe und Selbsterniedrigungen neu zu adressieren und an die Stelle ihres eigentlichen Ursprungs zurückzuschicken: an die eigene Mutter. «Du hattest kein Recht», könnte der Vorwurf lauten, «ein Kind in die Welt zu setzen und es dann zu dem Spielball Deiner Launen: Deines Wohlwollens und Deines Drohens, Deiner Zuwendung und Deiner Abwendung, Deiner verschlingenden Liebe und Deines vernichtenden Hasses zu machen. Ich jedenfalls bin es leid, eine Mutter noch länger zu akzeptieren, die mich und mein Dasein, je nach Belieben, einmal für tragend, dann wieder für unerträglich erklärt. Ich möchte frei sein. Ich möchte zum ersten Mal in meinem Leben bestimmen dürfen, was ich will und wer ich bin, ohne Dich zuvor um Erlaubnis fragen zu müssen. Fortan soll es mir egal sein, ob Du Dir Sorgen um mich machst, wenn ich dies und das tue, oder ob Du es besser fändest, wenn ich dies und das unterließe. Es soll mir egal sein! Es soll mir desgleichen egal sein, ob Du Dich über etwas ärgerst oder nicht. In alle Zukunft möchte ich nicht mehr der Blitzableiter Deiner Stimmungsschwankungen und unbeherrschten Wutausbrüche werden. Ich möchte dieser Deiner viel zu kleinen Welt von Sorge, Obhut und Gewalt ein und für allemal entweichen...!»

Die Möglichkeit zu einer derartigen Konfrontation besteht in der Tat *theoretisch*; doch in der Praxis besteht eine solche Möglichkeit nicht. Sie kann nicht bestehen, weil, nach allem Gesagten, die Dualunion zwischen dem «Mutterwolf» und dem «Geißenkind» eine konfrontative, aggressive Form der Auseinandersetzung nicht zuläßt. Es bedeutete den Bruch mit einem insgesamt nicht *nur* erfolglosen Lebenskonzept, wollte man jetzt mit einem Mal an die Stelle von Willfährigkeit Willensdurchsetzung, an die Stelle milder Freundlichkeit wilde Feindseligkeit und an die Stelle demütiger Unterwerfung mutige Selbstaufwertung rücken. Wie aber dann?

In der *Praxis*, so viel steht fest, kann die Befreiung eines «siebenten Geißleins» und seiner «Geschwister» nur auf gerade dem gegenteiligen Wege erfolgen: Das schwache, verängstigte Ich kann nicht dazu aufgefordert werden, selber zum Angriff überzugehen und mit «Waidmanns Heil» zur Jagd auf den «Wolf» zu blasen; was ihm not tut, besteht ganz und gar in einer sehr vorsichtigen, leisen, geduldigen, in sich aber konsequenten Stärkung seiner Fähigkeiten. Freilich erhebt sich sogleich die Frage, wer denn einen solchen Prozeß der Ichstärkung einleiten und begleiten soll oder kann. Die Antwort, die das Märchen auf diese entscheidende Frage gibt, erscheint auf den ersten Blick vollkommen paradox, und doch ist sie genial richtig: Diejenige Person muß und kann einzig zur Rettung eines im «Uhrkasten» versteckten «Geißleins» beitragen, die selber als Ursprung all der verderblichen Ängste sich zu erkennen gegeben hat. Nur die eigene Mutter beziehungsweise jemand, der ersatzweise, stellvertretend, ihre «Rolle» übernimmt, wird wirksam die Angst eines «siebenten Geißleins» zu beruhigen vermögen[115], wird seine Fluchttendenzen mildern können, sein Mißtrauen abbauen, sein paranoisches Gefühl von allgegenwärtig lauernder Gefahr langsam zurückdrängen, und nur so wird der Weg wieder frei werden, der den Stillstand der Zeit durch eine allmählich beginnende eigenständige Entwicklung zu überschreiten sich getraut.

Was das Märchen als «Therapie» eines «siebenten Geißleins» vorschlägt, indem es im Fortgang der Erzählung gerade einen solchen Lösungsweg schildert, läuft, nebenbei gesagt, auf nichts Geringeres hinaus als auf eine stille Kampfansage gegen so manche «psychokratischen» Praktiken, die sich derzeit unter dem Stichwort von immer «effizienteren» Psychotherapieformen auszubreiten und (mit Hilfe der an niedrigen Kosten und kurzen Verweilzeiten interessierten Krankenkassen im Wettkampf untereinander um die «günstigsten» Beitragssätze!) auch schon durchzusetzen beginnen. Wieder nämlich müssen wir das, wovon das Märchen uns jetzt erzählt, zeitzerdehnt lesen als einen langen, langwierigen Prozeß, der lediglich in der Symbolsprache des Märchens zu einem einzelnen Vorgang verdichtet ist. So wie das Märchen die Rettung des «siebenten Geißleins» schildert, geht es in der «Realität» eben nicht zu, es sei denn, man wollte Symbole als magische Riten mißverstehen und ernsthaft dem Glauben anhangen, daß auch und gerade im Verlauf einer Psychotherapie (oder im menschlichen Leben sonst) das bloße Wünschen schon Wirklichkeit schüfe. Was das Märchen im folgenden als ein menschliches Erfordernis schildert, verlangt in der Tat eine alternativische Wahl: *Entweder* man akzeptiert, daß zur «Erlösung» solch eines «Geißleins» aus dem «Uhrkasten» nichts anderes helfen wird als eine «mütterliche» Durcharbeitung all der Ängste aus Kindertagen bis in die Gegenwart, verbunden mit dem jeweils dazu nötigen Aufwand an Zeit, Energie und menschlicher Nähe, – *oder* man kann gleich erklären, daß Probleme dieser Art und dieses Umfangs «unbehandelbar» und Menschen mit einer solchen Hypothek aus Kindertagen abzuschreiben seien[116]. Die seelische Erkrankung definiert sich dann als Sozialfall, aus dem «Uhrkasten» wird das «Irrenhaus», das Gefängnis oder die Straße, und aus dem Symbol eines Seelenzustandes wird die Festschreibung eines realen Umstandes.

Das (Kinder!)Märchen der BRÜDER GRIMM vom *Wolf und den sieben jungen Geißlein* enthält zumindest doch die Hoffnung, ein solcher Weg ins endgültige Abseits sei prinzipiell vermeidbar. Auch nur ein solches kleines Märchen zu verstehen wird an dieser Stelle deshalb identisch mit dem Widerspruch gegen eine immer enger werdende, immer «wölfischer» sich gestaltende Wirklichkeit. HOBBES' *Leviathan*[117], die Beschreibung eines englischen Philosophen von den Strukturen des Frühkapitalismus im 17. Jh., behielte somit recht: Staat und Gesellschaft erwiesen sich wirklich als blutgierige Ungeheuer, und alle Menschen ringsum erschienen als kläffende, raufende und raubende Hunde. Zweifellos wäre es dann am besten für alle «Geißlein», sich gut zu «verstecken» und mit ihrer nur allzu berechtigten Angst die Zeit anzuhalten.

Doch, natürlich, geht es «an sich» auch anders; und davon, Gott sei Dank, erzählt die Geschichte uns jetzt. Sie berichtet, wie die «alte Geiß» aus dem Wald wieder heimkommt und inmitten des unbeschreiblichen Durcheinanders, das sie zu ihrem Entsetzen zu Hause antrifft, auf die Suche nach ihren Kindern geht, sie bei ihren Namen ruft und keines ihr antwortet. Diese Szene allein schon ist für jeden mitfühlenden Leser erschütternd, zeigt sie doch in ergreifenden Bildern, daß die «gute» Mutter(geiß) niemals ihren Kindern ein «böser Wolf» sein wollte! Niemals hat sie die Abgrenzung zwischen drinnen und draußen, die *Türe*, sperrangelweit aufreißen wollen! Niemals hat sie in rasender Wildheit alles durcheinanderwerfen und umstoßen wollen! Selber ist sie entsetzt und voll ehrlicher Trauer über all das, was da geschehen ist. Fragend und klagend nennt sie ihre Kinder bei ihren Namen, doch ohne Antwort – sie sind alle fort, gefressen vom «Wolf», – *von ihr selbst*, wie wir denken müssen! Wie kann eine Frau ein Kind wiederfinden, das zu sechs Siebtel aus lauter Angst vor ihr selbst sich versteckt hält? Fast scheint dergleichen unmöglich. Ein kleines Detail der Geschichte macht deutlich, wie schwierig ein solches Wiederfinden sich gestaltet.

Man sollte meinen, gleich beim ersten Klang der mütterlichen Stimme würde das «siebente Geißlein» sich in seinem «Uhrkasten» melden. Doch das eben tut es nicht, und man versteht auch, warum nicht. Es war gerade die Stimme der Mutter, die der «Wolf» so täuschend nachzuahmen verstand. Das «Geißlein» in seiner Angst hat längst gelernt, daß auf gar nichts mehr Verlaß ist, daß *jede* Stimme Gefahr bedeutet, daß man im Leben, im Kampf ums Überleben nicht mißtrauisch und vorsichtig genug sein kann. Allerdings gibt es da doch ein untrügliches Erkennungszeichen – sonderbar, daß die «alte Geiß» darauf nicht von vornherein gekommen ist: Nur *der* kann die wahre Mutter sein, der seine Kinder *beim Namen* ruft!

Genau dieser so persönliche und versöhnliche Klang der Stimme ist erst jetzt offenbar möglich. Das Motiv von dem Rufen beim Namen hat in gewissem Sinne biblisches Format. «Der Hirt der Schafe ruft seine Schafe mit Namen», sagt JESUS im *Johannes*-Evangelium (10,3), und er fügt hinzu: «Meine Schafe hören meine Stimme, und ich kenne sie; und ich gebe ihnen das ewige Leben, und sie werden nimmermehr umkommen» (10,27.28)[118]. In einem Märchen geht es, anders als in einem Mythos, nicht um ein «ewiges» Leben, wohl aber um ein Leben, das nicht in Angst verkommt; der Weg dahin aber ist hier wie dort der gleiche. Das Bild des *Johannes*-Evangeliums von JESUS als dem «guten Hirten» dürfte historisch wohl auf ein Gleichnis zurückgehen, das der Mann aus Nazareth wirklich erzählt hat: Unter dem Vorwurf der Frommen, sich am mosaischen Gesetz vorbei mit all den Verlorenen und Verlaufenen gemein zu machen und sich mit ihnen an *einen* Tisch zu setzen, erzählte er die Geschichte von einem Hirten[119], der von seinen hundert Schafen beim Durchzug durch das Gebirge eines der Tiere verliert; selbstverständlich geht er auf die Suche nach ihm, denn immer wieder wird so etwas sich ereignen, und er weiß, daß ein versprengtes Schaf von allein niemals mehr zu den anderen aufschließen wird; ja, das Tier schwebt vermutlich jetzt schon in Lebensgefahr, denn selbst sein klägliches Blöken wird als erstes die Beutegreifer anlocken. Fast ist es denn auch zu spät, als der Hirte am Abend es findet, denn so erschöpft und elend fühlt sich das Tier, daß er es auf seinen Schultern heimtragen muß; selber zu laufen vermöchte es nicht. (Lk 15,1–7) – Ganz so, will JESUS sagen, verhält es sich mit den Menschen, die man mit moralischen Mitteln als «Sünder» beurteilt und religiös ausgrenzt: Sie sind in Wahrheit Verlaufene, am Wegesrand Liegengebliebene, in jedem Fall absolut Hilfsbedürftige, denen man «nachgehen» muß, damit sie nicht endgültig «verlorengehen», und die man nach Haus förmlich tragen muß, weil sie über keinerlei Kraft für den Heimweg verfügen[120]. Wollte man, wie JESUS in diesem Gleichnis es tut, einmal nicht mehr von «Sündern», sondern von «Verzweifelten» sprechen, so würde die gesamte Art, Menschen zu sehen, sich ändern; 2000 Jahre Kirchengeschichte fänden endlich ihren wahren Maßstab und ihr eigentliches Ziel[121]; an die Stelle des Moralisierens träte eine Haltung des Verstehens, des Suchens, des Ringens um den anderen in seiner Verlorenheit, und das «Christentum» selbst würde zu gerade dem Angebot, von dem die kleine Geschichte der BRÜDER GRIMM uns erzählt: von der Rückkehr beziehungsweise von der Rückgewinnung der «Mütterlichkeit» inmitten einer «Wolfswelt», inmitten von «Schwertzeit» und «Beilzeit».

Nun hat es die «alte Geiß» in der Märchenerzählung psychologisch allerdings weit schwerer als die Gestalt eines «Erlösers» in den Mythen der Religionsgeschichte: Wo dieser als ein strahlender Held eine ihm fremde, gottferne Welt betritt, die er, Tod und Teufel zum Trotz, freikämpft zur Rettung der Menschheit, kehrt unsere Muttergeiß in eine Welt zurück, die sie selber, recht verstanden, in einer tragischen Mischung aus gutem Willen und Zorn wie unter schicksalhaftem Zwang so gut wie gänzlich zugrunde gerichtet hat. Die Angst, die sie selber verbreitet (hat), steht ihr jetzt am meisten im Wege. Selbst in einer Psychotherapie wird jeder, der von außen her, also eigentlich unbelastet, in eine solche Mutterrolle stellvertretend hineingeht, die größten Schwierigkeiten haben, seiner Patientin, seinem Patienten *nicht* als ein «Wolf» zu erscheinen; immer wieder werden uralte Ängste aus Kindertagen sich auf ihn übertragen, gerade wenn er und weil er in die Erfahrungen und Ambivalenzgefühle der frühen Kindheit hineingehen muß. So oder so besteht nur ein einziges Mittel, um eine derart abgründige Angst zu beruhigen, – das ist, was das Märchen denn auch erzählt: das «Verlorene» «bei seinem Namen zu rufen».

Daß es an dieser Stelle unserer Erzählung keinesfalls nur darum geht, die Namen der Kinder wie eine Art Suchmeldung in den Raum zu stellen, zeigt bereits das Verhalten des «siebenten Geißleins» selbst: Angstbesetzt, wie es ist, reagiert es nicht auf die Stimme seiner Mutter – sie ist kein sicherer Anhaltspunkt mehr; es reagiert aber auch nicht, als es die Namen seiner «Geschwister» rufen hört und aus diesem Umstand mit Gewißheit auf die Anwesenheit seiner Mutter schließen könnte; es reagiert erst, als es seinen eigenen Namen rufen hört. Ganz offensichtlich gibt es nur diesen einen Zugang in die Angst eines derart Verschüchterten hinein: Er muß – womöglich zum ersten Mal unzweideutig in seinem Leben! – erfahren dürfen, daß er selber «gerufen», gesucht, gemeint und gemocht wird. Es geht jetzt um ihn. Der Ruf bei seinem Namen richtet sich dabei nicht einmal auf seine «Befindlichkeit». Natürlich möchte die Muttergeiß wissen, wo ihr siebentes Geißlein sich befindet und wie es sich finden läßt; doch eine mögliche Antwort auf eine solche Frage liegt allein in dem Echo eines Rufs, der das «Verlorene» in seinem Wesen berührt. Will man sich eine Vorstellung davon machen, was eine solche «Anrede» «bei seinem Namen» bedeutet, so muß man den Ruf der Geißenmutter wohl umschreiben mit einer Mischung aus Bitten, Erklärungen, Einladungen und Aufforderungen, die allesamt getragen sind von einer unverbrüchlichen Zuneigung sowie dem Wunsch, etwas wiedergutzumachen, das in dieser Form niemals sich hätte ereignen sollen und dürfen.

Bemerkenswert ist bereits, daß die «alte Geiß», trotz ihres Schreckens beim Betreten ihrer Wohnung, als sie ihre Mahnungen vor dem «Wolf» offenbar in den Wind geredet sieht, den «Geißlein» keinerlei Vorwürfe macht. Statt dessen wird man ihren Ruf nach den Kindern, ihren Aufruf jedes einzelnen bei seinem Namen, inhaltlich, der Bedeutung nach, kaum anders wiedergeben können als mit Worten wie: «Es tut mir entsetzlich leid, was passiert ist! Ach, bitte, glaubt doch, ich habe euch lieb! Ich wollte euch doch vor dem Wolf bewahren. Ich wollte alles für euch tun. So, wie es gekommen ist, war es nicht gemeint! Unter gar keinem Umstand sollte so etwas geschehen.» Doch ein solches Bekenntnis aufrichtigen Bedauerns und Betrauerns ist noch nicht alles. All den sechs «verlorenen» Geißen muß die Alte nachgehen, ehe sie schließlich das siebente bei seinem Namen ruft. Läßt sich deutlicher sagen, daß diese Mutter ihr Kind überhaupt nur wiederfinden wird, wenn sie den Zustand, in dem es sich befindet, erkennen und anerkennen wird? Sechs Siebtel in ihm sind zerstört! Es selber besteht nur noch aus angstvollem Rückzug! Dabei verlangt es nach nichts mehr auf Erden als nach seiner Mutter und nach ihrer Geborgenheit. Doch gerade dieses letzte Siebtel einer verängstigten Seele wird sich nur melden, wenn es in der Stimme der Mutter gesagt bekommt: «Du! Du, mein Liebes, ach, bitte, komm! Ich möchte Dich doch. Ich bin für Dich da. Ich gebe Dich niemals verloren.»

Manchmal ereignen sich Szenen eines solchen «Wiederfindens» tatsächlich zwischen Tochter und Mutter (oder Vater und Sohn). Eine Frau, die schon etwa sechs Jahre lang mit einem unglaublichen Mut ihre Kindheit aufzuarbeiten bemüht war, faßte sich eines Tages wirklich ein Herz und riskierte es, mit ihrer Mutter offen zu reden. Bis dahin hatte sie dieser Frau den Gefallen getan, ein fröhliches, problemloses «Geißlein» zu sein. «Du bist wenigstens immer gesund. Du hast ja nichts», hatte die Mutter zu ihr gesagt, und diese Frau hatte dabei gelernt, daß sie am meisten geliebt wurde, wenn sie keinerlei Schwierigkeiten machte, so daß man sie eigentlich nicht weiter zu beachten brauchte. Die größte Furcht hatte sie vor den Wutausbrüchen ihrer Mutter empfunden, – sie selbst war darunter vollkommen verstummt. Wenn freilich sie selber sich später über andere Menschen ärgerte, geschah es wohl ähnlich heftig und impulsiv wie bei ihrer Mutter, doch verdrängte sie solche Anflüge von Zorn auf der Stelle und wunderte sich nur immer wieder, warum sie fast täglich von kolikartigen Schmerzen im Magen heimgesucht wurde. Die Ärzte verschrieben ihr etwas für die Galle, deren Unterfunktion sie beklagten, und im übrigen empfahlen sie fettarme Nahrung; doch so gingen die Schmerzen nicht fort. Sie wurden im Gegenteil oft derart hartnäckig und quälend, daß diese Frau manchmal kaum noch Luft zu bekommen meinte und schon glaubte, ihr Herz müsse stillstehen. In Wirklichkeit hatte sie regelmäßig in solchen Zuständen den «Wolf», will sagen: «die Wut im Bauche», und wenn es ihr erst einmal gelang, die Situation zu rekonstruieren, in welcher der «Ärger» ausgebrochen war, so entwichen die aufgestauten Blähungen mit Regelmäßigkeit würgend und windend nach oben und unten[122]. Die größte Schwierigkeit aber lag darin, die «Wut» in Worte zu fassen und die Blähungen in verständliche, angemessene «Botschaften» zu übersetzen. Stets fürchtete diese Frau, nach dem Vorbild ihrer Mutter überzureagieren, und entsprechend groß war ihre Scheu, den «Wolf» freizusetzen (beziehungsweise «die Katze aus dem Sack zu lassen», wie man im Deutschen auch sagt). Wie aber sollte sie unter solchen Umständen ausgerechnet mit ihrer Mutter jemals in ein wesentliches Gespräch eintreten können?

Vor allem des Nachts litt die Patientin seit geraumer Zeit unter Nesselsucht (*Urticaria*): Schubweise bildeten sich auf ihrem Körper stark juckende Quaddeln[123]. «Das liegt an der Freisetzung von Histamin, dadurch werden die Kapillaren frei, und es bilden sich solche Ödeme. Vermutlich eine allergische Reaktion», erklärten ihr die Ärzte[124]. Doch worauf diese Frau «allergisch» reagierte, welche – rein psychogenen – Konflikte sie unter Druck setzten, fanden sie nicht heraus und schien ihnen auch nicht so wichtig zu sein. Die Unerträglichkeit ihrer Lage ließ es dieser Frau nach und nach indessen immer plausibler erscheinen, ein für allemal den «Stier bei den Hörnern» (oder den «Wolf bei den Zähnen») zu packen und der Mutter endlich und endgültig zu schildern, was in der Kindheit und Jugendzeit sich in ihrem Erleben wirklich abgespielt hatte. *Entweder* würde die Mutter alles das abstreiten und mit Zorn und Unverständnis auf derart unverschämte «Unterstellungen» und «Beleidigungen» reagieren – dann würde auf lange Zeit hin der Kontakt zu ihr wohl unterbrochen bleiben müssen, doch dieses Risiko mußte man offenbar in Kauf nehmen! *Oder* sie würde zum ersten Mal in ihrem Leben ernsthaft zuhören; dann würde alles, der ganze Hintergrund im Leben der Patientin, endgültig gut werden. Eins von beidem. Jetzt oder nie!

Um es kurz zu machen: Die beiden redeten eine ganze Nacht lang miteinander! «Ich konnte ihr alles sagen», gestand, am ganzen Körper zitternd vor Erregung, später die Patientin. «Erst fuhr sie mich an: ‹Das hättest Du mir eben früher sagen müssen.› Doch ich antwortete ihr: ‹Das habe ich ja versucht. Aber Du hast nicht hingehört. Du wußtest ja immer schon alles!› Da hat sie mich nur angeschaut und in den Arm genommen. ‹Das hab' ich nicht gewußt›, hat sie immer wieder gestammelt. ‹Das hab' ich nicht gewollt!› Und sie hat mir dabei über die Haare gestreichelt. ‹Mein liebes Mädchen! Du warst doch immer mein Liebstes. Hast Du das denn nicht gemerkt?› Ich konnte es ihr wirklich glauben!»

Als die Patientin das erzählte, weinte sie selber vor Glück. «Meine liebe, kleine Mutter! Sie hat sich immer so verantwortlich gefühlt. Sie mußte immer durchhalten, und sie war doch ganz allein. Warum habe ich nicht viel früher mit ihr gesprochen!»

Natürlich wäre es völlig undenkbar gewesen, daß sie zu einem früheren Zeitpunkt das Gespräch mit ihrer Mutter gesucht hätte; erst mußte sie selber so weit gefestigt sein, daß sie sich einer ruhigen Form der Mitteilung getrauen durfte; in der Reihenfolge möglicher Gespräche war ihre Mutter sozusagen die letzte, mit der eine solche Auseinandersetzung gelingen konnte. Doch jetzt, wo die Zeit innerlich dafür reif war, geschah so etwas wie ein Wunder der Versöhnung. Da fand eine «alte Geiß» ihr «Junges» wieder, und ein «siebentes Geißlein» fand hinter dem «Wolf» wieder zu seiner Mutter zurück. Die Voraussetzung dafür bildete freilich das in der Therapie über lange Zeit hin vermittelte «mütterliche» Gefühl, bei dem eigenen Namen «gerufen», mit anderen Worten: in der Tiefe des eigenen Daseins, in der Eigenart des eigenen Wesens wirklich «angeredet» zu sein.

KÄTHE KOLLWITZ hat 1923 einmal ein «Anti-Kriegsplakat», eine Kreidelithographie unter dem Titel *Die Überlebenden*, mit Pinsel und Tusche verstärkt, auf einem Maschinenpapier gezeichnet (Abb. 3)[125]. Das Thema *hier* ist der Weltkrieg 1914–1918 mit seinen 10 Millionen Toten und mit all seinem furchtbaren Leid, ist die «Wolfszeit», nach der nun schon wieder, aus lauter Leid, der Schrei nach Revanche, nach Revision des erlittenen Unrechts sich allerorten vernehmen läßt. Unter der Parole *Krieg dem Kriege*, dieser einzigen Mahnung, die das sichtbare Leid der noch einmal Davongekommenen an die Menschheit mit der Bitte um Mitleid und Menschlichkeit richtet, sieht man dort eine Mutter, wie sie ihre sieben Kinder gegen eine ganze Menschheit zu verteidigen sucht, im Hintergrund rechts zwei Blinde, von denen einer bettelnd seine Hand erhebt, links hinter ihr zwei alte Leute, die gramgebeugt zur Erde schauen, auch sie aussichtslos Leidende, vor Schmerz Erblindete. Die Mutter selbst aber, die mit ihren riesigen Händen lediglich drei ihrer sieben verängstigten Kinder an sich zu drücken vermag, schaut mit schwarzdunklen Augen unter der tief eingekerbten senkrechten Sorgenfalte ihrer Stirn, mit einem bitter gewordenen, schmalen, nach unten gebogenen Mund, in eine offenbar nachtschwarze Zukunft. Sie muß und sie möchte diese Kinder beschützen, egal gegen wen, egal gegen was, doch weiß sie nicht wie, noch womit. Wenn es ihr der Betrachter nicht sagt, indem er selber die Wirklichkeit entsprechend der «Einsicht» gestaltet, die dieses Bild ihm vermittelt, wird es vor der «Wolfszeit» keinerlei Rettung geben.

In unserem Märchen sind wir noch lange nicht so weit, daß die Geißenmutter ihre sieben Kinder in die Arme schließen könnte; zudem ist sie, wir wissen es, gerade unter dem Druck all der Not, die in der Lithographie von KÄTHE KOLLWITZ sich ausspricht, keinesfalls nur die «gute», beschützende, bergende Mutter. Und doch muß es auch in dem Märchen irgendwie dahin kommen, daß die Mutter, indem sie ihre «sieben Geißlein» wiederentdeckt, in sich selber eindeutig wird und die Not draußen von der Not drinnen im Umgang mit ihren Kindern klarer zu trennen beginnt. Wohl, die Aufarbeitung der Angst in der Seele eines Menschen ist nicht schon eine Antwort auf die «Schwertzeit», die «Beilzeit» der Welt; doch die psychische Antwort, die das Märchen hier gibt, gilt als Exempel: Da ist eine Mutter, die bitterlich weint um den Verlust ihrer Kinder, und schon das Bild einer solchen «Pietà», einer solchen «Niobe»[126], könnte und müßte die Menschheit anrühren und zu Besserem bestimmen als zu den nicht enden wollenden Orgien ihrer «Geschichte». Was allerdings in dem Märchen besonders schmerzt, ist der Umstand, den wir nur erst psychoanalytisch begreifen: daß die «alte Geiß» hier selber der «Wolf» ist, der die sechs «Geißlein» verschlungen hat. Erst wenn diese Muttergeiß sich selber aufmacht, um mit dem letzten Rest, mit dem gerade noch verbliebenen «Siebtel» ihres Kindes, den «Wolf» zu suchen und die sechs übrigen Siebtel aus seinem Bauche herauszuoperieren, wird ein wirklicher Neuanfang, eine wahre «Wiedergeburt» für alle Beteiligten möglich.

Dann schnitt sie dem Ungetüm den Wanst auf.

Am wichtigsten jetzt ist die Zäsur, mit welcher die Muttergeiß von ihrem «Jammer» sich losreißt. Auch dazu gehört eine menschliche Größe von erstaunlichem Format. Durchaus «normal» wäre es, daß ein Mensch, der bei so viel gutem Willen das komplette Scheitern all seiner Bemühungen mit ansehen muß, ganz so reagieren würde, wie es für eine depressive Verarbeitung von Niederlagen geradezu typisch ist: «Euere Mutter hat wohl alles falsch gemacht.» «Euere Mutter kann wohl gar nichts.» Mit solchen Äußerungen werden nicht selten Menschen in einer ähnlichen Lage wie die «alte Geiß» in unserem Märchen auf die Entdeckung antworten, daß sie mit der Dynamik ihrer eigenen Persönlichkeit eine Katastrophe angerichtet haben könnten. Sie werden geneigt sein, ihren Schmerz womöglich noch zu totalisieren, statt darauf zu sinnen, wie sie den eingetretenen Schaden nach Möglichkeit eingrenzen könnten. Ohnehin stellt sich ihnen auch schon ein kleinerer Fehler bereits als ein nicht wiedergutzumachendes Desaster dar; wie da erst, wenn das, was geschehen ist, sich wirklich nicht anders denn als Katastrophe bezeichnen läßt, ja, wenn, schlimmer noch, die eigene Mitbeteiligung an dem Malheur sich nicht übersehen läßt?

Das Gefühl sagt einem depressiv gestimmten Menschen von der Art dieser «Muttergeiß» in einer solchen Situation unzweifelhaft, daß jetzt «alles aus» ist, daß «doch alles keinen Zweck» hat, und der so Sprechende wird selber nicht merken, daß hinter all seinen schweren Selbstbeschuldigungen «eigentlich» sich etwas regt wie ein Wunsch nach Freispruch. Ein «siebentes Geißlein» steht in solcher Lage fast immer in der Pflicht, der verzweifelten Mutter nachträglich zu «beweisen», daß sie für «all das» doch «gar nichts» gekonnt hat, daß doch «alles schon wieder gut» ist oder wird und daß sie selber in jedem Falle die beste aller Mütter ist. Zwischen dem Schuldspruch und dem totalen Freispruch aber spukt gerade dieses wahnähnliche System von Selbstüberforderungen, das keine wirkliche Begrenzung von

Zuständigkeit und Verantwortung zuläßt, das kein Lernen in und an der Realität erlaubt und das alle Beteiligten im Umfeld eines solchen Erlebens nur sofort wieder neu unter Druck setzt: Schließlich steht das «siebente Geißlein», gerade eben der «Wolfs»-Katastrophe mit Mühe entronnen, schon vor der Aufgabe, seine untröstliche Mutter zu trösten, all seine eigenen Ängste und Schmerzen wegzudrücken und mit möglichst freundlichem Lächeln zu versichern, daß doch «gar nichts passiert» ist! Alles kann und soll also wieder so weitergehen, und es geht wirklich so weiter, schon weil die Gefahr groß ist, daß ein Kind unter einem derartigen Zwang zum Verdrängen eigener Gefühle in genau dasselbe Verhalten gedrängt werden wird, das schon bei seiner Mutter sich ausgeprägt hat.

Angesichts dieser durchaus naheliegenden Möglichkeiten kann man von Glück sagen, wenn wir sehen, wie die «alte Geiß» «endlich» «in ihrem Jammer» mit dem jüngsten Geißlein hinausgeht, um den «Wolf» zu suchen. Es handelt sich um eine «Bewegung», die menschlich gar nicht hoch genug einzuschätzen ist.

Oft fragen Menschen in einer Psychotherapie sich und den Therapeuten, ob sie nicht im Grunde doch «ganz unmöglich» seien, ob sie nicht doch «kraß versagt» hätten, ob so etwas wie sie nicht doch «ganz einfach ‹notgeschlachtet› gehöre», und es ist schon in Anbetracht solcher Selbstvorwürfe sehr wichtig, den außerordentlichen menschlichen Wert zu begreifen, der darin liegt, daß jemand in seinem seelischen Kummer, ja, in seiner Verzweiflung sich auf den Weg macht, um die Ursache des eingetretenen Desasters zu finden.

Wo befindet sich der «Wolf»?

Allein diese Frage zu stellen und ihr «nachzugehen» bedeutet ein enormes Maß an Selbstüberwindung; und vor allem bedeutet es den Anfang eines ehrlichen Suchens nach den «Hintergründen» des eigenen Verhaltens und den Beginn eines wirklichen Arbeitens an sich selber. Wenn es *das* ist, was «Psychotherapie» heißt, so bedeutet der Mut, sich auf «so etwas» einzulassen, ohne Zweifel etwas menschlich überaus Achtens- und Anerkennenswertes.

Im Falle unserer «alten Geiß» kommt sogar noch hinzu, daß sie eigentlich gar nicht weiß, wonach sie suchen soll. Der «Wolf» hat ihre Kinder gefressen, so viel steht fest, doch was, wenn es sich so verhält, soll daran noch zu ändern sein? Das depressive Empfinden, es sei «alles aus», kommt in ihrer Situation der «Realität» äußerst nahe. Und zudem: Welch einen Vorteil soll es bringen, dem «Wolf» auf die Spur zu kommen? Riskiert die «alte Geiß», wenn sie, ihr Jüngstes zur Seite, dem «Wolf» begegnet, nicht lediglich, das Letzte noch sinnlos aufs Spiel zu setzen? Denn warum sollte der «Wolf» nur den Augenblick zögern, sich wie zum Nachtisch auch noch über das «siebente Geißlein» herzumachen, und wie sollte die «alte Geiß» ihn daran hindern, wofern sie nicht selber Gefahr laufen wollte, von dem Untier verschlungen zu werden? Daß die «alte Geiß» sich trotzdem in etwas ebenso Unbekanntes wie Gefährliches auf den Weg macht, hat in der Tat keinen «real» verstehbaren Grund, es ergibt sich allein aus der Symbolbedeutung der Szene selber: Die «Alte» kann zu diesem Zeitpunkt durchaus nicht wissen, daß ihre Kinder, wenn auch im «Wolfsbauch», noch leben, und noch weniger kann sie hoffen, sie jemals wiederzusehen; gleichwohl tut sie, als seelische Bewegung verstanden, das einzige, was ihr am Ende alles Verlorene wiederzuschenken vermag: Sie macht sich, ohne in diesem Moment schon Ziel und Richtung zu kennen, beim Suchen nach dem «Wolf» im Grunde auf die Suche nach sich selbst; sie begibt sich damit auf den am meisten gefährlichen, auf den am meisten unvorhersehbaren Weg, den das Leben kennt; aber schon daß sie, die immer Verantwortliche, die immer pflichtgemäß Wissende, mitten in ihrem «Jammer» zu einer hilflos *Suchenden* wird, entscheidet über alles.

Daß wir das Märchen mit dieser Deutung richtig verstehen, zeigt sich nicht zuletzt an dem Verhalten auch des «Wolfes». Selten hat man einen Missetäter solchen Kalibers so sorglos gesehen wie diesen Geißenverschlinger. Im Interesse jedes Falschspielers, Einbrechers und Mordbuben sonst sollte es eigentlich liegen, sich nach vollbrachter Tat so rasch und so weit wie nur möglich aus dem Staube zu machen. Nicht so dieser «Wolf». Geradewegs auf «der» Wiese unter «dem» Baum, gleich beim Geißenhaus also, legt er sich wohlgenährt nieder und schläft. Selbst in der Erzähllogik eines Märchens müßte ein solches Betragen schlicht unverständlich bleiben, wenn wir nicht, ganz entsprechend zu allem bisher Gesagten, die «alte Geiß» und den «Wolf» als zwei Seiten ein und derselben Person betrachten würden; dann – aber auch nur dann – ist der Zusammenhang an dieser Stelle leicht verständlich, denn wir begreifen: Der «Wolf» kann zu den Kindern nur kommen, wenn die «gute» Mutter «fortgegangen» ist, und wiederum kann die «alte Geiß» nur zurückkehren, wenn der «Wolf» (in ihr) sich «schlafen» gelegt hat. Es gibt nur dieses alternative Wechselspiel im Auftritt von «Geiß» und von «Wolf»; wo der eine ist, kann der andere nicht sein, und umgekehrt. Symbolisch gesprochen, «schläft» der «Wolf» tatsächlich dicht neben dem «Geißenhaus».

Wieder aber bietet das Märchen, so verstanden, jetzt einen überaus wichtigen Hinweis, welche Schritte zu tun sind, um aus einem so schrecklichen Dilemma, wie es uns bisher geschildert wurde, herauszufinden.

Häufig erlebt man, daß am Ende einer tiefen psychischen Krise (eines psychotischen Schubes, einer schweren neurotischen Erkrankung oder sonst einer fundamentalen Infragestellung des eigenen Lebenskonzeptes) die Kräfte nicht auslangen und auch die Neigung wohl nicht besteht, noch einmal zurückzuschauen, was eigentlich passiert ist und wie man es in Zukunft tunlichst verhindern könnte; man ergibt sich dem «Schicksal», man will von «alledem» nichts mehr hören, und man bedenkt nicht, daß man damit die «Strategie» der Verdrängungen nur weiter fortsetzt, die in aller Regel die Mißhelligkeiten ursächlich heraufbeschworen hat. Erfordert wäre demgegenüber eine gründlich andere Einstellung, sollte das Durchlebte und Durchlittene tatsächlich irgendeine hilfreiche Einsicht für die Zukunft zur Folge haben. Wie eine antike Stadt, die nach Abzug eines Belagerungsheeres eine Verschnaufpause geschenkt erhält und nun emsig damit beginnt, die schadhaften Stellen des Mauergürtels neu zu befestigen, die Tore und Türme zu verstärken und vor allem Proviant und Rüstzeug in gebotener Menge zur Abwehr des zu erwartenden nächsten Angriffs zu lagern, so sollte, wenn eine seelische Erkrankung allmählich abklingt, alle Anstrengung alsbald dem Ziel einer wirksamen Vorbeugung dienen, um ein solches «nächstes Mal» zu verhindern. Aber wer im «wirklichen» Leben verhält sich so? Die «alte Geiß» tut es, und sie verdient uneingeschränktes Lob dafür. Jetzt, wo der «Wolf» *schläft*, erkennt sie die rechte Gelegenheit, gegen ihn vorzugehen und ihn für alle Zeiten unschädlich zu machen.

Man kann, was hier zur Debatte steht, erneut vielleicht in einem Kontrastvergleich deutlich machen.

Die Bibel zum Beispiel erzählt davon, wie der Prophet *Jona*, auf der Flucht vor seiner göttlichen Berufung, von einem «großen Fisch» verschlungen und nach drei Tagen, als er «zum Herrn betete», «an Land gespien» wurde (Jona 2,1–2)[127]; das Bild selber dient im Neuen Testament zum Verständnis auch von Tod und «Auferstehung» *Jesu* aus dem Grabe (Mt 12,40 in Abwandlung von Lk 11,30)[128]. Das Motiv von dem Hervorgang aus dem Leib eines Ungeheuers ist gleichwohl erkennbar dasselbe. Es ist darüber hinaus in den Religionen der Menschheit weltweit verbreitet. In seinem großen Sammelwerk *Das Zeitalter des Sonnengottes* hat LEO FROBENIUS schon um 1900 gezeigt, daß überall auf der Erde Geschichten dieser Art von dem *Lichtgestirn* erzählt wurden, das (am Abend) im «Nachtmeergefängnis» eingeschlossen wird und dann (am Morgen) daraus wieder hervorgeht[129]. Der einzige Unterschied zwischen unserem Märchen und diesen Sonnenmythen liegt nur darin, daß der «Wolf» ein Landraubtier ist, nicht, wie in den meisten Mythen sonst, ein Seeungeheuer; zudem trägt er nicht, wie in den Mythen der Völker, des Nachts die Sonne in seinem Leib unterirdisch nach Osten (zurück), sondern er schläft in der GRIMMschen Erzählung am hellen Tag vor sich hin[130]. Doch dessen ungeachtet legt es sich tiefenpsychologisch gleichermaßen nahe, das Bild von dem «Verschlungenwerden» und «Wiedergeborenwerden» des «Lichtgestirns» als «Prozeß der Bewußtwerdung» zu deuten[131]: Das «Ich» erneuert sich, indem es in die Abgründe des «Unbewußten» hinabsteigt (wie in dem Märchen *Das blaue Licht*, KHM 116) oder indem es von der «Macht der Finsternis» vorübergehend «verschlungen» wird.

Psychologisch entscheidend ist in jedem Falle die Art der *Befreiung*: Während die Rettung in der *Jona*-Legende durch ein Wunder «von außen» sich vollzieht, gelingt es in den Mythen und Sagen der Völker dem Sonnenheros zumeist, sich durch eigene Aktivitäten aus dem Bauch des «Untieres» herauszuarbeiten. *Unser Märchen* hält zwischen beiden Motiven deutlich die Mitte: Die «sechs Geißlein», die der «Wolf» «gefressen» hat, verdanken ihre Rettung weder einem «Wunder» noch dem Erfolg eigener Anstrengungen; es ist die «alte Geiß», die sie aus dem Leib des gierigen Ungeheuers herausholt. Und dieser Unterschied ist wichtig. Denn er zeigt, daß es, genau betrachtet, nicht einfach um eine «Bewußtwerdung» der eigenen Psyche geht, sondern um die Klärung des Verhältnisses zwischen der Mutter und ihrem Kind, von dem in Gestalt des jüngsten Geißleins nur noch «ein Siebtel» am Leben ist. Um dieses Kind zu retten, ist es zweifellos unerläßlich, daß die Mutter ihren «wölfischen» «Hintergänger» loswird; es ist dazu aber auch erfordert, daß die «sieben Geißlein» von ihrer Mutter selber freigelassen und auf eigene Füße gestellt werden; und so lautet die wichtigste Frage im Märchen ebenso wie in der «Realität» jetzt, wie es der «alten Geiß» gelingen kann, zu ihren Kindern (beziehungsweise zu ihrem Kind) nach allem, was geschehen ist, in eine nicht-ambivalente Beziehung einzutreten.

Den «Faden» gerade dieser Fragestellung greift das Märchen auf, wenn es davon berichtet, daß die «alte Geiß», als sie den «Wolf» «von allen Seiten» betrachtet, «in seinem angefüllten Bauch» zu ihrer Verwunderung wahrnimmt, wie darinnen «sich etwas regte und zappelte». Es ist also vielleicht doch noch nicht «alles» tot und «aus»! Doch wie ist so etwas möglich? Was kann dazu geführt haben, daß die Kinder wider alle Wahrscheinlichkeit in dem gräßlichen «Wolfsbauch» am Leben geblieben sind? Um diese Frage zu klären, führt es nicht weiter, mit der Standardtheorie von den erwähnten infantilen Geburtsphantasien darauf zu antworten: Natürlich, wenn das «Gefressenwerden» das «Geborenwerden» erklären soll, darf, was gegessen wird, nicht am Essen sterben; doch um derlei geht es hier nicht. Die Erklärung, die das Märchen selber dafür bereithält, warum die Geißlein «noch alle am Leben» sind und «nicht einmal Schaden gelitten» haben, ist ganz wörtlich darin zu sehen, daß «das Ungetüm... sie in der Gier ganz heruntergeschluckt» hat. Dieser «Grund», mit Verlaub, ist erstaunlich und bedarf einer eigenen Deutung; denn wohl ist gewiß dieser «Wolf» ein ganz schreckliches «Ungetüm»: – selbst noch im Schlafe schnarcht er so furchtbar unter dem «Baum», «daß die Äste zitterten»; seine noch «schlafende» «Wildheit» also wirkt wie das Brausen des Windes und gemahnt damit doch noch an seine mögliche Verwandtschaft mit den Ungeheuern von Sturm und Meer; daß aber Beutetiere in seinem gierigen Schlunde am Leben zu bleiben vermögen, wofern er sie nur als einen Riesenhappen, ohne zu beißen oder zu kauen, gleich «ganz» verschluckt, ist denn doch des «Jägerlateins» zu viel[132]. Fragen wir uns indes *psychologisch*, was im Sinne der Angabe unseres Märchens den sechs Geißlein das Leben gerettet haben könnte, so stoßen wir auf einen ebenso wichtigen wie eigenartigen Zusammenhang.

Denn in der Tat geschieht es nicht selten, daß Kinder in gewissem Sinne gerade durch die Maßlosigkeit und «Wildheit» im Wüten ihrer Mutter (oder ihres Vaters) davor bewahrt geblieben sind, gänzlich zugrunde zu gehen. Sie leben (zu «sechs Siebtel»!) vor lauter Angst «im Bauch» ihrer Mutter; sie verfügen, mit anderen Worten, über kein eigenes Leben, sie sind (beinahe!) gänzlich mit ihrer Mutter «identifiziert»; und doch ist ihnen ein, wenn auch winziger, lebenrettender Rest an eigenem Urteil verblieben, der sich gerade aus der vollkommenen Unverhältnismäßigkeit der mütterlichen (oder väterlichen) Jähzornsattacken ableitet. Das scheinbare Paradox ist so schwer nicht zu lösen. Wäre die Wut des Mutter«wolfes» genau gezielt, träfen seine (Gewissens)Bisse exakt in die Schwachstellen der Seele ihrer Kinder, besäßen sie die genügende «Schärfe», die Teile ihrer Persönlichkeit «auseinanderzunehmen» und in immer kleinere Partikel zu «zermahlen», so böte sich wohl für kein Kind der Welt gegenüber dem «Rachen» (beziehungsweise der «Schnauze») einer derartigen «Wolfsmutter» eine Chance zum Überleben an. Nun aber mußten Kinder von der Art der «Geißlein» im Märchen gerade das Gegenteil einer solch präzisen Wut über sich ergehen lassen: Wenn *ihre* Mutter als «Wolf» zurückkam und sie anfiel, «paßte» ihr «Mundwerk» in keiner Form zu der Wirklichkeit ihrer «Geißlein». Was sie in solchen Augenblicken voller Zorn aus sich herausschleuderte, «traf» nicht und «saß» nicht; es war viel zu pauschal, viel zu total, viel zu undifferenziert, um Geltung beanspruchen zu können. Da wurde «alles auf einmal», «mit Haut und mit Haaren», verschlungen; da wurde «kein gutes

Haar» mehr an den Kindern gelassen, und so waren die Kinder selber imstande, die Unangemessenheit der mütterlichen Vorwürfe festzustellen. In eben dieser Feststellung aber lag für sie bereits die «Rettung».

Ein Kind, das den Zorn seiner Mutter nicht mehr nur als Ausdruck überlegener Macht und Weisheit begreift, sondern darin zumindest auch so etwas spürt wie eine «Primitivreaktion»[133], wie ein Sich-gehen-Lassen, wie eine maßlose Unbeherrschtheit, gewinnt bei aller Neigung, sich dem mütterlichen «Ungestüm» schon aus lauter Angst, Abhängigkeit und Hilflosigkeit letztendlich zu fügen, gleichwohl eine gewisse geistige Überlegenheit zu dem Gebaren seiner Mutter: Sie verhält sich im Anfall ihres Affektes nicht so, wie sie es ansonsten selber als vorbildlich predigt; sie bewegt sich in solchen Momenten deutlich unter ihrem eigentlichen Niveau; sie benimmt sich nicht so, wie man sich benehmen sollte; im Grunde also sollte sich die Mutter dafür schämen, daß sie sich so aufführt...! Ein Kind, das inwendig spürt, wie die Vorwürfe seiner Mutter viel zu grob und viel zu maßlos sind, als daß sie in der vorgetragenen Form zutreffen könnten, behält moralisch eine gewisse Reserve; es bewahrt sich einen Rest an (geistiger) «Beweglichkeit», und dieser «Spielraum», so winzig er auch im Einzelfall sein mag, kann doch, irgendwann einmal, vielleicht, sich zur Freiheit hin öffnen.

Immer ist dabei freilich vorausgesetzt, daß für Kinder von der Art unserer «Geißlein» durchaus keine Möglichkeit besteht, nach der Weise von «Sonnenhelden» das Messer zu wetzen und sich mit eigener Kraft aus dem Bauch des mütterlichen «Ungeheuers» herauszuschneiden[134]. Auch hier ist der Unterschied wichtig. Gewiß wird es Kinder geben, die den wütenden Aggressionen ihrer Mutter distanziert und überlegen genug gegenüberstehen, um ihnen mit Hohn und Spott begegnen zu können; solche Kinder werden nicht «gefressen» werden oder sie werden alsbald ihre Mutter innerlich derart verletzten, daß sie von ihr wieder freikommen; andere Kinder wiederum mögen sich stark genug fühlen, um Gleiches mit Gleichem zu beantworten und sich reuelos zu eigenem Trotz und Zorn berechtigt fühlen, und es läßt ohne jeden Zynismus sich darüber nachdenken, ob nicht gerade so das Gemüt und Gewissen wahrer «Helden», wie das «Volk» in den Sagen sie liebt, sich heranbildet[135]. Doch unsere «Geißlein» sind, gottlob, möchte man meinen, ganz und gar keine «Helden» in diesem Sinne; *ihre* Geschichte ist eine völlig andere, und der Hauptgrund liegt darin, daß sie durchaus nicht einfach von einem wolfsähnlichen Ungeheuer «verschluckt» worden sind; vielmehr war und ist *ihre* Mutter, wie wir immer wieder betont haben, «eigentlich» eine liebe, fürsorgliche, gute «Geiß». Diese «Mischung» aber aus durchaus glaubhafter Güte und aus hilflosem (!) Zorn verleiht dem «Mutterwolf» seinen alles verschlingenden und dann doch wieder nicht gänzlich vernichtenden «Rachen». Einer «Geißenmutter», wie das Märchen sie beschreibt, kann man nicht ohne schwerste eigene Schuldgefühle mit Zorn und offener Aggression begegnen – für die Geburt von «Helden» bleibt hier kein Platz; eben deshalb aber sitzen die «Geißlein» jetzt wirklich in der Falle, und es gibt für sie durchaus keine Möglichkeit zu irgendeiner Form von Selbstbefreiung. Wenn es für sie überhaupt Hilfe geben soll, so muß sie buchstäblich *von außen* kommen, und zwar von gerade der Macht, die sie im Guten wie im Bösen in sich eingeschlossen hält: von der Mutter selbst (oder, wie gesagt, von einer Person, welche die Mutter ersetzt).

Gerade diese Frage nach dem «richtigen» Retter ist jetzt von größtem Belang. In seiner kleinen Abhandlung über *Märchenstoffe in Träumen* schrieb SIEGMUND FREUD einmal: «Wenn der Wolf bei meinem Patienten nur der erste Vaterersatz war, so fragt es sich, ob die Märchen vom Wolf, der die Geißlein auffrißt, und vom Rotkäppchen etwas anderes als die infantile Angst vor dem Vater zum geheimen Inhalt haben.»[136] FREUD hielt die Angst der «Geißlein» für «ödipal», und so stellte er unter dieser Voraussetzung die beiden genannten Märchen einander gleich. Doch gerade das ist bei näherer Betrachtung nicht möglich. Die Angst des *Rotkäppchens* vor dem «Wolf» ist, wie schon erwähnt, gewiß sexuell motiviert, und so kann in dieser Erzählung am Ende tatsächlich nur eine männliche Gestalt, ein «Jäger», das Mädchen aus dem «Bauch» des «Untiers» befreien. «Wolf» aber ist nicht gleich «Wolf» in den Märchen. Das Thema *unserer* Geschichte jedenfalls war von Anfang an erkennbar nicht «ödipal», sondern «oral» bestimmt, und so kann es *hier* am Ende auch nur eine *mütterliche* Gestalt sein, welche die «Geißlein» zu retten vermag. Alles gestaltet sich dadurch weit konfliktreicher, komplizierter und schwieriger, als es bei einer «nur» ödipalen Problematik der Fall wäre. Vordringlich muß es darum zu tun sein, daß die Mutter ihren verängstigten Kindern wieder als «Mutter» erscheinen kann. Alles gipfelt deshalb in der Frage, was denn die Muttergeiß selbst dazu beitragen kann, ihre sechs Geißlein aus dem «Bauch» eben jenes «Ungeheuers» herauszuholen, das in gewissem Sinne sie selber ist. Wie kann es gelingen, daß sie ihre Kinder befreit, indem sie sich von sich selbst, von ihrer eigenen «Schatten»gestalt befreit? Kaum ein anderes Märchen der BRÜDER GRIMM schildert derart verdichtet wie die Geschichte von dem «*Wolf und den sieben jungen Geißlein*», mit welchen Mühen die Auflösung einer solchen Verstrickung zwischen Mutter und Kind verbunden ist.

Die Grundbedingung für alles Folgende besteht in der besonderen «Nachsichtigkeit», welche die «alte Geiß» nunmehr an den Tag legt: Erst indem sie den «Wolf» «von allen Seiten» betrachtet, kommt ihr die Möglichkeit, daß hier doch noch etwas zu «retten» ist. Genaueres Hinsehen zwischen Jähzorn und Jammern – das bedeutet für die «alte Geiß» selbst jetzt den Anfang einer wirklichen Lösung der bestehenden Verwicklungen. Auch dieses Bemühen um eine differenziertere Wahrnehmung kann in diesem Zusammenhang kaum genügend gerühmt werden. Gerade nämlich wenn wir voraussetzen, daß der Überfall des «Wolfes» auf die «Geißlein» keine einmalige Szene widerspiegelt, sondern sich immer wieder im Leben und Erleben der Kinder an der Seite ihrer Mutter ereignet, werden wir auch die «allseitige» Prüfung der Folgen dieses «Überfalls» nun von seiten der «Muttergeiß» als einen langwierigen Prozeß auffassen müssen. Es genügt ihr jetzt nicht mehr, zu beklagen, was da geschehen ist, es gilt, genau hinzusehen, was sich aus dem Geschehenen ergibt und was sich innerlich noch machen läßt. Was aber könnte das sein?

Zu erwarten stünde, daß die «alte Geiß» die Gunst der Stunde, da sie den «Wolf» wie in einem unbegreiflichen Vollrausch nach dem Verzehr der «Geißlein» seinen Verdauungsschlaf halten sieht, unverzüglich ausnutzen und dem Untier mit dem erstbesten dazu geeigneten Gerät den Garaus bereiten würde; irgendeine Rücksicht auf die «Geißlein» brauchte sie bei einer solchen Aktion nicht zu nehmen, im Gegenteil, wäre nur der «Wolf» erst einmal «richtig» tot, so sollte es vergleichbar ein leichtes sein, die Kinder aus dem Bauch des Ungeheuers wieder ans Licht zu befördern. Doch offenbar kann der «Wolf» erst «sterben», wenn die «Geißlein» zum Leben erwachen. Beide Vorgänge vollziehen sich nicht nur parallel, sondern sie sind im Grunde ein und dasselbe: Je mehr die Mutter zu ihren Kindern (oder zu ihrem Kind) in eine Art Kooperation tritt, und je mehr die Kinder auch von sich aus in ein wechselseitig hilfreiches Verhältnis zu ihrer Mutter treten, besteht Aussicht, daß der «Wolf» an sich selber zugrunde geht. Nur so versteht man die sonderbar umständlich wirkende Vorgehensweise, mit der die «alte Geiß» dem «Wolf» jetzt «zu Leibe rückt». Nach Einsicht der Lage trifft sie ihre Entscheidung: Sie muß dem Untier als erstes den Bauch aufschneiden, um ihre Kinder herauszuholen. Daß der «Wolf» dabei vor lauter Ungemach und Schmerzen wach werden könnte, steht in ihren Augen nicht zu befürchten, – sein «Schlaf» ist offenbar solcher Art, daß er betäubendere Wirkung tut als die nachhaltigste Anästhesie! Auch dieses Paradox löst sich jetzt leicht: Der «Wolf» selbst ist fühllos für Schmerzen, aktiv wie passiv zugefügte. Anders kann es sich nicht verhalten, ist er doch nichts als ein «System» von Reaktionsweisen, die entweder auf den Plan treten oder sich zur Ruhe legen; der «Wolf» existiert nicht als ein Wesen an sich, er ist ein «Symboltier», das «etwas» Fressendes im Gebaren der Mutter beschreibt, und so gilt es jetzt, dieses gefährliche, in sich geschlossene und einschließende «System» zu «erschließen», zu «öffnen» und damit die Freiheit der Kinder gleichzeitig mit dem «Tod» des «Untieres» einzuleiten.

Wieso aber muß das jüngste «Geißlein nach Haus laufen und Schere, Nadel und Zwirn holen»? Daß eine «Schere» vonnöten ist, verstehen wir mittlerweile; doch wozu Nadel und Zwirn? Warum eine vollständige Operation des «Wolfs» angezeigt sein soll, entzieht sich uns noch; das weiß vorerst nur die «Geiß» selbst; doch erstaunlich genug: Sie weiß es wirklich! Alles, was sie unternimmt, geschieht jetzt überlegt, mit Vorsicht und Absicht. Das allein mag und muß dem Leser einstweilen zum Troste gereichen.

Immerhin aber bringt bereits das «arbeitsteilige» Vorgehen der «alten Geiß» einen neuen Ton in die Geschichte. Warum zum Beispiel konnte nicht gleich zu Beginn des Märchens die «Geiß» ihre Kinder mitnehmen, daß sie ihr hätten beim Futtersuchen behilflich sein können? Darauf, wir wissen es, war nicht zu sinnen der Wolfsgefahr wegen. Wie aber, wenn gar nie ein «Wolf» vor der Türe gelauert hätte im Falle *geteilter* Verantwortung? Auch hier jetzt, wo der «Wolf» derartig «schläft», daß sein vorschnelles Erwachen nicht zu besorgen steht, könnte die «alte Geiß» selber im Haus sich die nötigen Utensilien holen, zumal dort, wie wir erfahren haben, große Unordnung herrscht und das «jüngste Geißlein» sich mit dem «Operationsbesteck» seiner Mutter nicht ohne weiteres auskennen wird; und doch schickt die «alte Geiß» dieses «Jüngste» los und bleibt selbst bei dem «Wolf». Diese Maßnahme macht Sinn allein schon durch die Aufgabentrennung: Da ist etwas, das von dem «jüngsten Geißlein» getan werden kann, und so soll es nun auch von ihm getan werden; ebenso werden die älteren «Geißlein» nachher noch beim Suchen der «Wackersteine» in Dienst genommen. Daß die bisher so einseitig treusorgende Mutter auch klare, wohldurchdachte Befehle zu geben versteht, die pünktlich und zuverlässig befolgt werden, scheint etwas Neues in dem Beziehungsgeflecht der «Geißen» zu sein, und es ist ganz offensichtlich die rechte Methode, um dem «Wolf» (im Auftreten der Mutter wie im Erleben der Kinder) ein für allemal das Handwerk zu legen. Aus Katastrophenangst und Fürsorge entsteht jetzt ein Verhältnis von Vertrauen und gegenseitiger Hilfeleistung. Es versteht sich, daß erst so die «älteren» «Geißlein» aus dem «Wolfsbauch» wieder zum Vorschein kommen und ihre Fähigkeiten wahrnehmen können. Das bisherige angsterstickte Leben öffnet sich endlich zu einem eigenen, erwünschten und erbetenen Tun. Nur auf diese Weise können die Kinder aufhören, sich als eine zusätzliche Belastung ihrer Mutter zu erleben. Endlich dürfen sie etwas Nützliches für sie und für sich selber tun! Endlich zeigt sich, wozu sie «gut» sind! Die Mutter braucht sie und kann sie gebrauchen!

Den Vorgang, der die «Geißlein» eins nach dem anderen ins Freie setzt, darf man im Bilde des «Bauchaufschneidens» uneingeschränkt als «analytisch» bezeichnen. In einer «richtigen» Psychotherapie lassen sich die «Einschnitte», welche die «Muttergeiß» mit der «Schere» vornimmt, wohl am einfachsten in eine Reihe von «einschneidenden» Fragen übersetzen; etwa so: «Woran liegt es, daß ich mich immer wieder moralisch derart unter Druck setze, daß für eigene Wünsche und Bedürfnisse gar kein Raum mehr besteht?» «Für wen oder was eigentlich mußte ich in Kindertagen schon Verantwortung in einem Umfang übernehmen, der selbst einem Erwachsenen zu schwer gefallen wäre?» «Warum besteht mein Leben so sehr aus Angst, daß ich unentwegt mit Unglück und Zerstörung rechne?» «Was kann ich tun, um mir selber mehr zu entsprechen und nicht erst wie unter Überdruck und dann meist im Ton von Enttäuschung und Vorwurf den anderen zu sagen, was ich mir gern von ihnen gewünscht hätte?» «Wie kann ich mich in Auseinandersetzungen frühzeitiger, adäquater und situationsgerechter äußern?»

Mit Fragen dieser Art, die sich endlos vermehren ließen, kann eine «Muttergeiß» nach und nach das Innere des «Wolfes» immer weiter öffnen, und je mehr sie das tut, desto freier werden ihre «Geißlein». Der «Wolfs»-(oder Teufels-)Kreislauf ständiger Überforderungen, Jähzornsattacken und Schuldgefühle löst sich langsam auf und läßt sich zunehmend in eine Rückkoppelung positiver Verstärkungen überführen. Deutlich wird, daß nur eine «Geiß», die selber lebt, lebendige «Geißlein» «hervorbringen» kann. Ja, man kann noch genauer sagen: Indem die «Geiß» ihre «Geißlein» aus dem «Wolfsbauch» hervorholt, gewinnt sie ihre eigene Kindheit zurück; und umgekehrt: Nur eine Mutter, die das «Kind» in sich selber zuläßt, wird dem Weg ihrer Kinder nicht hindernd im Weg stehen. Auch solche Fragen stellen sich jetzt: «Was waren einmal als Kind meine liebsten Träume? Was wäre ich früher gerne geworden und was ist im Verlauf meines Lebens daraus geworden? Wovor hatte ich als Kind die größte Angst, wofür fühlte ich mich am meisten schuldig, und wie bin ich seither mit meinen Ängsten und Schuldgefühlen umgegangen? An welchen Stellen reagiere ich als Mutter mit meinen Wertungen und Verhaltensweisen gerade so auf meine Kinder, wie ich es selber bei meiner Mutter erlebt habe?»

Klar ist, daß jede Mutter in ihren Kindern ganze Teile der eigenen Kindheit noch einmal durchlebt und durchleidet. An all den Punkten, da sie selber als Mädchen am Leben gehindert wurde, wird es ihr heute schwerfallen, ihre Kinder zum Leben zuzulassen. Insofern erlöst die «Geiß», indem sie die «Geißlein» aus dem «Wolfsbauch» herausschneidet, auch sich selbst zu einem selbstbewußteren, freieren Leben. Fortan wird sie nicht mehr in ihren Kindern leben, dafür aber froher und ungezwungener mit ihnen; indem sie die «Geißlein» aus dem «Wolfsbauch» befreit, der sie selber ist, trennt sie sich auch selbst von den «verschlingenden» Zwängen und Forderungen, in denen sie bisher von seiten ihrer Mutter gefangen war.

Wohlgemerkt steht es dahin, ob es einer «Muttergeiß», wie sie hier geschildert wird, im Einzelfalle gelingen kann, sich selber zugunsten ihrer Kinder und mit ihren Kindern noch einmal zum Leben hervorzubringen; doch gibt es gewiß kein wirksameres Motiv für eine Mutter, seelisch an sich zu arbeiten, als mit ansehen zu müssen, wie die latente Lebensverweigerung die eigenen Kinder ins Unglück zu treiben droht. Schon die bloße Möglichkeit, mitschuldig zu sein an dem «Wolfstod» der Kinder, muß für eine Frau, die sich stets darum bemüht hat, ihren Kindern alles erdenkliche Gute zu tun, geradewegs monströs erscheinen, und so wird sie alles daransetzen, um den «Wolf» zu erledigen. Doch auch wenn ein Therapeut, eine Therapeutin ihre Stelle übernehmen sollte, werden die gleichen Fragen an sie zu stellen sein; es *muß* dann nicht sein, daß die Mutter, die es «wirklich» gibt, den Freiheitsweg ihres Kindes (oder ihrer Kinder) begleitet, doch wünschen möchte man's ihr. Denn davon, ob ihr eine solche «*Um*stellung» auf das neue Leben ihrer Kinder gelingt oder nicht, hängt nicht mehr und nicht weniger ab als der weitere Bestand und Zusammenhalt ihrer Familie und, damit in eins, ein Großteil auch ihres eigenen Glücks.

In dem Gedicht: *Eine Mutter zieht Bilanz,* hat ERICH KÄSTNER[137] einmal den traurigen Abschied einer Mutter von ihrem Sohne geschildert, das Gefühl ihrer Einsamkeit und Verlassenheit, die Leere des drohenden Funktionsverlusts so vieler mütterlicher Tätigkeiten der Obhut und der Fürsorge, den ständig stärker frustrierten Wunsch nach Dankbarkeit und «Entgegenkommen» in wörtlichem Sinne fast, die immer deutlichere Fehlkalkulation der Umwandlung von «Mutterliebe» in «Sohnesliebe» und schließlich die paradoxe «Bilanz», daß eine Mutter, die wesentlich in ihrem Sohne lebt, gar nicht wirklich wünschen kann, daß «ihr» Junge lebe, zumindest nicht, wenn «leben» heißt, sich zu entwickeln und allmählich selbständig zu werden. KÄSTNER faßt die schwermütigen Klagen einer solchen «Muttergeiß» in die Verse:

Mein Sohn schreibt mir so gut wie gar nicht mehr.
Das heißt, zu Ostern hat er mir geschrieben.
Er denke gern an mich zurück, schrieb er,
und würde mich, wie stets, von Herzen lieben.

Das letztemal, als wir uns beide sahn,
das war genau vor zweidreiviertel Jahren.
Ich stehe manchmal an der Eisenbahn,
wenn Züge nach Berlin – dort wohnt er – fahren.

Und einmal kaufte ich mir ein Billett
Und wäre beinah nach Berlin gekommen!
Doch dann begab ich mich zum Schalterbrett.
Dort hat man das Billett zurückgenommen.

Seit einem Jahr, da hat er eine Braut.
Das Bild von ihr will er schon lange schicken.
Ob er mich kommen läßt, wenn man sie traut?
Ich würde ihnen gern ein Kissen sticken.

Man weiß nur nicht, ob ihr so was gefällt...
Ob sie ihn wohl, wie er's verdiente, liebt?
Mir ist manchmal so einzeln auf der Welt.
Ob es auch zärtlichere Söhne gibt?

Wie war das schön, als wir zusammen waren!
Im gleichen Haus... Und in der gleichen Stadt...
Nachts lieg ich wach und hör die Züge fahren.
Ob er noch immer seinen Husten hat?

Ich hab von ihm noch ein Paar Kinderschuhe.
Nun ist er groß und läßt mich so allein.
Ich sitze still und habe keine Ruhe.
Am besten wär's, die Kinder blieben klein.

Insbesondere die Unsicherheit, wieviel an Nähe man überhaupt noch wagen darf, ohne abgelehnt zu werden, die wehmütige Angst auch, was man als Frau denn noch tun soll, wenn schon eine andere Frau an der Seite des Sohnes die eigene Stelle einnimmt, die vollkommene Irritation, ob das, was man selber «schön» findet, auch noch dem Geschmack des anderen entspricht, die nur zu berechtigte Sorge, die alte Fürsorge könnte längst schon als lästig empfunden werden, und schließlich die fetischähnliche Fixierung der Vergangenheit, dieses Haften an Erinnerungen, die der Aussichtslosigkeit der Zukunft ein schöneres Antlitz verleihen sollen und die doch ebenso unwirklich wirken wie die flimmernden Plakate an den Wänden der Tunnelröhre einer Untergrundbahn, – all das macht die «Bilanz» dieser Mutter ganz eindeutig: Es geht so nicht weiter! Es sind drastische «Einschnitte» nötig, um dem im «Wolfsbauch» erstickenden Leben Freiheit zu schenken! Man muß jetzt «sezieren», was nur noch Vergangenheit ist und was für die Zukunft noch «drin» ist.

Die «Prämie» freilich, die darauf steht, ist überschwenglich: Welch eine Freude des Wiedersehens! Ein weises französisches Sprichwort sagt: Nur was du weggibst, kannst du selbst behalten. Dieses Paradox aller menschlichen Beziehungen löst sich jetzt ein: Erst die freigelassenen Kinder lassen sich «wiedersehen», denn nur solche lassen sich wieder *sehen*! Auch jetzt erst ist es möglich, daß die Mutter ihre Kinder «herzt» und überglücklich an sich drückt, ohne sie mit ihrer Liebe zu erdrücken und mit ihrer Freude zu ersticken. Und erst jetzt, als «Gerettete» und vom «Wolfsbauch» «Befreite», können die Kinder ihre Mutter uneingeschränkt bejahen, ohne insgeheim doch wieder vor ihr auf dem Qui-vive sein zu müssen. Im Gegenteil: Das Bild von dem «Schneider, der Hochzeit hält», spricht von einer Leichtigkeit und Behendigkeit des freudigen «Hüpfens» und «Springens», die mit der «Schwere» des prall gefüllten «Wolfsbauches» ganz und gar unvereinbar ist. – Daß speziell die «Schneider» als hagere, feingliedrige Neurastheniker in den Märchen geschildert werden, dürfte daran liegen, daß der Schneiderberuf unter all den Formen des Handwerks die einzige «Zunft» vertrat, deren Tätigkeit ohne größere körperliche Kraftanstrengung auskommen konnte und folglich auch schwächlicheren Personen offenstand[138]. Hier aber soll man förmlich in der Gestalt des schmächtigen Schneiders die Leichtfüßigkeit und Unbeschwertheit bestaunen, mit welcher nunmehr die «Geißlein» mit ihrer Mutter den wie lebendig tot daliegenden «Wolf» umtanzen; und die «Hochzeit» des «Schneiders» als Anlaß zur Freude verheißt denn auch etwas von der Unauflösbarkeit dieser neu gefundenen Beziehung. So wie es sich jetzt formt, wird es Bestand haben, und dieses Gefühl ist der wirkliche Grund all der Freude.

Aber selbst damit ist die Arbeit noch nicht getan. Da gibt es eine «Aufräum-Pflicht» eigener Art, die jetzt dringend ansteht und die ihrerseits in der «Wirklichkeit» noch beliebig lange sich hinziehen kann.

Man mag beim Lesen der folgenden Szene im Märchen nicht unberechtigterweise sich fragen, ob denn «das» sein muß! Da wurde soeben dem «Wolf» der (feiste) «Wanst» aufgeschnitten, und alle sechs «Geißlein» sprangen begeistert heraus ins Freie; genügte es unter diesen Umständen nicht, alles Weitere nun dem Gang der Ereignisse zu überlassen? Was will die «Geiß» nur mit Zwirn und mit Nadel? fragten wir uns vorhin schon. Um dem «Wolf» den Bauch wieder zuzunähen, hören wir jetzt; und gewiß: Wer dem «Wolf» gut sein wollte, müßte so tun. Doch welch ein Interesse sollte die «Geiß» daran haben, dieses Untier am Leben zu halten? Sie kann nur innigst wünschen, daß diese «Bestie» möglichst bald ihr Ende findet; und recht verstanden, dienen ihre Maßnahmen auch gerade diesem Zweck. Und doch fragt man sich: warum dieser Umstand? Würde der «Wolf» nicht mit geöffnetem Bauch ganz von selbst, wenn auch äußerst qualvoll, verenden? Es steht nicht zu fürchten, er könnte unversorgt, wie durch ein Wunder, von seiner Wunde genesen; es ist auch nicht anzunehmen, daß er selber sich ärztlich behandelte oder in seinem Zustand jemanden fände, den er zu solchem Tun mit Drohungen willfährig zu pressen vermöchte wie weiland den Müller. Daß die «Geiß» ihm den «Bauch» «zunäht», verfolgt einzig das Ziel, den «Wolf» an sich selber zugrunde gehen zu lassen; doch dazu müssen die nötigen Vorkehrungen getroffen werden: Die «Geißlein» müssen «Wackersteine» sammeln und damit dem «Wolf» den Wanst füllen. Warum?

Wir verstehen das «Wackersteine»-Sammeln sofort, wenn wir

uns noch einmal klarmachen, wovon das Märchen «in Wirklichkeit» eigentlich spricht. Jede oberflächliche Psychologie möchte meinen, daß nun, wo doch alle wieder «beisammen» sind, tatsächlich nichts weiter zu tun bliebe, als Freude und Friede feierlich zu begehen. Das Märchen weiß es anders und richtiger. Die neu gefundene Eintracht will und muß in Arbeit übersetzt werden, bis daß es «stimmt». Was aber bedeutet psychisch das Auflesen der «Steine», was ihr Verpacken im «Wolfsbauch»?

Daß ein Unhold (oder eben: ein «Untier») mit «Steinen» bestraft wird, kann in der archaischen Rechtspraxis, welche die Bibel verordnet[139] und die im Islam noch bis heute in manchen Fällen beibehalten wird[140], nur so viel bedeuten wie *Steinigen*. Es handelt sich um eine Form des kollektiven Ausstoßes eines Schuldiggewordenen aus der Gruppe[141]; jeder Stein, der geworfen wird, ist ein Sendbote aggressiver Empörung und Verurteilung, dient als das Instrument einer Hinrichtung, wird geworfen, um Schmerz von allen Seiten bis zum Tödlichen zuzufügen. Ein psychotherapeutisches Analogon findet eine solche Praxis in dem «Ausagieren» von Aggressionen[142]: Der Patient, die Patientin kann und muß in vielem, was ihr in Kindertagen schon angetan wurde, sich als ein wehrloses Opfer fühlen, und gerade in der Behandlung depressiver Probleme bedeutet es oft einen wichtigen, wo nicht entscheidenden Durchbruch, wenn es gelingt, die erlittenen Zufügungen und Zumutungen von einst nicht nur zu «verworten», sondern auch mit eigenen energischen Abwehrgefühlen zu verbinden. So übt man mitunter gerade die Widerrede ein, die «damals» verboten war, oder man schlägt auf einem Kissen seinen Schmerz und seine Wut über all die Schläge heraus, mit denen man als Mädchen, als Junge in den ersten Lebensjahren bereits «gezüchtigt» wurde, ganz entsprechend dem Spruch der biblischen Weisheit, der da lautet: «Wer seine Rute schont, der haßt seinen Sohn; wer ihn aber liebhat, der züchtigt ihn beizeiten.» (Spr. 13,24; 22,15; 23,13–14; 29,17) In vielen Fällen können solche «Gegenbesetzungen» alter «Traumata» in der Tat hilfreich sein. Doch gerade bei Depressiven besteht die Gefahr, daß sie sich einen im eigentlichen Sinne aggressiven Akt nur sehr schwer vergeben, wofern sie überhaupt dahin zu «verführen» sind; ihre Schuldgefühle verhindern zumeist von vornherein, daß sie sich auf so problematische Gefühle wie Haß oder Rache tiefer einlassen, und zudem hängt ein gut Teil ihrer Selbstachtung daran, gerade so sich nicht zu verhalten, wie sie es selber, leidvoll genug, als Kinder erleben mußten. Für sie paßt das, was das Märchen nun als letztes erzählt: eine Form von indirektem Jus talionis.

Denn offenbar hat die «alte Geiß» von vornherein ganz richtig geahnt, daß es eine «einfache» Erledigung des «Wolfes» nicht gibt. Ihre «Geißlein» müssen, so schnell es geht, während der «Wolf» noch «schläft», von den herumliegenden Wackersteinen so viele holen wie möglich und sie dem Untier in den geöffneten Bauch legen. Die Eile scheint geboten, schon um einem Rückfall in die alten Verhaltensgewohnheiten tunlichst vorzubeugen: Es darf nicht geschehen, daß (in der «Geiß») der «Wolf» wieder erwacht; doch helfen müssen ihr dabei die «Geißlein». Sie müssen die «Steine» herbeischleppen, mit denen ersatzweise nun für sie selber der Wolfsbauch gefüllt werden soll. Der «Wolf», der seinen Bauch mit den «Geißlein» füllen wollte, dem wird der Bauch gefüllt mit den Wackersteinen – Gleiches für Gleiches; die Strafe, die ihn ereilt, entspricht seiner Tat, einschließlich des Umstandes, daß er nur mittelbar in den Tod getrieben wird, so wie auch er selber die «Geißlein» nicht eigentlich tötete, sondern nur seinen Wanst mit ihnen füllte. Zugrunde gehen in wörtlichem Sinne muß und wird dieses «Untier» ganz an sich selbst, an seiner eigenen Gier und Maßlosigkeit. Doch gehört dazu im Vorlauf das Einsammeln und Einlagern der «Steine». Was also hat es damit auf sich?

Der «Sinn» dieser «Steine» kann kein anderer sein als im Ritual des «Steinigens» auch: Sie sollen den «Delinquenten» «treffen» als gestaltgewordene Aggressionen; doch diese «Aggressionen» bilden ja selbst nur die Antwort auf einen uralten, nie «aufgehobenen» Schmerz. Darum aber geht es jetzt offenbar: All das, was einmal so «schwer», grob und unbehauen in der «Seelenlandschaft» herumlag, wie die Wackersteine auf der Geißenwiese, muß nun «gesichtet», «gesammelt» und «angefaßt» werden, um in dem alles verschlingenden Wolfsbauch zu verschwinden. Alles, was je in den Gefühlen der Einsamkeit und der Niedergeschlagenheit konkret und kompakt geworden ist, muß jetzt dem «Wolf» in gewissem Sinne zurückgegeben werden, bis daß das Maß (seines Bauches) voll ist. Auf diesen «Steinen», diesen «Steinen des Anstoßes», diesen «Stolpersteinen» des Lebens, diesen falschen «Grenzsteinen» und verwirrenden «Meilensteinen», diesen «Mühlsteinen» eines langsam zermahlenen Daseins, müßte deshalb eigentlich jeweils ein eigener Schuldspruch, adressiert an den (Mutter)«Wolf», eingemeißelt stehen: «Dieser Stein ist dafür, daß du nur geheult und gebrüllt und mit den Zähnen gefletscht hast, aber niemals zuhören wolltest.» – «Dieser Stein steht für all die Stunden der Angst und Verlassenheit, weil du immer etwas anderes zu tun hattest, als für mich dazusein.» – «Und dieser Stein ist so schwer, weil er all meine Schwermut und Lebensfurcht in sich trägt; sie waren die Folgen deines Zorns, deiner Entmutigung und deiner nie eingestandenen Verzweiflung.» – «Und dieser Stein ist so hart und scharfkantig deiner schroffen und apodiktischen Urteile wegen, weil du niemals etwas in Ruhe erklärtest, üben und lernen ließest; du wußtest alles, und so hatten deine Kinder es gleichermaßen immer schon wie von selber zu wissen...»

Mehr, immer mehr solcher «Steine» müssen und können die «Geißerchen» sammeln. Ja, man kann sehr gut eine (gruppen)-therapeutische Sitzung sich vorstellen, in welcher genau diese Szene hier nachgespielt wird: das Steinesammeln und das Steineeinlagern in den «bösen Wolf», ein Prozeß, bei dem jeder benennt, was ihm selber in seinem Leben besonders schwerfiel, was ihn am meisten belastete und was ihm am niederdrückendsten und lebensfeindlichsten, was ihm *am totesten* vorkam.

Freilich gibt es auch andere, weniger anbefohlene oder empfohlene Formen, die «Steine» dem «Wolf» zurückzugeben. Im Grund läuft *jede* Erinnerung an die Zonen einer gestohlenen Kindheit und Jugend auf ein solches «Steinesammeln» hinaus. Die Lyrikerin MASCHA KALÉKO zum Beispiel schildert in dem Gedicht *Notizen*[143] ihre Kindheit – eine Welt wie verschleiert von Trauer, Alleinsein, Verboten und Fremdheitsgefühlen, wie verbarrikadiert gegenüber allem, was «draußen» wartet, und doch: wie, wenn gerade dort «draußen» überhaupt erst alles das warten würde, was man in dem Innenraum dieses kindlichen Alptraumes so sehr vermißte? MASCHA KALÉKO schreibt:

Meine Kindheit weht zu mir herüber
Fernes Glockengeläut aus dem Nebel.

Dort ist immer November
Sehnsucht, Halsweh und Angst.

Im Keller hausen Gespenster
Der Kinderverzehrer im Dach.

Die Wände der guten Stube
Mit plüschrotem Nein tapeziert

Fernes Glockengeläut durch den Frost
Dunkel und Flüstern und Fliehen
Und atmen daß keiner dich hört

Und immer fremdere Nachbarn
Und andere Dialekte

Die alte Wobinichdennangst
Das feindliche Bett im Nirgendwo
Fremder Seifengeruch auf dem Kissen

So viele Brücken hinter dir verbrannt
Aus ihrer Asche immer wieder die falsche, die neue
Phönix-Heimat. Ich kann ja schreien. Gott sei Dank.

Fragnichtsoviel
Die Fenster zu. Die Rolläden bleiben herunter.
Wer an der Tür läutet, der Postbote kann's nicht sein.
Kinder werden gesehen nicht gehört
Weinen ist lebensgefährlich.

Meine Kindheit ein fernes Geläute
Heimweh und juckende Socken
Geküßt wurde nur auf dem Bahnhof.

Der See war zum Ertrinken da, im Sommer
Im Winter: zum Beinebrechen.
Der Himbeerstrauch rief Verboten.

Wie waren die Großen so groß
Das Tor nur auf Zehen zu öffnen
Draußen sang schmetternd die Magd
Ein Vogel pfiff in der Laube
Der Himmel frischgewaschen und weit
Eine Blausilbermurmel aus Glas
Draußen war Freiheit war Liebe.

Vielleicht

Was war das für ein Leben, das an allen Stellen, die ins Heitere hätten weisen können, mit Warnungen vor drohenden Gefahren und mit bösen Ahnungen von den Folgen eines einzigen unbedachten Wortes angefüllt waren? Wo alles unheimlich, unbegreifbar und erstickend wirken mußte? Wo selbst das Weinen noch verpreßt blieb und das Schreien in sich selbst verstummte?

«Therapeutisch» entscheidend an einem solchen «Bekenntnis» ist allerdings etwas, das «Lyrik» allein nicht zu schenken vermag: ein anderer Mensch, der versteht, mitfühlt und mitleidet, indem er die Stelle ist oder sich an die Stelle versetzt, an der alles begann: an den Ort der eigenen Mutter! Das wirklich Phantastische an dem Märchen von dem *Wolf und den sieben jungen Geißlein* ist der Umstand, daß die «alte Geiß» selber ihre Kinder zu dem «Steinesammeln» ermutigt und aufruft. Sie selbst hält keinen der «Steine» zurück, sie selber greift nicht ein, sie «näht» nur und faßt nur alles zusammen. Dieses Kunststück, mit Verlaub, das diese «Geiß» da vollbringt, ist erstaunlich. Die eigenen Kinder werfen ihr, unserer Deutung nach, alles das vor, was ihnen angetan wurde; sie aber weigert es nicht, weist es nicht ab, verteidigt sich nicht; sie läßt es geschehen, und es sammelt sich in dem «Bauche» des «Untieres», das sie doch *auch* war, obzwar nie sein wollte!

Wieder müssen wir, um zu verstehen, wovon hier die Rede geht, uns in der «Realität» vorstellen, wie ein Gespräch verlaufen könnte, in dem ein Kind nach Jahren der inneren wie äußeren Entfremdung mit seiner Mutter zu reden beginnt, um womöglich zum ersten Mal all das zu sagen, woran es stillschweigend sein ganzes Leben lang gelitten hat. In seinem Film *Herbstsonate* hat der schwedische Filmregisseur INGMAR BERGMAN einen solchen Dialog der «Abrechnung» gestaltet; auch in diesem Film spielt das Wolfsmotiv, verknüpft mit einem *Rotkäppchen*-Traum, eine zentrale Rolle:[144] – Es ist dort allerdings ein Dialog, der nicht gelingen kann, weil das Gegenüber, die Mutter, die eigene Rolle im Leben ihrer Tochter durchaus nicht begreift noch (in ihrer narzißtischen Selbstgefälligkeit) jemals zu begreifen vermag. Anders in unserem Märchen! Hier möchte die «alte Geiß» ausdrücklich, daß ihre «Geißlein» all die «Steine» für den «Wolf» (in ihr selber!) aufsammeln und in dem «Wolfsbauch» bis zum «Mehr geht nicht» einlagern und verteilen. Sie selber will, daß es mit dem «Wolf» «aus» ist, und zwar ein für allemal. Es ist ihr Ziel und ihr Wunsch beim «Zusammennähen» des «Wolfsbauchs», daß alles, was war, das gesamte tragische Beziehungsgeflecht zwischen ihr und den Kindern, endlich «zugrunde gehen» und sich selber erledigen möge. Dazu bedarf es eines außerordentlichen Maßes an Verständnis, Geduld und Freiheit! Die «Geiß» muß sich förmlich hüten, sich zu erklären oder zu rechtfertigen; – ihre «Geißlein» haben ein Recht, die «Steine» so zu sammeln, wie sie sich finden. Es ist nicht möglich, das Geschehene ungeschehen zu machen oder zu verleugnen; doch es ist möglich, zu der Vergangenheit zu stehen, wie sie war, mit allen Ausbrüchen von Hilflosigkeit und Verzweiflung. Und allein schon die Tatsache, daß die «Geißlein» all ihre «Steine» anschleppen, verrät einen völlig neuen Stil im Umgang miteinander. So «näht» es sich, so kommt es zusammen in einem gemeinsamen Austausch, in einem gemeinsamen Reifen. Es bleibt jetzt nur noch zu warten, bis der «Wolf» sich von selber «erledigt».

Was das «Zusammennähen» mit «Nadel» und «Faden» bedeutet, läuft letztlich darauf hinaus, daß auch die «alte Geiß» mit ihrer Vergangenheit abschließt. Durchaus möglich wäre es, daß, im Bilde des Märchens gesprochen, der «Wolfsbauch» «aufgeschnitten» bliebe; immer wieder würde die «Geiß» dann auf ihre alten «Wunden» und «Verletzungen» verweisen, und nach wie vor bekämen die «Geißlein» zu spüren, unter welchen Schmerzen ihrer Mutter sie «zur Welt gekommen» sind und «ins Leben entlassen» wurden. Niemals unter solchen Hinweisen auf die noch «offenen» und «unverheilten» Wunden ihrer Mutter könnten Kinder wie diese «Geißlein» unbeschwert und frei sich eines eigenen, selbständigen Daseins getrauen. So aber verstehen wir, warum die «Geiß» von vornherein neben der «Schere» auch gleich die «Nadel» und den «Faden» holen ließ: Erst wenn sie selber sich den «Wolfsbauch» zugenäht hat, wenn ihre Wunden verheilt sind, kann der «Wolf» wirklich «zugrunde gehen»; erst dann hört sie selbst auf, ihre Kinder mit Vorwürfen und Schuldgefühlen, absichtlich wie unabsichtlich vermittelten, «aufzufressen».

«Der Wolf ist tot! Der Wolf ist tot!»

Der Augenblick kehrt gewiß wieder, da der «Wolf» aus seinem seltsamen Tiefschlaf «erwacht». Die «Geißerchen» mögen an «Steinen» zusammentragen, so viel sie wollen, ausschlaggebend jetzt ist allein die Haltung der «alten Geiß». Sie muß in sich selber den «Wolf» zu Grabe tragen. Doch die Art, in der das im Märchen geschieht, ist nicht nur psychologisch stringent, sie ist vor allem menschlich überzeugend.

Was kann eine Frau tun, die um ihre Gefährdungen weiß wie ein Süchtiger um die Gefährlichkeit seines Suchtmittels, die aber zugleich auch weiß, daß sich ihre «Fehlhaltungen» bald schon wieder, wie mit periodischer Regelmäßigkeit, zu Wort melden werden? Das Märchen vom *Wolf und den sieben jungen Geißlein* hält folgende Lösung für möglich: So wie die «Geißlein» durch die Maßlosigkeit des «Wolfes» am Leben geblieben sind, so könnte der «Wolf» selber an seiner eigenen Gier zugrunde gehen; sein «Durst» zöge ihn in den «Brunnen» hinab.

«Immer, wenn ich das Märchen von den ‹Geißlein› hörte, war ich froh, daß dem Wolf für jedes Geißlein ein Stein in den Bauch gelegt worden war, – so konnte er mich nicht mehr fressen», erinnerte sich eine Frau an ihre Kindertage; stets, wenn dieses Märchen ihr vorgelesen wurde, hatte sie in ihrer Mutter offenbar etwas von dem «Wolf» wiedererkannt und ihre eigene Situation in der Geschichte beschrieben gefunden. Auch hatte es sie als Kind schon beeindruckt, wie akkurat und sorgfältig die «alte Geiß» den Wolfsbauch mit den Wackersteinen wieder zugenäht hatte. «So gab es kein Chaos», setzte sie befriedigt hinzu. «Vollständigkeit» in der Aufarbeitung der Vergangenheit und ein gewissermaßen «methodisches» Vorgehen – diese beiden Faktoren scheinen in der Tat unerläßlich, um dem «Wolf» den Garaus zu bereiten; allerdings muß man diese Faktoren auf seiten der Geiß übersetzen mit «Geduld beim Zuhören», «Bemühen um Offenheit und Ehrlichkeit» und: «Verständnis für das, was die ‹Geißlein› erlebt haben, ohne moralische Bewertung und ohne eigene Schuldvorwürfe». Alles war, wie es war; es läßt sich im nachhinein nicht mehr ändern; doch um so mehr stellt sich die Frage, wie es jetzt weitergehen kann.

Kaum erwacht der «Wolf» aus seinem Koma, da verspürt er durch die «Steine» auch schon großen «Durst»; etwas «Unverdauliches» liegt ihm «schwer im Magen». In gewissem Sinne entspricht dieses Gefühl dem Zustand, in dem wir all die Zeit über die «alte Geiß» (in symbolischer Einheit mit dem «Wolf») befindlich sahen: Immer trug sie an etwas Unerträglichem, immerfort grimmte und grummelte es in ihrem Magen; jetzt aber trennt sich der «Wolf» von der «Geiß», und es sind gleich zwei Gründe, die hier zusammenwirken: Da ist einmal das deutliche Gefühl des «Verdurstens» (oder «Verhungerns»): Verhielt es sich nicht immer schon so, daß die «Geiß» nicht wirklich leben konnte, solange sie sich die «Geißerchen» einverleibte? Die «gefressenen» Kinder bedeuteten ihr kein Lebensmittel, sondern eine Last; sie verstärkten nur ihren «Durst», statt ihn zu löschen. Mit anderen Worten: Ein derartig ersatzweises Leben kommt niemals auf seine Kosten. Und ein anderes ist genau so deutlich: Das ist die Überschwere der ganzen bisherigen Lebensanlage. Alles im Leben der «alten Geiß» erschien bislang überfrachtet mit nicht endenden Schuldgefühlen, Selbstvorwürfen, Ängsten und Sorgen; ständig lauerte irgendwo die Katastrophe, jederzeit konnte irgend etwas das kleine, so mühsam aufgebaute Glück zerstören. Doch mit einem solchen Gefühl ständiger Panik läßt sich nicht weiterleben. Der «Durst» und die «Schwere», sie beide bewirken den «Untergang» des «Wolfs».

Wohlgemerkt wird die entscheidende Wende nicht eingeleitet mit moralischen Mahnungen; alles, was sich «moralisch» an Ratschlägen geben ließe, würde die Not dieser «Geiß» und ihrer Kinder nur vermehren: An «gutem Willen», wir sagten es schon, hat es, weiß Gott, nicht gefehlt, an «Opferbereitschaft» und Selbstverzicht desgleichen nicht, auch nicht an Verantwortungsgefühl und Engagement. Das «Wolfs»problem ergibt sich ja gerade aus der Überforderung (objektiv) und Überanstrengung (subjektiv) im Leben einer Frau, die unter beengten Verhältnissen nichts weiter sein möchte als eine «gute Mutter» – wenigstens das! Alle moralischen Vorhaltungen und Vorschläge könnten daher im Grunde nur das Kernproblem: das Fehlen eines hinreichend eigenen Lebens, verschärfen. Ganz anders hingegen, wenn das «Steinesammeln» der «Geißerchen» mittlerweile seine Wirkung getan hat: Es geht für die Kinder so nicht mehr weiter, wie es bisher war; es geht aber auch im Leben der «Geiß» nicht mehr so weiter. Die Kinder haben mit den Inhalten ihrer «Steine» nur allzu recht! Ihre Schilderungen müssen verhindern, daß sie wieder «gefressen» werden. Doch die «Steine», die sie an ihrer Statt hinterlassen, ziehen durch ihr Eigengewicht den «Wolf» in einer Weise herunter, die das Untier über kurz oder lang erledigen muß. Fast klingt es lustig, wenn wir den «Wolf» sich in Knittelversen verwundern hören über das «Gerumpel» und «Gepumpel» in seinem Bauch, dämmert ihm doch, daß er mitnichten mehr «Geißlein», sondern nichts als «Wackersteine» mit sich herumschleppt. Doch was wir an dieser Stelle in Wirklichkeit miterleben, ist das Ende einer Tragödie. Es geht nicht länger an, daß die «Geiß» ihre Kinder mit sich herumschleppt, als wenn sie ein Teil ihrer selbst wären und bleiben müßten; was einmal dem Leben diente oder zumindest doch dienen sollte, ist inzwischen erkennbar versteinert und tot; es hat sich ganz deutlich überlebt; es ist nichts weiter als Ballast, der hinunterzieht; und so bleibt ihr gar nichts anderes übrig, als das gefräßige Ungeheuer «Wolf» an sich selber zugrunde gehen zu lassen. Und das geschieht: Wie der «Wolf» sich über den Brunnenrand beugt, um seinen Durst zu stillen, zerren die schweren Steine ihn hinab, so daß er «jämmerlich ersaufen» muß.

Da erledigt sich also ein Problem «von selbst», weil es buchstäblich zu «schwer» wird, es in seiner veränderten Form noch aufrechtzuerhalten. Rekapitulieren wir: Die «Veränderung» begann mit dem Einbruch des «Wolfs»: Indem er die sechs «Geißlein» in seiner Gier verschlang, zeigte sich die Tödlichkeit der ständigen Ambivalenz von «Muttergeiß» und «Wolf»; ein neues «Suchen» hub an; dann aber wurden die «Geißlein» durch kunstvolle «Einschnitte» in den «Wolfsbauch» befreit; sie sammelten all die «parat liegenden» «Steine» und füllten damit den «Wolfsbauch» – all das unlebendig gebliebene, «versteinerte» Leben legten sie an den Ort ihrer eigenen Gefangenschaft zurück, und die Mutter hatte den «Wolfsbauch» «ordentlich» wieder zugenäht. Das Resultat der Prozedur kann nur das Scheitern des «Wolfs» an sich selbst sein, und eben dieses Finale wurde von der «alten Geiß» offenbar bewußt geplant und vorbereitet; es muß sich jetzt «nur noch» in der Wirklichkeit aufführen. Wie lang der Weg des «Wolfs» zum Brunnen ausfällt und wie oft dieser Weg gegangen sein will, um an sein Ende zu kommen, steht in jedem Einzelfall freilich dahin. Nur so viel ist klar: Je durstiger die «Steine» im Inneren machen und je schwerer sie wiegen, desto näher wird der Zeitpunkt des «Es geht nicht mehr weiter» heranrücken. Ein Leben, das sich von den eigenen Kindern erhält, stopft sich wohl voll, es ist ständig «erfüllt» von niederdrückenden Sorgen und einsamen Traurigkeiten aller Art, doch wird es definitiv den «Durst» nach wirklichem Leben nicht stillen. Im Gegenteil, ein solches Leben erweist sich in dem Sprachbild des Märchens notwendig als *Reinfall.* Doch diesen «Reinfall», so schmerzlich er ist, kann man im Grunde einem Menschen, den man sehr liebhat, nur von ganzem Herzen wünschen, denn er bedeutet den Anfang vom Ende vieler schier unerträglicher Schmerzen. Er ist identisch damit, daß die «alte Geiß» endlich selber zu leben beginnt; er bedeutet zugleich das Selbständigwerden der «Geißlein»; und er ermöglicht zum ersten Mal eine wirklich frohe und freudige Art von Gemeinsamkeit zwischen Mutter und Kind(ern).

Kein Kontrast könnte krasser ausfallen als zwischen dem Versinken des «Wolfes» im «Brunnen» und dem Tanz des Glücks, den die «Geißlein» nun «mit ihrer Mutter vor Freude um den Brunnen herum» aufführen.

Wie eine Frau sich fühlen wird, die als Mutter ihre Kinder und in ihnen sich selbst als «verloren» erlebt, hat OTTO PANKOK im Jahre 1914 im Format 60 mal 84 cm unter dem Titel *Weinende Frau* mit Kohle auf Papier gezeichnet (Abb. 4): Man sieht eine Frau, die, an einem Tisch sitzend, in sich zusammengesunken ist und die ihr Gesicht in die Beuge des linken Arms gelegt hat, während ihre rechte Hand, wie ins Leere greifend, auf der dunklen Fläche des Tisches sich ausstreckt. Die feingliedrigen Finger ebenso wie das sorgfältig zu einem Krönchen geflochtene Haar, das zusätzlich von einem perlenschimmernden Kämmchen hinten zusammengehalten wird, verraten, daß der Kummer dieser Frau wohl kaum im Materiellen gelegen sein wird. Das schwarze Spitzenkleid, dessen Saum aus dem Ärmel der linken Hand hervorschaut, weist vielmehr auf einen Trauerfall hin; offenbar ist an der Seite dieser Frau ein Mensch dahingegangen, der ihr ein und alles war. In der Tat, – nur die Zeichentechnik des Expressionismus scheint zur Darstellung eines solchen Schmerzes geeignet. Da schwindet unaufhaltsam ein ganzes Leben dahin, es fließt einfach aus in einem Meer von Tränen, geweint in die eigene Hand, weil es niemanden gibt, der hier noch zu trösten vermöchte. Ersichtlich würde es Rettung bedeuten, berührte jemand die Finger der Hand dieser Frau, streichelte sie, ergriffe sie und verbände sie mit seinem eigenen Leben, doch müßte er, täte er so, in seiner Person dieser Frau alles ersetzen, was sie soeben verloren hat. Es bleibt ungewiß, wer oder was das war, nur so viel ist deutlich: Die Wiederkehr des Verlorenen, die Rückgewinnung des schon Totgeglaubten, würde unfehlbar ein ebenso großes Maß an Freude und Glück wiederbringen, wie sich jetzt an Gram in das Herz dieser Frau gelegt hat. Im Leben dieser Frau scheint das unmöglich. Doch von gerade einer solchen Beseligung des Wiederfindens erzählt unser Märchen. Da waren die Kinder der «Geiß» wie gestorben; sie brauchte sie nur weiter im «Wolfsbauch» gefangenzuhalten, um sie niemals mehr wiederzusehen; doch dann gelang es ihr, an dem einen Siebtel des jüngsten Geißleins wie an einem seidenen Fädchen noch einmal alles «zurückzuholen».

Vor einer Weile erzählte eine Frau, wie um diese Szene mit ihrem eigenen Leben zu kommentieren, von dem Schmerz und der Freude, die sie im Gespräch mit ihrer heranwachsenden Tochter erfahren hatte. Viele Jahre lang war sie bemüht gewesen, dem Mädchen eine Kindheit zu schenken, wie sie ihr selber aus zahlreichen bitteren Gründen verwehrt geblieben war, und zu diesem Zweck hatte sie alles ihr Mögliche unternommen. Sie hatte vom Haushaltsgeld und vor allem an Ausgaben für sich selber abgezweigt, so viel sie nur konnte, damit ihre Tochter es «besser» hätte. Sportlich wie musisch suchte sie das Kind in jeder Weise zu fördern, seine schulische Ausbildung begleitete sie mit großer Anteilnahme, und überhaupt widmete sie all ihre Kräfte der Erziehung des Kindes. Alle fanden, daß dieses anmutige Mädchen, das auch äußerlich seiner Mutter glich wie aus dem Gesicht geschnitten, es nicht glücklicher hätte treffen können, und doch trog, wie so oft, der bloße Augenschein. Hinter den Kulissen nämlich spielte sich über viele Jahre hin ein Familiendrama ab, wie es sich verzweifelter kaum hätte gestalten können. Denn gerade weil diese Frau ihre eigene unglückliche Kindheit mit aller Sorgfalt zu dem Glück ihrer Tochter umarbeiten wollte, versuchte sie eine Fülle nie gelebter Träume in ihr zu verwirklichen. Da gab es so viele wundervolle Gefühle und Stimmungen, nach denen sie selber sich sehnte, doch denen ihr Mann mit nur geringem oder gar keinem Verständnis begegnete. Er gab sich eher als rational, klarsichtig, als ein Mann mit Überblick und Realitätssinn, wohingegen sie ihm als ein romantisierendes Kind mit utopischen Idealen erschien. Die Verständigung zwischen beiden fiel unter diesen Umständen immer schwerer, und so war es nur allzu begreifbar, daß diese Frau sich nur noch inniger ihrer Tochter zuwandte: Dieses Mädchen sollte nicht in die harte, geschäftsorientierte Welt seines Vaters hineinwachsen; und wenn es nur glücklich war, so bedeutete das seiner Mutter die wichtigste Grundlage ihrer Selbstachtung, die beinahe einzige Form von Anerkennung, die sie im Umgang mit sich selber noch gelten ließ. Der Mann, der natürlich spürte, wie seine Frau sich mehr und mehr ihm entzog, fühlte sich auf seine Weise zurückgesetzt und gekränkt, und so fing er seinerseits an, seine Frau in ihrer ganzen Wesensart zu bekämpfen und sie, wo irgend es ging, nach Kräften zu demütigen. Hinter der Hand hielt er längst nach anderen Frauen Ausschau, fand er sein Vergnügen an «Heftlis» und anderen Erzeugnissen des Erotikmarktes, und seine Frau verachtete ihn dafür nur um so herzhafter; doch eines Tages war es soweit: Er präsentierte seiner Gemahlin eine andere Frau. Verzweifelte Szenen, Tränen und Wutausbrüche folgten, bei denen der Mann sich indessen seinen berühmten «kühlen Kopf» zu bewahren suchte. Fast wie in PATRICK HAMILTONS Stück «*Gaslicht*» (Gaslight)[145] schien er es geradewegs darauf anzulegen, seine Frau nicht nur für «verrückt» zu erklären, sondern sie ernstlich in den Wahnsinn zu treiben, um sie hernach vor aller Leute Augen als eine erwiesene Psychotikerin im Sanatorium unterbringen zu können. Es war wie ein Sprung durch das Fenster eines Hochhauses, als diese Frau an einem Nachmittag beschloß, alles stehen- und liegenzulassen und das Feld kampflos zu räumen. Sie dachte, als sie diese Entscheidung fällte, freilich nicht einmal so sehr an sich selber, als vielmehr an ihre Tochter: Das Mädchen sollte nicht in den Ehestreit mit hineingezogen werden, es sollte selber wählen, wie und wo es künftig leben wollte.

Nach all dem nun bedeutete es für diese Frau den größten Schmerz ihres Lebens, als sie erfahren mußte, daß ihre Tochter sich dafür entschied, bei ihrem Vater zu bleiben. Aus der Sicht des Mädchens schien eine solche Wahl wohl verständlich. Da war das Haus, die gewohnte Umgebung, die gesicherte finanzielle Versorgung, doch vor allem das Empfinden, ihre Mutter sei doch offensichtlich zu schwach, um ihr wirklich beistehen zu können, – ein Eindruck, der von ihrem Vater natürlich fleißig gepflegt wurde; weit schlimmer noch wirkte auf die Mutter allerdings das Gefühl des Mädchens, von seiner Mutter mit ihrer Fürsorge «vereinnahmt» und «verschlungen» zu werden. Gerade ihre Liebe erlebte das Mädchen selber wie etwas Klammerndes, dem sie mit allem Ungestüm der Jugend zu entkommen suchte. Die Mutter ihrerseits begriff durchaus die Situation, in der ihre Tochter sich befand; sie war von ihr fortgegangen, um gerade *nicht* wie der Wolf im Märchen «verschlingend» zu wirken. Wie in der biblischen Geschichte von den zwei Frauen, die vor König Salomon darum stritten, wem von beiden das Kind gehören sollte (1 Kg 3,16–28), verzichtete sie lieber auf den «Besitz» ihres Mädchens, als es im Kampf mit ihrem Manne «zweiteilen» zu lassen[146]. Die Tochter freilich lohnte so viel mütterliche Rücksichtnahme anfangs denkbar schlecht. Sie fühlte sich von ihrer Mutter im Stich gelassen; sie erblickte in ihr, entsprechend der Meinung ihres Vaters, vorübergehend denn doch so etwas wie eine Versagerin, und sie wehrte sich im übrigen mit Händen und Füßen gegen die Trauerattacken, die sie bei so manchem Telefonat von ihr noch zu hören bekam. Statt dessen behauptete sie, den Vater zu lieben, auch mit dessen neuer Freundin «sehr zufrieden und glücklich» zu sein, und bat sich im übrigen aus, künftig «in Ruhe gelassen» zu werden. Solche «Ruhe» zu halten, kam allerdings diese Frau am härtesten an. Sie, die ihr ganzes

Leben für ihre Tochter verbracht hatte, stand nun vollkommen allein da. Sie verstand wohl, warum das so war, doch empfand sie es als unsäglich schmerzhaft und in gewissem Sinne auch als ungerecht. In den Bildern des Märchens gesprochen, blieb ihr die Tochter «verloren», weil sie immer noch sechs Siebtel von ihr als ein Stück ihres eigenen Lebens «in sich trug».

Die so «verlorene» Beziehung zwischen Mutter und Tochter änderte sich allerdings recht bald schon, als diese Frau mit dem wachsenden Abstand von zu Hause nach und nach sich ein eigenes Leben aufzubauen begann, in dessen Mittelpunkt nun nicht mehr nur ihre Tochter stand. Neue Kontakte halfen ihr überraschend schnell, sich als eine eigenständige Frau wahrzunehmen und uralte Wünsche in die Wirklichkeit hinüberzuretten; endlich fühlte sie sich selber in ihrer Eigenart geschätzt und geliebt; mehr und mehr erwachten nun auch ihre an sich sehr reichen kreativen Möglichkeiten zum Leben. In den Augen ihrer Tochter erschien sie wie «ausgewechselt» – viel selbstbewußter, jünger, schöner und stärker, als ein Rückhalt zum Ausruhen, nicht mehr nur als das Objekt kindlicher Dankespflichten. In Wirklichkeit kam in dem Leben dieser Frau endlich ihr wahres Wesen zum Vorschein, wie wenn nach langen Wintermonden die Sonne die Wolken durchbricht. Und diese Wandlung erlaubte es auch ihrer Tochter, neues Vertrauen in ihre Mutter zu fassen. Jetzt gestand sie ihr die herbe Enttäuschung über ihren Vater, jetzt äußerte sie ihre Ungehaltenheit über die Frau, die er ihr als Stiefmutter in Aussicht stellte, jetzt beklagte sie sich offen über die Unmöglichkeit, mit ihm in ein vernünftiges Gespräch zu kommen; kurz, zum ersten Mal redeten die beiden so miteinander, daß es frei war von moralischem Zwang und rücksichtsvoll unterdrückten Ressentiments. Allerdings, je mehr von den verlorenen «sechs Siebteln» der Tochter wieder zum Vorschein kamen, begann auch sie unvermeidbar «Wackersteine» zu sammeln, um den «Wolfsbauch» der Mutter zu füllen. Recht ungeschminkt bedachte sie ihre Mutter mit der Erklärung, gar keine so schöne Kindheit bei ihr verbracht zu haben, wie diese behauptete, ja, sie sparte nicht an zum Teil recht heftigen Vorwürfen, was alles hier und da aus ihrer Sicht «falsch» gewesen sei, und obwohl diese Frau das «Steinesammeln» ihrer Tochter durchaus als nötig begriff, fühlte sie sich bei all diesen Vorhaltungen doch gerade so traurig und verlassen, wie jene Frau auf OTTO PANKOKS Zeichnung; sie mochte nur weinen vor Kummer und Schmerz. Zu trösten vermochte sie allerdings das Empfinden, daß gerade diese Gespräche, die nun zunehmend möglich wurden, unstreitig den Beginn einer echten, in sich unbelasteten, stimmigen Beziehung zwischen ihnen bedeuteten. Mit all den «Wackersteinen» in ihrem Magen ging vor lauter «Durst» nach wirklichem Leben der «Wolf» in ihr endlich zugrunde. Das ganze bisherige Lebenskonzept erschien ihr als «Reinfall», doch, jetzt, wo es endete, versprach es ihr den Anfang einer neuen, so nie gekannten, glücklichen Zukunft. «Vielleicht wird ja doch alles gut», sprach sie leise, fast wie ein Gebet, und wie möchte man nicht, daß es, wie im Märchen, erhört werde!

Gewiß muß man den Kreistanz, den die «Geiß» und die «Geißlein» nun rund um den «Brunnen» aufführen, sich nicht gerade als ein für immer verbürgtes, auf ewig hin störungsfreies, harmonisches Singen und Springen vorstellen. Selbst ein Glück, das so schwer erarbeitet ward wie in diesem Beispiel und in unserem Märchen, vermag keine Garantie auf «Unzerbrechlichkeit» für alle Zeiten zu bieten. Irritationen und Schwankungen sind jederzeit möglich. Und doch hält gerade der Kreistanz der Freude ein wunderbares Bild bereit, um das Szenario des Unglücks früherer Tage zu widerlegen. «Alle Lust will Ewigkeit –», «– will tiefe, tiefe Ewigkeit!» so formulierte FRIEDRICH NIETZSCHE *Das trunkene Lied* in seinem «*Zarathustra*»[147]. Die Wiederholung von allem, das «Immer wieder noch einmal», der glückselige Wille zur immerwährenden Wiederkehr erschien ihm als der einzig wahre Ausdruck eines geglückten Lebens angesichts des gähnenden Abgrunds von Tod und Vergänglichkeit. Zumindest psychologisch wird man dem Philosophen der «ewigen Wiederkehr» in diesem Punkte zustimmen müssen: Der Wunsch, alles möge «noch einmal» sich aufführen, ist das genaue Widerspiel des Fluchs, der sich bislang in dem «Wiederholungszwang» uralten kindlichen Leidens mitteilte.

Noch eben sahen wir, wie *verzweifelt* alles im Kreis sich zu drehen vermag, so als sei ein Menschenleben, gleich einem gequälten Hamsterchen in der Trommel, dazu verurteilt, sich schicksalhaft im Kreise zu drehen und über sich hin, wie in endloser Selbstbestrafung, die Geißel des Unglücks zu schwingen, jetzt aber wohnen wir einem Kreistanz jubelnden Glücks bei, und wir begreifen, daß es noch einen ganz anderen «Stillstand der Zeit» geben kann, als ihn das «siebente Geißlein» im «Uhrkasten» zu erleiden hatte. Auch die ekstatische Freude kann erlebt werden wie ein Ruhigwerden im Flusse der Zeit, als hielte die Welt vor lauter Seligkeit ihren Atem an und ein Hauch des Himmels wehte herein. Alles in solch einem Augenblick dehnt sich ins Ungemessene und zählt nicht länger die Zeit noch die Stunde. Es verlangt nach sich selbst, es ruht in sich selbst, es will gar nichts über sich noch hinaus, es möchte nur dauern und weilen, und wenn es vergeht, begehrt es einzig, so bald wie möglich an sich selbst anzuknüpfen. Im Kreistanz der Freude hebt sich der Kreislauf des Unglücks endgültig auf, in der Zeitlosigkeit glückdurchströmter Erfüllung verliert sich der Zeitstillstand angstvoller Abkehr vom Leben. In dem wiederkehrenden Jubel: «Der Wolf ist tot! Der Wolf ist tot!», feiert das Vertrauen in die neu entdeckte Güte und Größe des Daseins sein dankbares Loblied.

Es war, noch einmal, die Berliner Lyrikerin MASCHA KALÉKO, die vor dem Hintergrund des Leids ihrer Kindheit im «Wolfsbauch» auch von dem Glück singen konnte, das Leben noch einmal ganz neu zu lernen und sensibel zu werden für das unverdiente Geschenk, dasein zu dürfen. Unter dem Titel: *Sozusagen grundlos vergnügt*[148] schrieb sie:

Ich freu mich, daß am Himmel Wolken ziehen
Und daß es regnet, hagelt, friert und schneit.
Ich freu mich auch zur grünen Jahreszeit,
Wenn Heckenrosen und Holunder blühen.
– Daß Amseln flöten und daß Immen summen,
Daß Mücken stechen und daß Brummer brummen.
Daß rote Luftballons ins Blaue steigen.
Daß Spatzen schwatzen. Und daß Fische schweigen.

Ich freu mich, daß der Mond am Himmel steht
Und daß die Sonne täglich neu aufgeht.
Daß Herbst dem Sommer folgt und Lenz dem Winter,
Gefällt mir wohl. Da steckt ein Sinn dahinter,
Wenn auch die Neunmalklugen ihn nicht sehn.
Man kann nicht alles mit dem Kopf verstehn!
Ich freue mich. Das ist des Lebens Sinn.
Ich freue mich vor allem, daß ich bin.

In mir ist alles aufgeräumt und heiter:
Die Diele blitzt. Das Feuer ist geschürt.
An solchem Tag erklettert man die Leiter,
Die von der Erde in den Himmel führt.
Da kann der Mensch, wie es ihm vorgeschrieben,
– Weil er sich selber liebt – den Nächsten lieben.
Ich freue mich, daß ich mich an das Schöne
Und an das Wunder niemals ganz gewöhne.
Daß alles so erstaunlich bleibt, und neu!
Ich freu mich, daß ich … Daß ich mich freu.

Besser läßt sich die Versöhnung des Glücks beim Kreistanz am Brunnen in Worten nicht schildern.

Aber der «Wolf», mag man sagen, wütet doch weiter! Was hilft's, wenn eine einzelne Mutter, eine einzelne Frau, eine «alte Geiß» halt, ihren Frieden mit sich und der Welt macht, wenn doch die Welt weiter in Unfrieden bleibt? Wieder und immer wüster wütet der *Fenrir*, rast mit geöffnetem Rachen, verschlingt in seinem gierigen Schlund zwischen Himmel und Erde Hoffnung und Halt, und ist kein Rasten dem Racheschnaubenden! Wie je soll der «Brunnen» der Welt sich füllen mit der Überschwere des «Wolfs» und wie je soll ein Jubellied möglich sein, das da lautet: «Der Wolf ist tot!», solange noch immer das *homo homini lupus* – das *jeder Mensch ist dem andern ein Wolf*, sich ungehemmt, ja, sich immer mehr steigernd noch fortsetzt? Wie schrieb doch der Wiener Dichter und Arzt ARTHUR SCHNITZLER über die Furie Krieg? «So lang nur ein Mensch da ist, dem der Krieg Vorteil bringen kann, und dieser Eine hat Macht und Einfluß genug, diesen Krieg zu entfesseln, ist jeder Kampf gegen den Krieg vergeblich. So lange der Krieg als eine Möglichkeit überhaupt in Betracht kommt, das heißt also, so lange es Berufszweige gibt, die auf die Möglichkeit eines Krieges gestellt sind, ferner so lange es auch nur einen Menschen gibt, der durch den Krieg seinen Reichtum vergrößern oder solchen erwerben kann und der zu gleicher Zeit die Macht hat oder den Einfluß, einen Krieg herbeizuführen, genau so lange wird es Kriege geben. Und hier ist die Frage des Weltfriedens anzupacken, nirgends anders. Weder in religiösen, noch in ethischen Motiven. Diese spielen absolut keine Rolle. Weder die Vernunft, noch das Mitleid, noch die Ehre dürfen wir mit der geringsten Aussicht auf Erfolg anrufen. Es handelt sich ausschließlich darum, die Ordnung der Welt so umzugestalten, daß kein Mensch, auch nicht ein einziger, weder im Freundes- noch im Feindesland, die geringste Aussicht hat, seine persönlichen Verhältnisse durch Krieg zu verbessern. Unmöglich? So lange das unmöglich ist, hat die Friedensbewegung nicht die entfernteste Aussicht auf Erfolg. Mit Tiefsinn und mit Sentimentalitäten werdet Ihr weder die Herzen der Diplomaten, noch die der Attachés, noch die der Generäle noch die der Heereslieferanten rühren.»[149]

Wie aber dann? Sagen wir es umgekehrt.

Wenn die Wolfsbestie Krieg gezeugt wird von der Potenz der Ökonomie als ihres Vaters und von der Psychologie eines entfremdeten, in sich selbst tödlichen Lebens als seiner Mutter, dürfen wir zumindest entlang der psychischen «Front» eine gewisse Entwarnung geben, wofern es, wie in unserem Märchen, auch nur *einem* Menschen gelingt, in sich selber den «Wolf» zu Grabe zu tragen oder ihn sich selber zum Brunnen schleppen zu lassen. Die «alte Geiß» in unserer Erzählung jedenfalls hat das ebenso Ungewöhnliche wie scheinbar Unglaubliche vollbracht: Sie hat den «Wolf» in sich durch ein Mehr an eigenem Leben, durch ein Mehr an persönlichem Glück überwunden! Eine solche Frau hat keinerlei Grund mehr, sich mit ihrem eigenen ungelebten Leben an anderen schadlos zu halten; eine solche Frau ist ein Ort, da der Frieden sich einwurzeln kann. Und von dort kann er weiterwachsen.

Vielleicht ist es wirklich die Tatsache, daß Frauen Kinder zur Welt bringen, die sie tiefer über die Grundvoraussetzungen menschlichen Daseins nachdenken läßt und die sie im Zweifelsfalle dahin bestimmt, zum Glück ihrer Kinder sogar die pflichtgemäßen Prinzipien zum eigenen Unglück noch einmal in Frage zu stellen. Wir Heutigen leben in einer Zeit, in der es ein Anspruch von «Gleichberechtigung» zu sein scheint, auch Frauen Zugang zum Militär zu gewähren; ja, es scheint fernsehfähig zu werden, 18jährigen Mädchen als Vorbilder weibliche «Marines» der US-Army vorzustellen, die es «geschafft» haben, in einem Drill von ganzen drei Monaten jedes Gefühl für ihre eigene Persönlichkeit zu versteinern und statt dessen zu Marionetten innerhalb des maschinellen Mordens moderner «Waffensysteme» zu mutieren[150]. Es war der «*Mahatma*», die «große Seele», GANDHI, der am 14.11.1936 bereits in der Zeitschrift *Harijan* (der «Liebling Gottes», sc. der Paria, der sozial als kastenlos Ausgegrenzte) schrieb: «Wenn die menschliche Gesellschaft nicht durch irrsinnige Kriege von Nationen gegen Nationen und durch noch irrsinnigere Kriege gegen ihre moralischen Fundamente vernichtet werden soll, dann werden die Frauen ihre Rolle spielen müssen; zwar nicht nach der Art der Männer, wie es etliche anzupacken suchen, sondern nach Art der Frauen. Sie können die Menschen nicht bessern, wenn sie den Männern darin nacheifern, tüchtig bei der sinnlosen Vernichtung von Leben zu sein. Mögen sie ihr Privileg wahrnehmen, den abgeirrten Mann aus seiner Verirrung herauszuholen, bevor er seinerseits die Frau in seinen Untergang hineinreißt.»[151] So viel jedenfalls ist klar: Nur ein Mensch, der, wie die «alte Geiß» in unserem Märchen, den «Wolf» in sich selber erledigt hat, wird dazu beitragen können, die «Wolfszeit» zu endigen.

Es war der «Kinderbuchautor» und politische Kabarettist ERICH KÄSTNER, der in den 50er Jahren des 20. Jh.'s bereits (oder immer noch!) sich vorstellen konnte, es möchte, wie in ARISTOPHANES' Komödie *Lysistrate* (die «Kriegsverhindernde»)[152], den Frauen gelingen, den Wahn der Männer von Kriegsruhm und Heldentum zu besiegen. «Wer, wenn er erwachsen wird, aufhört, das Kind zu bleiben, das er einmal war», schrieb KÄSTNER, «hört auf, ein Mensch zu sein!» Angesichts des KÄSTNER-«Remakes» in unseren Tagen, da man die pazifistische und antikapitalistische Attitüde des Dichters ästhetisch genießt, gerade weil und solange man ihn politisch als bloßen «Utopisten» denunziert, der nur noch nicht recht verstehen konnte, daß Kriege heute nichts anderes mehr sind als «internationale Polizeiaktionen», als «friedenerzwingende Maßnahmen zur Wahrung der Menschenrechte», als «Kriseninterventionen zur Durchsetzung von Recht und Ordnung», darf sein Gedicht mit der Überschrift *Fantasie von übermorgen* für paradigmatisch gelten[153], äußerte KÄSTNER darin doch seine Zuversicht, es möchte «irgendwann», das heißt: bald schon, den Frauen gelingen, dem Wüten des «Wolfs» in der Welt wirksam entgegenzutreten. Gewiß bedeutete es die Erfüllung der besten aller Hoffnungen, die mit dem (wie Theologen zu sagen pflegen: *eschatologischen*) Ausruf: «Der Wolf ist tot!» sich verbinden ließe[154], behielte KÄSTNER recht, als er schrieb:

Und als der nächste Krieg begann,
da sagten die Frauen: Nein!
Und schlossen Bruder, Sohn und Mann
fest in der Wohnung ein.

Dann zogen sie, in jedem Land,
wohl vor des Hauptmanns Haus
und hielten Stöcke in der Hand
und holten die Kerls heraus.

Sie legten jeden übers Knie,
der diesen Krieg befahl:
die Herren der Bank und Industrie,
den Minister und General.

Da brach so mancher Stock entzwei.
Und manches Großmaul schwieg.
In allen Ländern gab's Geschrei,
und nirgends gab es Krieg.

Die Frauen gingen dann wieder nach Haus,
zum Bruder und Sohn und Mann,
und sagten ihnen, der Krieg sei aus!
Die Männer starrten zum Fenster hinaus
Und sahn die Frauen nicht an…

Natürlich kann man nicht jede Frau, die als Mutter zum Wohl ihrer Kinder den «Wolf» in sich zu besiegen versucht, auch schon als eine moderne Lysistrata sehen, und doch trägt sie zweifelsohne, so viel nur an ihr liegt, zur Befriedigung und Befriedung des Lebens im ganzen bei. Sie schenkt Glück, wo vordem Unglück war; sie schafft Bewußtheit und Freiheit, wo früher Dumpfheit und Angst regierten; sie schlichtet den Zwiespalt, der sie selbst zwischen «Geiß»sein und «Wolf»sein fast zu zerreißen drohte. Welch wunderbare Menschen, darf man dankbar sagen, denen ein solches im Schatten derartigen Leids gelingt!

Anmerkungen

1 S. FREUD: Das Ich und das Es, XIII 288: «Der volltönende Satz: jede Angst sei eigentlich Todesangst, schließt kaum einen Sinn ein, ist jedenfalls nicht zu rechtfertigen»; es sei die «Trennung von der schützenden Mutter» (289), die als erster großer Angstzustand zu betrachten sei. Dieser Hinweis wird für die Interpretation des Märchens sehr wichtig werden, indem die Geschichte gerade im Sinne *dieser* Angstdynamik (und nicht als die viel später einsetzende «ödipale» Angst eines Kindes vor seinem Vater) verstanden werden will. Zum *Angsterleben* vgl. E. DREWERMANN: Strukturen des Bösen, II 152–178; 221–235.

2 R. DITHMAR: Die Fabel, 115, verwahrt sich allerdings zu Recht gegen eine Auffassung, die in der Fabel eine bloße «Vermittlerin von moralischen Lehren» erblickt, und betont: «In der echten (!) Fabel geht es um den ‹Ernst der Lebensentscheidung im Alltag›, und zwar im Blick auf eine konkrete Situation und auf die gesellschaftspolitischen Verhältnisse in einer bestimmten Zeit.» Als *Fabel* erzählt wird unser Märchen von J. DE LA FONTAINE: Die Fabeln, IV 15: Der Wolf, die Ziege und das Zicklein, wo allerdings durch die Warnung der Ziege das Zicklein vor dem Wolf gerettet wird.

3 M. LÜTHI: Es war einmal ..., 66–78: Tiergeschichten, meint: «Schwer festzustellen ist, wo ... die Grenze liegt zwischen geglaubtem Mythus und übermütigem Scherz. Daß aber die Naturvölker und auch indische Erzähler zum Teil fest daran glauben, daß Menschen zeitweise in Tiere verwandelt werden oder sogar sich selber in Tiere verwandeln, ist bezeugt.» (S. 67) Mit anderen Worten: Die entsprechenden Motive sind religionshistorisch nur auf animistischem bzw. totemistischem Hintergrund erklärbar.

4 M. LÜTHI: So leben sie noch heute, 117–130: Von der falschen und der rechten Braut. Vom Tierkind und vom Tiergemahl, sieht in dem Motiv zu Recht eine symbolische Darstellung «des Auseinanderklaffens von Schein und Sein». Auch dieser Hinweis ist für die Interpretation des vorliegenden Märchens wichtig, indem er die Spannung zwischen Mensch und Tier (bzw. zwischen zwei Tiergestalten!) in die Psychodynamik ein und derselben Person verlegt; «Schein» liest sich dann als Rollenverhalten im Rahmen von Pflichtansprüchen, «Sein» als die Wirklichkeit des Ichs in seinem Fühlen und Wollen.

5 Vgl. KHM 86: Der Fuchs und die Gänse.

6 Vgl. KHM 49: Die sechs Schwäne. – F. LENZ: Bildsprache der Märchen, 56 verweist zwar richtig auf das amerikanische «kid», das sowohl «Zicklein» als auch «Göre» bezeichnet, doch sieht er in dem Motiv einen speziellen Ausdruck kindlicher «Neugier», eine Haltung, von der in dem vorliegenden Märchen gerade nicht die Rede sein kann.

7 KHM 36.

8 Die Problemstellung wird gleich vertan, wenn C.-H. MALLET: Kopf ab! Gewalt im Märchen, 84–97 die ganze Geschichte als den hinterhältigen Triumph einer Frau über ihren als «Wolf» verleumdeten Mann interpretiert. Keine Frage, daß es Familientragödien dieser Art gibt und daß sie in Märchenmotiven aufgegriffen werden können, doch gibt es in der vorliegenden Geschichte nicht den geringsten Hinweis auf eine männlich-sexuelle («ödipale») Thematik, und selbst der Hinweis auf die Parallelen zu dem Märchen vom *Rotkäppchen* (KHM 26) führt eher zu dem gegenteiligen Schluß: der Wolf *dort* tritt zwar als «der männliche Verführer» auf, wie B. BETTELHEIM: Kinder brauchen Märchen, 163 richtig feststellt, doch spricht gerade das Gefressen- und Herausgeschnittenwerden aus dem Wolfsbauch, das unserer Geschichte allein wesentlich ist, nicht nur für eine zentrale *orale* Themenstellung, sondern zugleich für eine *weibliche* Symbolik des «Wolfs»; es geht um die Angst, «ein Kind, das aus dem Leib der Mutter kommt, könnte sie dabei töten». S. u. Anm. 86. Zudem ist die Spannung zwischen Mutter und Vater im Erleben von Kindern gewiß von «verschlingender» Gewalt, doch wird sie nicht gelöst, indem eine Frau mit Hilfe ihrer Kinder den Mann moralisch oder physisch umbringt, sondern, entsprechend der Grimmschen Erzählung, nur, indem die Mutter ihre eigene Widersprüchlichkeit im Verhalten zu ihren Kindern in sich selbst überwindet. Insofern muß man sich bei der Interpretation des Märchens entscheiden, ob man die Geschichte selbst (durch eigene projektive Unterstellungen) belehren oder ob man von ihr psychologisch das Stück Lebenserfahrung und Weisheit lernen will, das sich darin ausspricht.

9 F. LENZ: Bildsprache der Märchen, 57, sieht in den *sieben* Geißlein «das Bild der siebenfachen Triebnatur, die mit den sieben Hauptorganen zusammenhängt ... die Träger und Stützen unseres Empfindungslebens»; doch davon ist im Märchen nicht die Rede; nützlich aber ist der Hinweis selbst, auch die «Geißlein» ein Stück weit «subjektal», als seelische Anteile in der «Geiß», zu deuten. Zur psychologischen Bedeutung der *Zahlsymbolik* meinte C. G. JUNG: Synchronizität als Prinzip akausaler Zusammenhänge, VIII 516–517, die Zahl stelle «einen bewußt gewordenen *Archetypus der Ordnung*» dar und drücke «in Zuständen psychischer Desorientiertheit ... Kompensationen eines chaotischen Zustandes» aus; an derlei läßt sich den-

ken, auch wenn die parapsychologische Konzeption des JUNGschen Aufsatzes zu esoterischer Willkür aller Art Grund und Wirkung bietet. Die typische Bedeutung der *Sieben* als Unglückszahl gewinnt allenfalls aus der Sicht der alten Geiß eine gewisse Berechtigung: So viele Kinder sind zu viel!
10 E. HORNUNG: Der ägyptische Mythos von der Himmelskuh, 96–101 zeigt, daß schon vorgeschichtliche «Darstellungen auf einer Schminkpalette aus Gerze und auf einer schon in die 1. Dyn. datierten Schale aus Hierakonpolis» «einen Rinderkopf» zeigen, «der von Sternen umgeben ist». (96) N. BENECKE: Der Mensch und seine Haustiere, 238–248, verweist darauf, daß die Anfänge der Domestikation der Ziege sich im Gebiet des Fruchtbaren Halbmondes schon für das Ende des 9. Jt. v. Chr. belegen läßt. (241) Da die Ziege «ein Mindestmaß an Nahrungsmitteln (Fleisch und Milch)» garantiert, bezeichnet man sie «nicht zu Unrecht als die ‹Kuh des kleinen Mannes›». Funde erster Hausrinder sind in der präkeramischen Siedlung Argussa Magula in Thessalien «um die Wende vom 7. zum 6. Jt. v. Chr. datiert». (264)
11 G. W. F. HEGEL: Wissenschaft der Logik, 1. Buch, 2. Abschnitt, I 177: «Die Qualität ist die erste, unmittelbare Bestimmtheit, die Quantität die Bestimmtheit, die dem Sein gleichgültig geworden, eine Grenze, die ebensosehr keine ist, das Fürsichsein, das schlechthin identisch mit dem Sein-für-Anderes … ist.»
12 A. FREUD: Das Ich und die Abwehrmechanismen, 7. Kap.: Die Verleugnung in Wort und Handlung, 69 beschrieb als erste den Abwehrmechanismus, angsterregende Erlebnisinhalte entweder lächerlich zu machen oder in der «Wertung immer tiefer hinunter» zu setzen.
13 S. FREUD: Bemerkungen über einen Fall von Zwangsneurose, VII 450–451; DERS.: Totem und Tabu, IX 93–121.
14 Vgl. bes. G. AMMON: Entwurf eines Dynamisch-Psychiatrischen Ich-Struktur-Konzepts, in: G. Ammon (Hg.): Handbuch der dynamischen Psychiatrie, I 111–114: Destruktiver und defizitärer Narzißmus: «Bei destruktivem und defizitärem Narzißmuß bildet sich eine dauernde Abhängigkeit des nur rudimentär entwickelten Ich von narzißtischer Zufuhr von außen. Die fehlende Ich-Energie muß permanent von außen zugeführt werden, ansonsten droht die psychische Desintegration.» (111)
15 R. B. HILL: Hanta Yo, 1. Buch, Kap. 20, S. 208 beschreibt den «indirekten» Umgang miteinander im Rahmen der Jägerkultur der nordamerikanischen Dakota-Sioux; immer wieder gerät der «Dialog» zwischen Mann und Frau zu einer Art Spurensuche nach dem Sinn des Nicht-Gesagten.
16 Zur Stelle vgl. E. DREWERMANN: Das Matthäus-Evangelium, I 622–632.
17 Man sagt auch: «einen Affen an jemanden gefressen haben» und meint damit eine fast erdrückende Zärtlichkeit zwischen Mutter und Kind. Vgl. DUDEN XI: Redewendungen und sprichwörtliche Redensarten, 29. Vgl. J. BOWLBY: Trennung, 257–262: «Übermäßige» Abhängigkeit oder Angstbindung, der als Grund «übermäßiger Abhängigkeit» die Furcht eines Kindes, verlassen zu werden, annimmt. (261)
18 I. EIBL-EIBESFELDT: Der vorprogrammierte Mensch, 37–41, erinnert vor allem an das rituelle Kußfüttern bei Schimpansen.
19 C. G. JUNG: Die Ehe als psychologische Beziehung, XVII 221.
20 Zur Definition des Begriffs der *Ambivalenz* vgl. H. NAGERA (Hg.): Psychoanalytische Grundbegriffe, 445–446. Der Ausdruck selber geht zurück auf einen Vortrag von E. BLEULER 1910 in Bern, referiert im Zentralblatt für Psychoanalyse, I 266. Vgl. S. FREUD: Zur Dynamik der Übertragung, VIII 372–373.
21 Zum Begriff der *Triebmischung* und der *Triebentmischung* vgl. H. NAGERA (Hg.): Psychoanalytische Grundbegriffe, 61–70.
22 P. FEDERN: Grundsätzliches zur Psychotherapie bei latenter Schizophrenie (1947), in: Ichpsychologie und die Psychosen, 152–168 meinte: «Bei der Psychose besteht die Hauptschädigung im Verluste der Besetzung der Ichgrenzen.» (152)
23 Im Grunde basiert auch die Identifikation mit der Mutterrolle auf einer «*Identifizierung mit dem Angreifer*», wie A. FREUD: Das Ich und die Abwehrmechanismen, 85–94 sie für das kindliche Erleben beschrieben hat; aus Identifikationsvorgängen dieser Art geht das Über-Ich und damit das Pflichtgefühl gegenüber den eigenen Lebensaufgaben hervor.
24 Zur Psychologie des *Tragischen* vgl. E. DREWERMANN: Das Tragische und das Christliche, in: Psychoanalyse und Moraltheologie, I 19–78, bes. S. 22–39. Vgl. L. KAPLAN: Zur Psychologie des Tragischen (1912), in: J. M. Fischer (Hg.): Psychoanalytische Literaturinterpretation, 33–63. A. NAOURI: Das Drama der perfekten Mutter, 47 meint von den Müttern: «Sie, die Hüterinnen dieses Lebens, das sie zu schenken vermögen, wissen, daß sie, ohne dies je kontrollieren zu können, still und leise, einen Tod hervorbringen können – was sie stets aufs neue deprimiert.»
25 Vgl. W. SCHWIDDER: Hemmung, Haltung und Symptom (1961), in: Fortschritte der Psychoanalyse. Internationales Jahrbuch zur Weiterentwicklung der Psychoanalyse, Bd. I, Göttingen 1964, 115–128.
26 Zu Recht bemerkt R. KURZ: Schwarzbuch Kapitalismus, 549: «Auch in der geschlechtlichen Struktur der Produktionsverhältnisse hat … (sc. in den 60er Jahren des 20. Jh.s, d. V.) die fordistische industrielle Mobilmachung die Masse der Tätigkeiten vom ‹traditionellen Sektor› in die sich totalisierende kapitalistische Form umgeschichtet. Während die weibliche Produktionstätigkeit vor allem in der familialen Landwirtschaft zusammen mit dieser radikal abgeschmolzen wurde …, saugten die fordistischen Industrien und Infrastrukturen große Massen weiblicher ‹Arbeitskräfte› in das Lohnarbeitsverhältnis der Zweiten industriellen Revolution auf. Diese Veränderung ist immer wieder als wesentliches Moment der Frauenemanzipation hingestellt worden. Aber das ist nicht einmal die halbe Wahrheit.» In Wirklichkeit «tauschten die Frauen nur die persönliche Abhängigkeit von männlichen Partnern gegen die versachlichte Abhängigkeit von der fordistischen Arbeitshetze, Fabrik- und Bürodisziplinierung ein.»
27 A. GRUEN: Falsche Götter, 29, schreibt: «Ob Eltern die eigenen Ansätze des Kindes zur Autonomie unterstützen, hängt von der Fähigkeit ab, diese als solche zu erkennen. Wenn sie selber als Kinder in ihrem autonomen Begehren gedrosselt wurden, können sie denselben Drang in ihren eigenen Kindern weder erkennen noch akzeptieren. Ihre Kinder erwecken das Leid und die Wut, die sie sich nicht zugeben können. Aus diesem Grunde werden sie ihre Kinder als eigensinnig einstufen, um ihre Erinnerung an ihre

eigene Unterdrückung zu blockieren. Für ihre Kinder bedeutet das, daß sie von den Quellen ihrer eigenen Lebendigkeit abgeschnitten werden. Um sich ‹lebendig› zu erhalten, müssen sie abhängig werden von der Steuerung ihrer Eltern. Und (die) Eltern wundern sich dann, wenn ihre Kinder ihnen lästig werden, wenn sie nichts ohne die Eltern anfangen können, sie nicht aus dem Auge gelassen werden können.» – Inzwischen hat C. PINKOLA ESTÉS: Die Wolfsfrau, 15–35 den «Archetyp» der «wilden Frau» als eine positive Kraft in «jeder» Frau entdecken zu können gemeint; in ihrem Fahrwasser titelt dann auch die Unternehmensberaterim G. HÖHLER: Wölfin unter Frauen. Warum Männer ohne Frauen Fehler machen, Wien–Düsseldorf 2000; doch ist es sehr fragwürdig, ob sich das «Wölfische» in der Frau anders denn als «Schatten» verdrängter aggressiver und vor allem sexueller Triebregungen verstehen läßt. Sehr lesenswert ist E. KLOEHN: Typisch weiblich? Typisch männlich?, 18–32: Ein Blick auf unsere haarige Verwandtschaft, weil er von der Verhaltensforschung her zu gut begründeten Ansichten zur Geschlechterdifferenz gelangt und bei aller Anerkennung der Unterschiede von Mann und Frau sehr brauchbare Vorschläge zum Umgang der Geschlechter miteinander entwickelt. B. RÖDER–J. HUMMEL–B. KUNZ: Göttinnendämmerung, 373–381 stellen den gesamten Mythos des Urmatriarchats durch eingehende paläontologische und archäologische Untersuchungen mit guten Argumenten in Frage.

28 So verurteilt noch der *Katholische Erwachsenen Katechismus*, 2. Bd.: Leben aus dem Glauben, hg. von der Deutschen Bischofskonferenz, Bonn 1995, 273 den Zorn mit Mt 5,21 als «Tatbestand des Tötens», ohne irgendein Wort psychologischer Reflexion. J. MAUSBACH: Katholische Moraltheologie, 3 Bde., 2. Bd.: Spezielle Moral, 1. Teil: Der religiöse Pflichtenkreis, 7. Aufl. neu bearb. u. hg. v. P. Tischleder, Münster 1934, § 23, S. 134 stellte immerhin fest: «Der Anlaß zum Zorn und Haß liegt meist in erlittenen Kränkungen und Schädigungen, wirklichen oder vermeintlichen.» Doch schon die Gleichstellung von Zorn und Haß ist psychologisch schlichtweg falsch. H. SCHULTZ-HENCKE: Der gehemmte Mensch, 165–167 schrieb bereits 1940: «Der Jähzornige ... ist ... in einer Schicht ausgesprochen schwach, hat schwere Aggressionshemmungen, die eine lange Vorgeschichte enthalten. Gerade da, wo er seine expansiven Kräfte stetig entladen könnte, tut er es nicht. Er ist übergefügig, wo er ruhig festen Widerstand entgegensetzen könnte.» (165)

29 Auf die Herkunft des Überichs aus den Energien des Es wies S. FREUD: Das Ich und das Es, XIII 283–284 hin.

30 Vgl. W. WICKLER: Mimikry, 120–154.

31 Zum Begriff der *Feindgewärtigung* bzw. *Feindvermeidung* vgl. R. BILZ: Ammenschlaf-Experiment und Halluzinose (1962), in: Paläoanthropologie, 211–233, der (S. 212) zu Recht meint, «daß uns die *Paranoia* tiefer ergreift oder näher liegt als etwa die Sexualneurose».

32 Zum Begriff des *Wiederholungszwangs* vgl. H. NAGERA (Hg.): Psychoanalytische Grundbegriffe, 71–73; vgl. S. FREUD: Erinnern, Wiederholen und Durcharbeiten, X 126–136.

33 Vgl. R. TAUSCH: Gesprächspsychotherapie, 79–98: Verbalisierung emotionaler Erlebnisinhalte des Klienten.

34 A. DAUDET: Lettres de mon moulin (1869), dt.: Briefe aus meiner Mühle, übers. v. A. Seifert, Leipzig (RUB 3227–3229) 1960: La chèvre de Monsieur Seguin – Die Ziege des Herrn Seguin.

35 E. BLEULER: Lehrbuch der Psychiatrie, 11. Aufl., umgearb. v. M. Bleuler, 473 definiert die *Paranoia* durch «die schleichende Entwicklung eines dauernden unerschütterlichen Wahnsystems bei erhaltener Klarheit und Ordnung im Denken, Wollen und Handeln». Eine mögliche Form der Paranoia, der «Verfolgungswahn», führt bei den Patienten zu der Gewißheit, «jahraus und -ein, in welcher Ecke der Welt sie sich befinden, von einem Komplott von Leuten verfolgt» zu werden. (474) Im Grunde ist die Paranoia «eine psychisch verständliche Reaktionsform dazu Disponierter auf innere und äußere Konflikte». (477) «Wesentlich ist ein Unvermögen, mit anderen natürliche und warme Beziehungen zu pflegen, eine Kontaktschwäche... Mißtrauen.» (478)

36 PAUL FEDERN: Das Ich in der Schizophrenie, in: Ichpsychologie und die Psychosen, 218–219, schrieb darüber: «Das Wesentliche an der Paranoia ist die falsche Gewißheit, die der Verfolgungsidee schon vor Fabrizierung falscher Wirklichkeiten beigelegt wird. Was der gesunde Geist als möglich ansehen würde, wird dem Paranoiker wahrscheinlich und dann gewiß. Desgleichen ist das dem Normalen Unmögliche hier möglich. Die Begriffe Wahrscheinlichkeit und Unwahrscheinlichkeit werden nicht mehr verstanden. Die Stufenleiter von Nichtvorhandensein, Unmöglichkeit, Unwahrscheinlichkeit, Ungewißheit, Möglichkeit, Wahrscheinlichkeit, Gewißheit und Vorhandensein geht in die Brüche. Diese Unterscheidungen haben insgesamt ihre Wichtigkeit verloren. Alle Ideen und Schlußfolgerungen werden als gewiß ‹gefühlt›. Die falsche Gewißheit ist dem Paranoiker das, was die falsche Realität dem Schizophrenen ist.»

37 G. AMMON: Auf dem Wege zu einer Psychotherapie der Schizophrenie, in: G. Ammon (Hg.): Psychotherapie der Psychosen, 43, meint, daß «die Intensität und die Dauer der gestörten frühen Mutter-Kind-Beziehung» «für die graduellen und strukturellen Unterschiede ... der Ich-Dysfunktion verantwortlich sind. Die Realität der ambivalenten Haltung der Mutter gegenüber dem Kinde, die real existierende elterliche Feindseligkeit, ist dabei einer der ‹exogenen Faktoren›..., dessen Untersuchung für das Verständnis der schizophrenen Reaktion unentbehrlich ist. – Je stärker die frühkindliche Entwicklung von symbiotisch-ambivalenten Forderungen der Mutter bestimmt wird, desto deutlicher wird sich eine Ich-Krankheit ausprägen... Je früher der Konflikt mit der Mutter auftritt, desto stärker ist die Angst, die ihn begleitet, und desto stärker ist die Ich-Störung, die er bewirkt.»

38 G. AMMON – A. VON WALLENBERG PACHALY: Schizophrenie, in: G. Ammon (Hg.): Handbuch der Dynamischen Psychiatrie, I 381, erklären: «Die schizophrene Erkrankung ist eine archaische Ich-Krankheit mit einer defizitären Ich-Struktur. – Die zentralen Ich-Funktionen des schizophren Erkrankten sind schwer defizitär... Der schizophren Erkrankte ist, um die Realität bewältigen zu können, auf eine symbiotische Beziehung angewiesen, in der für ihn Hilfs- und Mit-Ich-Funktionen übernommen werden.» Der Lebenslauf solch eines Patienten ist gekennzeichnet «durch Mißerfolge, ständiges Zerreißen von Kommunikation und Kontaktabbrüche...

durch das Fehlen einer eigenen Identität... Die schizophrene Reaktion ist die Folge einer krankmachenden Familiengruppe. Der schizophren Reagierende wurde von einer Familiengruppe, die sich nur auf seine Kosten gesund fühlen konnte, narzißtisch ausgebeutet. Die double-bind-Kommunikation stellt eine Strategie der Mutter dar, dem Kind jegliche Abgrenzung zu verunmöglichen.»

39 Es ist wichtig zu betonen, daß Kinder die Ängste ihrer Mutter weit früher als auf der «ödipalen» Phase der psychischen Entwicklung in sich aufnehmen. K. ANDERTEN: Umgang mit Schicksalsmächten, 129, beschreibt die «tötende Muttergestalt» im Umfeld solcher Beziehungsängste so, «daß jemand, der an der Mutter eher Hunger als Sättigung erfahren hat, mit dem verständlichen Wunsch durchs Leben ging, einmal müsse das Schicksal doch einen Menschen schicken, der das entstandene Defizit ausgleicht. Je mehr diesbezügliche Hoffnungen unerfüllt bleiben, desto mehr versteckter Groll und Verbitterung macht sich in den Vorstellungsinhalten bemerkbar. Damit entsteht dann eine Grundstimmung, die von vornherein vom anderen Enttäuschung erwartet. Der andere spürt dann nicht selten den Riesenanspruch, der sich auf ihn richtet, und wird vorsichtig, zieht sich vielleicht aus Angst, enttäuschen zu müssen, zurück und schon hat ‹es sich wieder einmal bestätigt›, daß man vom Leben und von den Menschen nur Negatives, nur Enttäuschendes erwarten kann. Die Verbitterung wird dann größer und die feindselige Grundstimmung auch. Auf diese Weise kann es dann passieren, daß das Gefühl, mit dem Leben und den Menschen verbunden zu sein, ganz verlorengeht. Da bleibt dann nur noch Raum für Verzweiflung und Ausweglosigkeit.» Die gesamte Dynamik dieser Entwicklung kann sich an sexuelle Erwartungen anlehnen, muß aber von diesen nicht begründet werden.

40 So erinnerte bereits S. FREUD: Die Traumdeutung, II/III 414, an die «totemistische» Darstellung «des gefürchteten Vaters durch böse Tiere, Hunde, wilde Pferde». Er meinte: «Man könnte sagen, die wilden Tiere dienen zur Darstellung der vom Ich gefürchteten, durch Verdrängung bekämpften Libido.»

41 Über den Zusammenhang von Wolfsphantasien und Kastrationsangst aus der Sicht eines *Jungen* schrieb S. FREUD: Aus der Geschichte einer infantilen Neurose, XII 54–75 und resümierte: «Zur Würdigung der Wolfsphobie fügen wir ... hinzu, daß (sc. im Falle des «Wolfsmannes», d. V.) Vater und Mutter, beide, zu Wölfen wurden. Die Mutter spielte ... den kastrierten Wolf, der die anderen auf sich aufsteigen ließ, der Vater den aufsteigenden. Seine Angst bezog sich aber... auf den Vater.» (74)

42 Dies z.B. gegen die Deutung von C.-H. MALLET: Kopf ab!, 86, der zur Begründung der Gleichsetzung von Wolf und Mann zwar auf eine tschechische Version des Märchens hinweist, doch beweist das nichts für die GRIMMsche Erzählung.

43 Es geht auch in diesem Fall nicht, wie C.-H. MALLET: Kopf ab!, 86, meint, um einen «ehelichen Macht- und Positionskampf», sondern um eine Angst, die in dem GRIMMschen Märchen von der Geiß als Realangst empfunden und geschildert wird.

44 So schreibt A. SEELE: Frauen um Goethe, 8–9: «Das wichtigste Kennzeichen (sc. für die Stellung der Frau in der Goethe-Zeit, vor 200 Jahren in Deutschland, d. V.), nicht nur alle Generationen, sondern auch alle Stände durchziehend, stellte sicherlich der Kinderreichtum dar, verbunden mit einer nach heutigen Begriffen kaum vorstellbar hohen Kindersterblichkeit... Der ständige und zermürbende Wechsel von anstrengenden Schwangerschaften über die Freude am Nachwuchs und seine Taufe bis hin zum Kinderbegräbnis bestimmte den Familienalltag häufig weit mehr als ein Jahrzehnt, oft zwei Jahrzehnte lang.»

45 Zum Beispiel schrieb das Paderborner *Sursum corda* von 1948, S. 760, zum 6. Gebot vor: «Eheleute müssen sich bei diesem Gebote erforschen, ob sie sich gegen ... den Zweck der Ehe versündigt haben.» Die Gattenliebe als Mittel zum Zweck ...!

46 Insbesondere das strikte vatikanische Verbot aller künstlichen empfängnisverhütenden Mittel (Catéchisme de l'Église Catholique, Nr. 2370) scheint in seiner Irrationalität eine rein gruppenegoistische «Rationalität» zu kaschieren.

47 B. BETTELHEIM: Kinder brauchen Märchen, 163, übersieht die Kompromißbildung, die Rotkäppchen bei seinem Versuch des Blumenpflückens versucht, wenn er schreibt: «Der Wolf ist nicht nur der männliche Verführer, er repräsentiert auch alle asozialen, animalischen Tendenzen in uns. Dadurch, daß Rotkäppchen nicht wie ein braves Schulmädchen schnurstracks auf sein Ziel losgeht, wie es seine Pflicht gewesen wäre, wird es wieder zum nach Lust strebenden ödipalen Kind.» Das Mädchen sucht die Blumen ja nicht für sich, sondern für die Großmutter!

48 Auch daß der Wolf sich erst als «Großmutter» verkleidet, um Rotkäppchen zu fressen, geht unter, wenn B. BETTELHEIM: Kinder brauchen Märchen, 164, schreibt: «Als es (sc. Rotkäppchen, d. V.) dem Wolf den Weg zur Großmutter zeigt, verhält es sich so, als ob es zu ihm sagte: ‹Laß mich in Ruh, geh zur Großmutter, die ist eine reife Frau, die wird schon in der Lage sein, mit dem fertigzuwerden, was du repräsentierst – ich kann das noch nicht.›» Wenn es sich so verhielte, könnte der Wolf sich ja an der Großmutter sättigen; es ist aber die Es-Energie (der «Wolf») selber, die im Überich (in der «Großmutter») für die bloße Wunschregung des Rotkäppchen die Todesstrafe nach sich zieht.

49 S. FREUD: Über infantile Sexualtheorien, VII 180–181, schrieb: «Daß das Kind im Leibe der Mutter wächst, ist offenbar nicht genug Erklärung. Wie kommt es hinein? Was gibt den Anstoß zu seiner Entwicklung? Daß der Vater etwas damit zu tun hat, ist wahrscheinlich ... Andererseits hat der Penis gewiß auch seinen Anteil an diesen nicht zu erratenden Vorgängen, er bezeugt es durch seine Miterregung bei all dieser Gedankenarbeit (sc. des grübelnden Kindes, d. V.). Mit dieser Erregung sind Antriebe verbunden, die das Kind sich nicht zu deuten weiß, dunkle Impulse zu gewaltsamem Tun, zum Eindringen, Zerschlagen, irgendwo ein Loch aufreißen. Aber wenn das Kind so auf dem besten Wege scheint, die Existenz der Scheide zu postulieren und dem Penis des Vaters ein solches Eindringen bei der Mutter zuzuschreiben ..., so bricht an dieser Stelle doch die Forschung ratlos ab, denn ihr steht die Theorie im Wege, daß die Mutter einen Penis besitzt wie ein Mann, und die Existenz des Hohlraumes, der den Penis aufnimmt,

bleibt für das Kind unentdeckt.» «Die Unkenntnis der Vagina ermöglicht dem Kinde auch die Überzeugung von der zweiten seiner Sexualtheorien. Wenn das Kind im Leibe der Mutter wächst und aus diesem entfernt wird, so kann dies nur auf dem einzig möglichen Wege der Darmöffnung geschehen. Das Kind muß entleert werden wie ein Exkrement, ein Stuhlgang... Die Kloakentheorie, die für so viele Tiere ja zu Recht besteht, war die natürlichste und die einzige, die sich dem Kinde als wahrscheinlich aufdrängen konnte. – Dann war es aber nur konsequent, daß das Kind das schmerzliche Vorrecht des Weibes, Kinder zu gebären, nicht gelten ließ. Wenn die Kinder durch den After geboren werden, so kann der Mann ebensogut gebären wie das Weib.» «Wenn dieselbe Frage in späteren Kinderjahren Gegenstand des ... Nachdenkens ... wird, so stellen sich wohl die Auskünfte ein, das Kind komme aus dem sich öffnenden Nabel, oder der Bauch werde aufgeschnitten und das Kind herausgenommen, wie es dem Wolfe im Märchen vom Rotkäppchen geschieht... Dieselben Kinder haben dann völlig vergessen, daß sie in früheren Jahren an eine andere Geburtstheorie glaubten, welcher gegenwärtig die seither eingetretene Verdrängung der analen Sexualkomponente im Wege steht.»

50 S. FREUD: Aus der Geschichte einer infantilen Neurose, XII 49, setzt das Märchen vom *«Rotkäppchen»* und von dem *«Wolf und den sieben jungen Geißlein»* ungebührlich gleich und handelt sich damit das Problem ein, wieso der männliche (!) Wolf mütterliche Geburtsphantasien auf sich ziehen soll; er schreibt: «Im ‹Rotkäppchen› und in den ‹Sieben Geißlein› wurden die Kinder aus dem Leib des Wolfs herausgeholt. War der Wolf also ein weibliches Wesen oder konnten auch Männer Kinder im Leib haben?» Vgl. S. FREUD: Märchenstoffe in Träumen, X 9: «Wenn der Wolf bei meinem Patienten nur der erste Vaterersatz war, so fragt es sich, ob die Märchen vom Wolf, der die Geißlein auffrißt, und vom Rotkäppchen etwas anderes als die infantile Angst vor dem Vater zum geheimen Inhalt haben.» Es rächt sich in dieser Betrachtung immer wieder, daß FREUD als primäre Angstquelle ursprünglich den *Vater* im Umfeld kastrativer Sexualangst ansah und erst nachträglich auf die präödipalen Phasen der Libido-Entwicklung mit ihren spezifischen an die Mutter gebundenen Ängsten aufmerksam wurde. Vgl. vor allem K. ABRAHAM: Versuch einer Entwicklungsgeschichte der Libido auf Grund der Psychoanalyse seelischer Störungen (1924), in: Gesammelte Schriften, II 32–102.

51 Vgl. O. RANK: Völkerpsychologische Parallelen zu den infantilen Sexualtheorien, in: Zentralblatt für Psychoanalyse, II, 1912; in: Psychoanalytische Beiträge zur Mythenforschung. Gesammelte Aufsätze aus den Jahren 1912 bis 1914, Leipzig–Wien (Internationale Psychoanalytische Bibliothek, Nr. 4) 1919.

52 S. o. Anm. 36.

53 Insbesondere J. DELAY und P. DENIKER entdeckten in den 50er Jahren, daß ein Antihistaminikum, das für eine Narkoseform entwickelt worden war, das *Chlorpromazin*, speziell paranoid-halluzinatorische Syndrome günstig beeinflussen konnte. Damit eigentlich begann die Zeit der Pharmakopsychiatrie. Insbesondere im Kampf gegen *Depressionen* glaubt FLORIAN HOLSBOER vom Münchner Max-Planck-Institut in Form des corticotropin releasing hormone (CRH) den Stoff gefunden zu haben, der Depressionen produziert. Vgl. TH. WARTMANN: Sei nicht traurig, schönes Kind, in: Süddeutsche Zeitung Magazin, Nr. 40, 8.10.99, 20–27.

54 Es handelt sich gewissermaßen um einen «primären Krankheitsgewinn», der mit der Isolation in der (paranoiden) Angst einhergeht.

55 Mit *«funktionalem Leidensdruck»* ist gemeint, daß jemand nicht so sehr an den eigenen neurotischen Lebenseinschränkungen leidet, als vielmehr daran, daß die Menschen an seiner Seite zu den Gehemmtheitsstrukturen seines Charakters sowie zu den Kompensationsbildungen seiner Icheinstellungen nicht recht passen wollen.

56 Diese Generalisierung des ursprünglich begrenzten Angsterlebens zu einem «Welterleben» ist das Hauptkennzeichen in der Paranoia. O. FENICHEL: Psychoanalytische Neurosenlehre, II 313–314, machte vor allem die Tiefe des Regressionsphänomens für den Unterschied von Neurose und Psychose geltend.

57 Zur Sozialpsychologie der *Diktatur* vgl. G. C. HOMANS: Theorie der sozialen Gruppe, 388–391: Autorität und Kontrolle. V. KAST: Zum Umgang der Märchen mit dem Bösen, in: Das Böse im Märchen, 27, meint: «Ein Kollektiv kann auch neurotisch sein. Zwischen totalitären Systemen und einer Kollektivneurose ist kein großer Unterschied.» Wenn das stimmt, ist es immer wieder richtig und nützlich, die Märchen auch auf ihre kollektive psychologische Bedeutung hin zu befragen.

58 Vgl. A. GRUEN: Der Wahnsinn der Normalität, 40–46: Über Pflichtbewußtsein: «Wenn die Pflichterfüllung durch den sozialen Druck zur dauernden Antriebsfeder wird, verstärkt sich fortwährend die Bereitschaft, sich dem Willen eines anderen zu unterwerfen. Außerdem wird immer weiter beschnitten, was noch vom Gefühl der Eigenverantwortlichkeit – und der Fähigkeit zum Mitgefühl – übriggeblieben ist. Pflichterfüllung wird ein willkommener Weg, auf dem man der persönlichen Verantwortung, die durch Mitgefühl erwachsen könnte, entkommen kann. Hat man sich für die Pflichterfüllung entschieden, so entgeht man auch dem Schmerz, der von dem eigenen Mitgefühl hervorgerufen werden könnte.» (40) Am Ende kann selbst ein Bomberpilot, der Kassettenbomben, gefüllt mit Napalm und Sprenggeschossen, auf Menschen abwirft, gemütslos handeln, weil ihm sein Tun als befohlene und andressierte Routine auferlegt wurde.

59 A. GRUEN: Der Wahnsinn der Normalität, 71–72: «Und so gilt: Menschen, die ... ihre eigene Schwäche angesichts einer manipulierenden Pseudo-Liebe (sc. von seiten ihrer Mutter, d. V.) nicht ertragen konnten, verlegen sich ihr Leben lang auf den Erwerb von Macht und Besitz. Das bewahrt sie davor, sich mit ihrem Selbsthaß auseinanderzusetzen, der durch ihre Unterwerfung unter falsche Liebe entstanden ist. Dieser... ‹halluzinierte Besitz der Realität› wurde die verordnete Definition männlicher Stärke. Das Ergebnis sind ‹starke Männer›, die von ihren tiefsten Gefühlen abgetrennt sind, weil sie nicht die Stärke haben, sie zu ertragen. Diese völlige Verkehrung der psychischen Realität ist so schwer zu durchschauen, weil diese ‹starken Männer›, deren Lebensinhalt es ist, an der Macht zu sein, durch ihre Vorherrschaft auch das Bewußtsein prägen und festlegen, was als Realität gilt.»

60 Zur Psychodynamik von *Mythos* und *Märchen* vgl. E. DREWERMANN: Tiefenpsychologie und Exegese, I 132–154.

61 Es ist, mit anderen Worten, dem Kranken nicht möglich, die eingetretene Isolation von sich her zu überwinden; er sitzt in einer unentrinnbaren Falle. Die geistige Entwicklung der Wahnvorstellung beschrieb P. FEDERN: Die Psychosen-Analyse (1943), in: Ichpsychologie und die Psychosen, 148–149, so: «Durch genaue Erforschung der beobachtbaren Veränderungen der Objektvorstellung gelangte ich zu der Überzeugung, daß die Realität nicht vom Ich aufgegeben wird, sondern daß es dem Ich unmöglich wurde, die Realitätserkenntnis aufrechtzuerhalten, weil eine falsche Realitätsvorstellung eintrat, welche stärker ist als jede Erinnerung an die gesunden Realitätsanschauungen. Bei allen beginnenden Schizophrenien, einschließlich ganz rezenter Paranoia, kam es zur ersten falschen Realitätsvorstellung beim Nachdenken über etwas Geschehenes, nicht während des Geschehens selbst. Dieser ersten falschen Vorstellung gehen immer fremdartige Gefühle vom eigenen Ich voraus, oder sie werden von solchen begleitet.» Demgegenüber macht unser Märchen begreifbar, wie unter dem widersprüchlichen Verhalten der Mutter sich bereits im kindlichen Erleben die Kerne einer Realitätswahrnehmung bilden, die sich bei späteren Erschütterungen als «fremdartige Gefühle vom eigenen Ich» zu regulären Wahngebilden auswachsen können.

62 Auf diesen Zusammenhang wies als erster O. RANK: Das Inzestmotiv in Dichtung und Sage. Grundzüge einer Psychologie des dichterischen Schaffens, Leipzig–Wien 1912 hin.

63 S. NORDAL (Hg. u. Komm.): *Völuspá* (1952), aus dem Isländ. übers. v. O. Wilts, Darmstadt (Texte zur Forschung Bd. 33) 1980; *Die Edda*, II. Götterdichtung und Spruchdichtung, übertr. v. F. Genzmer, eingel. u. angem. v. A. Heusler (Thule, Bd. 2), Düsseldorf–Köln 1963.

64 S. NORDAL: *Völuspá*, 141–145.

65 Insbesondere die Schlange *Apophis* galt im Alten Ägypten nicht nur als die schlimmste Feindin der Sonne, des Gottes *Re*, sondern «als der Inbegriff alles Scheußlichen» überhaupt. A. ERMAN: Die Religion der Ägypter, 19.

66 Nach aztekischer Auffassung war die Erde ursprünglich selbst «ein großes Krokodil, das im Urmeer lebte»; das Datum «1 Krokodil» ist deshalb das Symbol der Erde, das in den Bilderhandschriften und auf den Stelen immer wieder dargestellt wird. W. KRICKEBERG: Altmexikanische Kulturen, 193; Abb. auf S. 183; 214.

67 Vgl. A. OLRIK: Die Sagen vom Weltuntergang (1922), 312ff.; *Die jüngere Edda* mit dem sog. ersten grammatischen Traktat (SNORRI STURLUSONS Edda), übertr. v. G. Neckel und F. Niedner (Thule, Bd. 20), Düsseldorf–Köln 1962, Nr. 34, S. 76–80.

68 *Die jüngere Edda*, Nr. 34, S. 78.

69 *Die jüngere Edda*, Nr. 51, S. 110.

70 Vgl. Mk 15,33. Zur Stelle vgl. E. DREWERMANN: Das Markus-Evangelium, II 500; 567.

71 Zur Psychologie apokalyptischen Erlebens vgl. E.DREWERMANN: Tiefenpsychologie und Exegese, II 473–485: Weltuntergangsvorstellungen in der Mythologie und ihre Nähe zum schizophrenen Erleben.

72 Vgl. J. DE VRIES: Altgermanische Religionsgeschichte, II 401–403. S. NORDAL: Völuspá, 147, schreibt: «Jeglicher Dualismus beruht darauf, daß es dem Menschen so vorkommt, als wäre er wie ein Seil, an dem zwei Mächte zerren: Natur und Geist, Böses und Gutes, Beharrung und Leben. Diese entgegengesetzten Mächte haben Heimstatt im Menschen. Seine Seele hat sich zwischen ihnen entzündet wie der elektrische Funke zwischen zwei Polen. Aber es gibt diese Mächte auch außerhalb des Menschen, größer noch als dieser: Die ganze Welt ist entstanden aus dem Gegen- und Miteinander dieser Mächte... Es gibt zwei sich befehdende Welten, auf der einen Seite die Welt der noch ungeformten Materie, der die Riesen am nächsten stehen und die sie verkörpern, auf der anderen Seite das Reich des alles beherrschenden Gottes. Götter und Menschen befinden sich auf einem Weg zwischen diesen beiden Welten. Alle Streitigkeiten und Kämpfe bekommen so gesehen ihren Sinn. Ziel des Kampfes ist es, sich von den Einflüssen der Kräfte der Tiefe zu lösen und statt dessen eine wirkliche Verbindung mit dem höchsten Gott einzugehen. Dieser Weg ist jedoch lang...» und verlustreich. – Im Unterschied zu dem «guten Prinzip» der iranischen Götterlehre sind die germanischen *Asen* allerdings selber nicht ohne Fehler und Schuld.

73 Vgl. W. WÄGNER: Nordisch-germanische Götter- und Heldensagen, Leipzig 1934, 66.

74 Vgl. J. DE VRIES: Altgermanische Religionsgeschichte, II 61–63.

75 J. DE VRIES: Altgermanische Religionsgeschichte, II 61, meint: «Bei vielen Völkern ist der Wolf ein chthonisches Tier, und das besondere Verhältnis zu Odin wird schon dadurch ausgesprochen, daß die ihm geweihten Krieger ... Wolfspelze heißen ... Bei Griechen und Römern war der Wolf auch das Tier der Flüchtigen und Verbannten; das gilt ebenfalls für die Germanen: Das Wort *vargr*, eigentlich ‹der Würger›, bezeichnet das Tier und den aus der Volksgemeinschaft ausgestoßenen Verbrecher.»

76 H. BARÜSKE (Hg.): Eskimo-Märchen, Nr. 19, S. 63–66: «Sedna, das Mädchen, das in die Unterwelt kam», kennzeichnet Sedna so: «Sie lebt in der Unterwelt in einem Haus aus Stein und Walrippen. Sie hat nur ein Auge und kann nicht gehen. Sie gleitet nur umher, wobei sie das eine Bein nach unten gebogen und das andere ausgestreckt hält.» Zur Deutung des Motivs vgl. H. P. DUERR: Sedna oder Die Liebe zum Leben, § 3: Die Mutter der Walrosse, S. 39–45; die unheimlichen Seiten der Sedna kommen in dieser Darstellung allerdings zu kurz. M.-L. VON FRANZ: Das Weibliche im Märchen, 8–20: Über das Wesen der weiblichen Figuren im Märchen, erinnert «an die indische Muttergöttin Kali und ihre blutrünstigen Rasereien. Auch die ägyptische Muttergöttin Sechmet benahm sich manchmal ähnlich». (17) Vgl. auch S. BIRKHÄUSER – OERI: Die Mutter im Märchen, 46–50: Die Todesmutter.

77 M. GEBÜHR – K. W. STRUVE: Nydamhalle. Text der Tonführung, Neumünster 1982, 24, zeigen das Bild eines 14jährigen Mädchens. Die Ausstellungsbeschreibung erklärt, daß die Knochen des Kindes 13 Harris-Ringe aufweisen, wie sie bei Hungerszeiten auftreten – jedes Jahr im Leben dieses Mädchens also, und zwar wohl jeweils im Frühjahr, wenn die Vorräte aufgebraucht waren.

78 Vgl. C. G. JUNG: Kinderträume. Seminare, hg. v. L. Jung und M. Meyer-Grass, Olten–Freiburg 1987, 420–422, wo alle möglichen verschlingenden

Tiere (Tiger, Wolf, Löwe, Schlange) als weibliche, mütterliche Symbole bezeichnet werden, aber auch als Bilder für die Erweiterung des Bewußtseins.

79 Vgl. *Edda II*, Nr. 9: Harbardlied, Str. 38.39, S. 68–69. M.-L. VON FRANZ: Das Weibliche im Märchen, 57–60, deutet die «Berserker»verwandlung als Auftreten des Animus in der Frau: «Die freundliche rein weibliche Welt, in der alles so sanft und rosenrot ist, diese Welt braucht den Bären.» (60)

80 J. DE VRIES: Altgermanische Religionsgeschichte, § 333–335: Männerbünde, S. 492–496, betont (S. 496) besonders den Zusammenhang solcher germanischer Männerbünde mit dem Totenkult.

81 Vgl. K. VÖLKER (Hg.): Von Werwölfen und anderen Tiermenschen, 340; E. NIELSEN (Hg.): Die Hexe von Endor, 212–214 erzählt, wie Männer und Frauen Wolfsgestalt angenommen haben sollen; nach: R. LEUBUSCHER: Über die Werwölfe und Tierverwandlungen, Berlin 1850.

82 K. VÖLKER (Hg.): Von Werwölfen und anderen Tiermenschen, 340.

83 A.a.O., 312–324, S. 320.

84 A.a.O., S. 323, Anm. Andere Beispiele bei E. NIELSEN (Hg.): Die Hexe von Endor, 132: Der zweibeinige Wolf, eine Geschichte, die erzählt, wie ein gewisser Jacques Roulet im Jahre 1598 bei Route-Hallière in Wolfsgestalt ein Kind tötet und verzehrt.

85 OVID: Metamorphosen, übers. v. R. Suchier, München (Goldmann Tb. 583–584) o.J., S. 13–15.

86 K. ABRAHAM: Untersuchungen über die früheste prägenitale Entwicklungsstufe der Libido (1916), in: Gesammelte Schriften, II 28.

87 A.a.O., II 29.

88 A.a.O., II 29.

89 Vgl. CH. SPIEL: Menschen essen Menschen. Die Welt der Kannibalen, München 1972, 71–75: Tier und Untier; 77–84: Sagen, Mythen, Märchen. N. DAVIES: Opfertod und Menschenopfer, 187–194.

90 K. ABRAHAM: Untersuchungen über die früheste prägenitale Entwicklungsstufe der Libido (1916), in: Gesammelte Schriften, II 31.

91 OTTO RANK: Das Inzestmotiv in Dichtung und Sage. Grundzüge einer Psychologie des dichterischen Schaffens, Leipzig–Wien 1912.

92 BRAM STOKER: Dracula, London 1897; dt.: Dracula. Ein Vampirroman, übers. v. S. Kull, München 1967; München (dtv 516) 1971.

93 HERMANN LÖNS: Der Wehrwolf. Eine Bauernchronik, Jena 1910. Die Devise lautet: «Besser fremdes Blut am Messer, als ein fremdes Messer im eigenen Blut».

94 Vgl. J. GOEBBELS: Tagebücher 1945. Die letzten Aufzeichnungen, eingef. v. R. Hochhuth, Redaktion: P. Stadelmeyer, Hamburg 1977, S. 527: «Ich schreibe nachmittags (sc. am 8. Apr. 1945, d.V.) einen Leitartikel unter der Überschrift ‹Widerstand um jeden Preis›. In diesem Leitartikel spreche ich eine radikale Sprache, so wie in meinem Aufruf zum ‹Werwolf›. Zum ersten Male trete ich darin aus meiner gemäßigten Reserve etwas heraus. Es hat jetzt gar keinen Zweck mehr, um die Dinge herumzureden. Man muß sie mit Namen nennen, auch auf die Gefahr hin, daß das Ausland daraus vorerst einmal Nutzen für sich schöpft.»

95 PLATON: Politeia, in: Sämtliche Werke III: Phaidon, Politeia, übers. v. F. Schleiermacher, Hamburg (rk 27,27a) 1958, 264–265.

96 A.a.O., 266.

97 A. GRUEN: Der Wahnsinn der Normalität, Kap. 6: Die Machtpolitik mächtiger Männer als Ausdruck innerer Leere, S. 139–159, nennt als ein Hauptmerkmal der «Destruktivität der mächtigen Männer, die hinter scheinbarer Freundlichkeit und Güte steckt», die «äußeren Feinde, die unermüdlich vermehrt werden. Sie sind der Indikator für die Flucht vor den inneren Phantomen und der Versuch, die latente Haßbereitschaft in der Bevölkerung, die auf der Allgegenwart des Selbstverrats beruht, zu schüren und für sich zu nutzen.» (159)

98 R. KURZ: Schwarzbuch Kapitalismus, 524, schreibt vom totalitären Markt: «Der moderne Totalitätsbegriff ist überhaupt nur denkbar vor dem Hintergrund des Kapitals mit seinem inhärenten Drang, sich zum totalen Weltverhältnis zu machen. – Schon die im 17. und 18. Jahrhundert formulierte ursprüngliche ideologische Kernaussage, die Keimformen eines völlig neuartigen, paranoiden und selbstzweckhaften Systems von Zumutungen als ‹natürlich›, unwandelbar, von jeher gegeben und unüberschreitbar zu heiligen, trägt diesen monomanischen kapitalistischen ‹Willen zur Totalität› in sich.»

99 Vgl. G. POLIKEIT: Wozu braucht die EU eigenes Militär? Mit Euro und Militär zur Weltmacht, in: UZ. Magazin unsere Zeit, 1/2000, 19–21: «es geht nicht um eine ‹Verteidigung› des Territoriums der EU-Staaten gegen irgendeinen Angriff von außen, sondern um weltweite militärische Interventionsfähigkeit überall da, wo die führenden Politiker der EU die ‹europäischen Interessen› für bedroht erklären.»

100 G. ORWELL: Nineteen eighty-four, London 1949; dt.: 1984, übers. v. K. Wagenseil, Stuttgart 1950. In dem «Neusprech» des «Großen Bruders» lauten die Leitsätze der Partei: «Krieg ist Frieden. Freiheit ist Sklaverei. Unwissenheit ist Stärke.»

101 MIRA BEHAM: Kriegstrommeln. Medien, Krieg und Politik, Kap. 4: Krieg in den Köpfen, S. 134–142: «Die Versuche der Politik, Einfluß zu nehmen auf die Medien, und umgekehrt, die Militärzensur, die mediale Vermittlung von Nachrichten über Kriege, die Wahrnehmung dieser vermittelten Realitäten durch die Öffentlichkeit und die Reaktionen der Öffentlichkeit auf diese Realitäten – all diese Vorgänge sind komplizierte Kommunikationsprozesse, bei denen Bilder und Urteile entstehen, die sich Individuen und Völker über die anderen machen. Diese Prozesse der Wahrnehmung und der Manipulation der Wahrnehmung hat es schon immer gegeben, aber mit dem Aufkommen der Massenmedien im 20. Jahrhundert haben sie zum einen ganz andere Dimensionen angenommen und sind zum anderen deshalb auch schwerer durchschaubar geworden.» (134)

102 E. CHARGAFF: Vermächtnis, 11; S. 281: «Nichts scheint leichter zu sein, als einen Feldzug zwecks Aneignung der arabischen Ölquellen als einen Verteidigungskrieg zu kostümieren. Die Weißwaschmaschinen der UNO können nach wenigen Handgriffen als Blutsprühmaschinen eingesetzt werden, und so geht die Historie weiter mit ihren Gedenktagen und Tapferkeitsmedaillen … Bischöfe, Mullahs und Rabbiner haben zu allen Zeiten die Waffen gesegnet, denn jedem Volk erscheint sein Krieg als ein gerechter Krieg; was nur zeigt, wie wackelig der Begriff der Gerechtigkeit immer ge-

wesen ist. Viel höher als diese ist die Barmherzigkeit, aber die steht nur mehr in den Wörterbüchern.»

103 W. SCHMIED: Richard Oelze: Tägliche Drangsale (1934), in: W. von Bonin (Hg.): 100 Meisterwerke aus den großen Museen der Welt, Bd. 3, Köln 1987, 126–131.

104 A.a.O., 129; 128.

105 Zum Begriff der *Regression* vgl. H. NAGERA (Hg.): Psychoanalytische Grundbegriffe, 436–441. H.-W. TRAVERS: Diagnose und Differentialdiagnose, in: Depressive Störungen, 36, meint, in der depressiven Verstimmung führe «das Nicht-Akzeptieren des Verlustes zu einer Regression auf die orale Entwicklungsstufe, in welcher noch nicht klar zwischen dem Selbst und den Eltern unterschieden wurde. Durch die Regression verschmilzt das eigene Selbst mit der verlorenen Person, es kommt gleichsam zu einer Introjektion des geliebten Menschen.»

106 S. FREUD: Trauer und Melancholie, X 436–437, meinte, daß die Melancholie einen wesentlichen Teil ihrer Charaktere der Trauer auf Grund von Verlust des geliebten «Objektes» entlehne, «den anderen Teil dem Vorgang der Regression von der narzißtischen Objektwahl zum Narzißmuß»; genauer sollten wir im Sinne von K. ABRAHAM in unserem Märchen eine «Regression von der Objektbesetzung auf die noch dem Narzißmus angehörige orale Libidophase» annehmen.

107 S. FREUD: Die Traumdeutung, II/III 359, stellte als traumpsychologische Regel auf: «Dosen, Schachteln, Kästen, Schränke, Öfen entsprechen dem Frauenleib, aber auch Höhlen, Schiffe und alle Arten von Gefäßen.»

108 Dahinter steht wohl das Bild der Vergänglichkeit, das von der Uhr angezeigt wird; aber auch der Uhrkasten selbst kann als «Versteck» verstanden werden. Raum und Zeit treten in dieser Redewendung zusammen zum Bild eines endgültigen Verlustes.

109 Es ist sehr wichtig, den «Uhrenkasten» und den «Wolfsbauch» gleichermaßen als *mütterliche* Symbole zu verstehen, um die Ambivalenz der Muttergestalt ebenso wie die Widersprüchlichkeit der kindlichen Antwort zwischen Angst und Anlehnung zu begreifen.

110 Vgl. E. DREWERMANN: Zeiterleben und Persönlichkeitsstruktur, in: Zeitreisen – Reisezeiten, 58–80.

111 TH. M. MESSER: Edvard Munch, Nr. 47: Selbstporträt zwischen Standuhr und Bett, 1940–42, 149,2 × 120,6 cm, Munch-Museum, Oslo.

112 R. STANG: Edvard Munch – der Mensch und der Künstler, S. 26, zitiert zu dem Bild ein Wort MUNCHS: «Wir sterben nicht, die Welt stirbt uns weg.»

113 Zu Recht wies S. FREUD: Trauer und Melancholie, X 434, darauf hin, «daß die mannigfachen Selbstanklagen des Melancholikers … einer anderen Person anzupassen sind, die der Kranke liebt, geliebt hat oder lieben sollte … So hat man denn den Schlüssel des Krankheitsbildes in der Hand, indem man die Selbstvorwürfe gegen ein Liebesobjekt erkennt, die von diesem weg auf das eigene Ich gewälzt sind». Die Klagen des Melancholikers sind also eigentlich Anklagen. Andererseits wird der narzißtische Rückzug von der Welt draußen in der Melancholie trotz aller Selbstvorwürfe subjektiv nicht selten als eine Art moralischen Triumphs erlebt: Man ist nicht so «schlimm» wie die anderen, denen die geheimen Vorwürfe gelten. Auch der Selbsthaß, die «unzweifelhaft genußreiche Selbstquälerei der Melancholie bedeutet … die Befriedigung von … Haßtendenzen, die einem Objekt gelten». (A.a.O., X 438)

114 Der Stillstand der Zeit ergibt sich aus dem Unvermögen des Depressiven, von sich her noch etwas planen und entwerfen zu können. S. o. Anm. 110.

115 Man vergißt leicht, daß S. FREUD: Erinnern, Wiederholen und Durcharbeiten, X 126–136, im Grunde die «Technik» einer personalen Begegnung auf dem Hintergrund frühkindlicher «Objekt»-besetzungen beschreibt. Vgl. bes. H. F. SEARLES: Über die therapeutische Symbiose, in: G. Ammon (Hg.): Psychotherapie der Psychosen, 50–69.

116 Tatsächlich hielt S. FREUD die Melancholie auf Grund ihrer narzißtischen Struktur und mangelnden Objektbesetzung für schwer behandelbar. So schreibt S. FREUD: Die Sexualität in der Ätiologie der Neurosen, I 513: «Während einer hysterischen Verworrenheit, einer eingeschalteten Manie oder Melancholie ist mit den Mitteln der Psychoanalyse nichts zu leisten.»

117 TH. HOBBES: Leviathan, 31. Kap., S. 295: «Daß des Menschen bloßer Naturzustand … ein gesetzloser Zustand und Krieg ist …» hält HOBBES für bewiesen und erwiesen; also bedarf es einer höchsten Gewalt (des Staates), auf der Basis von Verträgen. (297) Vgl. R. KURZ: Schwarzbuch Kapitalismus, 34–45: Eine Gesellschaft von Ungeheuern.

118 Zur Stelle vgl. R. BULTMANN: Johannes-Evangelium, 272–298: Der gute Hirt.

119 Lk 15,4–7; Mt 18,12–14.

120 Vgl. J. JEREMIAS: Die Gleichnisse Jesu, 132–134, S. 134: «Es bleibt dem Hirten nichts anderes übrig, als es zu tragen, was auf größere Strecken nur so möglich ist, daß er das Tier auf seinen Schultern, d.h. um den Hals, legt.»

121 Es war S. KIERKEGAARD: Die Krankheit zum Tode, 1. Abschn., A., S. 13–21, der die Wirklichkeit der «Sünde» als *Verzweiflung* beschrieb.

122 Vgl. H. GLATZEL: Ernährung, in: Handbuch der Neurosenlehre und Psychotherapie, II 431: «Alltägliche Sprachgewohnheiten: ‹Es liegt mir im Magen›, ‹es bleibt mir die Spucke weg›, ‹es ist zum Erbrechen›, ‹ich bin beschissen worden›, zeigen unmißverständlich, daß man ganz allgemein nicht nur die Tatsache, sondern auch den spezifischen Ausdruckswert psychogen bestimmter Funktionsabläufe im Bereich der Verdauungsorgane als Selbstverständlichkeit betrachtet.»

123 Sehr hilfreich ist der «Fragebogen» zu Hauterkrankungen und Allergien, den N. PESESCHKIAN: Psychosomatik und positive Psychotherapie, 259, vorlegt: «1) Reagieren Sie ‹gereizt›? ‹Juckt es Sie›, Ihre Meinung zu sagen? Was ‹juckt› Sie in Wirklichkeit? Was ‹geht Ihnen unter die Haut›? Fallen Ihnen noch andere Sprichworte zu Ihrer Erkrankung ein? Was sagen Ihnen diese Volksweisheiten? 2) Haben Sie sich ‹ein dickes Fell zugelegt›? Schützen Sie sich damit vor seelischen Verletzungen? … 7) Welche Kleinigkeiten des Alltagslebens … gehen Ihnen ‹unter die Haut›? 8) Wollen Sie sich jemand ‹vom Leibe halten›? Sucht jemand zu Ihnen eine Beziehung, die Sie nicht wünschen oder zu der Sie sich nicht in der Lage fühlen? 9) Mögen Sie Zärtlichkeit und Körperkontakt? 10) Möchten Sie manchmal ‹aus der Haut fahren›? und können doch nicht ‹aus Ihrer Haut heraus›?»

124 Vgl. W. PSCHYREMBEL: Klinisches Wörterbuch, 1253: Urtikaria.
125 K. KOLLWITZ: Schmerz und Schuld. Eine motivgeschichtliche Betrachtung. Ausstellung aus Anlaß des 50. Todestages von Käthe Kollwitz und zum Gedenken der 50. Wiederkehr des Zweiten Weltkriegs. Käthe Kollwitz-Museum, Red.: G. Fritsch, Berlin 1995, Kat. Nr. 105, S. 176.
126 Zur Geschichte der *Niobe* vgl. K. KERÉNYI: Die Mythologie der Griechen, Bd. I: Die Götter- und Menschheitsgeschichten, 175–176.
127 Zur Stelle vgl. A. WEISER: Die Propheten: Hosea, Joel, Amos, Obadja, Jona, Micha (ATD 24), Göttingen [2]1955, 220.
128 Zur Stelle vgl. E. DREWERMANN: Das Matthäus-Evangelium, II 256–270, S. 260–261.
129 L. FROBENIUS: Das Zeitalter des Sonnengottes, Berlin 1904.
130 L. FROBENIUS: Das Zeitalter des Sonnengottes, 30, beschreibt die «eigentliche» Form des Mythems so: «Tritt ... für den blutigen Sonnenaufgang etwa die Anschauung auf, daß hier eine Geburt stattfindet, die Geburt der jungen Sonne, so schließt sich hieran unbedingt die Frage, woher denn die Vaterschaft komme, wie dies Weib zu der Schwangerschaft gelangt sei. Und da nun dies Weib dasselbe symbolisiert wie der Fisch, nämlich das Meer (indem wir von einer Ausnahme ausgehen, daß die Sonne sowohl im Meer untergeht, als aus dem Meere emporsteigt), so ist die urmerkwürdige Antwort, daß dies Meer ja vordem die alte Sonne verschluckt habe. Es bildete sich demnach die Konsequenzmythe, da das Weib ‹Meer› vordem die Sonne verschluckt hat und jetzt eine neue Sonne zur Welt bringt; so ist sie offenbar schwanger geworden.»
131 C. G. JUNG: Symbole der Wandlung, V 261–351; 302 beschreibt die Ambivalenz des «Verschlungenwerdens» im Symbol der «Nachtmeerfahrt» des Helden so: «Wer sich von der Mutter trennt, sehnt sich nach ihr zurück. Diese Sehnsucht kann zur verzehrenden Leidenschaft werden, welche alles Gewonnene bedroht. In diesem Fall erscheint dann die ‹Mutter› einerseits als höchstes Ziel, andererseits als gefährlichste Bedrohung, als ‹furchtbare› Mutter.»
132 Andererseits gehört dieses Motiv natürlich wesentlich zu dem Mythos von der «Nachtmeerfahrt» des Sonnenhelden, wie L. FROBENIUS: Das Zeitalter des Sonnengottes, 421, sie vollständig referiert: «Ein Held wird von einem Wasserungetüm im Westen verschlungen ... Das Tier fährt mit ihm nach Osten (*Meerfahrt*). Inzwischen entzündet er in dem Bauche ein Feuer (*Feueranzünden*) und schneidet sich, da er Hunger verspürt, ein Stück des herabhängenden Herzens ab (*Herzabschneiden*). Bald darauf bemerkt er, daß der Fisch auf das Trockene gleitet (*Landen*); er beginnt sofort das Tier von innen heraus aufzuschneiden (*Öffnen*); dann schlüpft er heraus (*Ausschlüpfen*). In dem Bauch des Fisches ist es so heiß gewesen, daß ihm alle Haare ausgefallen sind (*Hitze, Haar*). – Vielfach befreit der Held noch gleichzeitig alle, die vorher verschlungen wurden (*Allverschlingen*) und die nun alle auch ausschlüpfen (*Allausschlüpfen*).»
133 Vgl. J. HIRSCHMANN: Primitivreaktionen, in: Handbuch der Neurosenlehre und Psychotherapie, II: Spezielle Neurosenlehre, 92–101.
134 Zum Motiv des *Herausschneidens* aus dem (mütterlichen) Ungeheuer s. o. Anm. 132.
135 Vgl. C. G. JUNG: Symbole der Wandlung, V 216–260: Die Entstehung des Heros; R. MOORE – D. GILETTE: König, Krieger, Magier, Liebhaber, 105–131: Der Krieger.
136 S. FREUD: Märchenstoffe in Träumen, X 9.
137 E. KÄSTNER: Lärm im Spiegel, 16.
138 Mit der ersten industriellen Revolution, welche die Maschine in Konkurrenz zur menschlichen Arbeitskraft setzte, wurden vor allem in der Textilmanufaktur Arbeiter «freigesetzt»; das Schneiderhandwerk aber erhielt sich noch bis in die Mitte des 20. Jh.'s.
139 R. DE VAUX: Das Alte Testament und seine Lebensordnungen, I 256: «Der Steinigung sind verfallen: die Götzendiener, Dt 13,10f.; 17,5ff.; die Gotteslästerer, Lv 24,14–23; die Frau, die verheimlicht hatte, daß sie beim Eintritt in die Ehe nicht mehr Jungfrau war, Dt 22,21; die schuldige Braut und ihr Komplize, Dt 22,24; der widerspenstige Sohn, Dt 21,21; der Sabbatschänder, Nm 15,35f. Wer sich am Banngut vergriff und wer der Majestätsbeleidigung beschuldigt war, wurde nach Jos 7,25 und 1 Kg 21,10 ebenfalls gesteinigt. Die Steinigung war die normale Strafart, die man auch dort annehmen muß, wo der Text nicht ausdrücklich davon spricht, vgl. den Fall der Ehebrecherin bei Jo 8,5. Man führte den Verurteilten aus der Stadt heraus, 1 Kg 21,10.13; vgl. Lv 24,14; Nm 15,36. Die Belastungszeugen warfen den ersten Stein, dann tat es das Volk so lange, bis der Tod eintrat. Auf diese Weise kam bis zum Schluß der kollektive Charakter der kommunalen Gerichtsbarkeit zum Ausdruck.»
140 F. SAHEBJAM: Die gesteinigte Frau. Die Geschichte der Soraya Manoutchehri, Kap. 7: Die Steinigung, 121–130, beschreibt den grausigen Ritus, bei dem eine Frau, die fälschlich des Ehebruchs beschuldigt wird und welche die Männer des Dorfes zum Tode verurteilt haben, im Iran des Jahres 1991 durch Steinigung hingerichtet wird: Man gräbt sie bis zu den Schultern ein, dann wirft ihr eigener Vater den ersten Stein, gefolgt von dem Ehemann und ihren beiden Söhnen; Stunden danach, am Ende eines qualvoll langsamen Todes, wird ihr Leichnam den Hunden zum Fraß freigegeben.
141 Vgl. R. BILZ: Über die menschliche Schuldangst. Erörterungen über die Tat und das Motiv-Objekt (1958), in: Paläoanthropologie, 351–369: «Der Mensch ist offenbar eine tribunale Existenz von Anbeginn. Er steht immerfort in der Verantwortung. Die Psychose zeigt in der Vergröberung die archaischen Zuordnungen.» (363)
142 Tatsächlich kann die psychotherapeutische Durcharbeitung erlittener Verletzungen erreichen, daß am Ende sogar eine Versöhnung mit der eigenen Vergangenheit und eine Aussöhnung mit dem «Täter» zustande kommt; anderenfalls droht stets die Gefahr, daß das Strafrecht projektiv die Funktion einer Ersatzpsychiatrie zu übernehmen hat und gesellschaftlich auch zu diesem Zweck instrumentalisiert wird.
143 M. KALÉKO: In meinen Träumen läutet es Sturm, 65–66.
144 I. BERGMAN: Höstsonaten, Stockholm 1978; dt.: Herbstsonate, übers. v. H. Grimmler, Hamburg 1978. Auch in diesem Film trägt der «Wolf» die Züge der Mutter.
145 TH. DICKINSON (Reg.): Gaslight, England 1940; dt.: Gaslicht / Das Haus der Lady Alquist.

146 Die Geschichte hat BERTOLD BRECHT in *Der kaukasische Kreidekreis* verarbeitet, in: Gesammelte Werke, 20 Bde., Bd. 5, Frankfurt 1967.
147 F. NIETZSCHE: Also sprach Zarathustra, S. 359: Das trunkene Lied, Str. 12.
148 M. KALÉKO: In meinem Herzen läutet es Sturm, 70.
149 A. SCHNITZLER: Über Krieg und Frieden. Schriftenreihe: Ausblicke, Stockholm 1939.
150 Vgl. ST. KUBRICK (Red.): Full metal jacket, USA 1987.
151 MAHATMA GANDHI: Worte des Friedens, 45–46.
152 ARISTOPHANES: Lysistrate, in: Sämtliche Komödien, hg. v. H.-J. Newiger, Neubearb. der Übers. v. L. Seeger (Frankfurt 1845–1848), Anmerkungen v. H.-J. Newiger u. P. Rau, München (dtv 6066) 1976, 360–413.
153 E. KÄSTNER: Lärm im Spiegel, 22–23.
154 Es ist das uralte mythische Motiv vom getöteten Töter bzw. von der Göttin oder dem Gott, die oder der in den Todesabgrund hinabsteigt, um den Tod zu töten und das Leben zurückzuholen.

Der Wolf und der Fuchs

Märchen Nr. 73 aus der Grimmschen Sammlung

Vorwort

Seit längerem kommt eine Frau zu mir, die seit über 35 Jahren an einer schweren Magersucht leidet. Ihre Hände sind rot-blau gefärbt, wie verbrannt unter der Mangelernährung; ihr Gesicht ist so ausgezehrt, wie man es allenfalls von Bildern aus der Dritten Welt oder aus gewissen «Strafgefangenenlagern» kennt; ihr hochgeschlossenes buntes Kleid verhüllt ihren ausgemergelten, zum Skelett abgemagerten Körper; ihre müden, traurigen Augen wirken, als wollten sie die ganze Welt nicht mehr sehen; nur ihr schmaler Mund zwingt ihren faltigen Wangen manchmal ein tapferes Lächeln ab. Was, muß man sich fragen, hat man dieser Frau angetan? Und vielleicht wichtiger noch: Warum tut diese Frau sich selbst all das an?

Die folgende Geschichte, eigentlich kein Märchen, sondern eine Fabel, hat mir wesentlich diese Frau mit ihrem Leben erklärt. Sie selber hätte und hat bei weitem mehr zu sagen, als in dieser Geschichte zum Ausdruck kommt. Und doch bedeutete es uns einmal eine Hilfe, die Erzählung vom *Wolf und dem Fuchs* gemeinsam zu lesen, kommt darin doch eine zentrale Angst im Erleben von *Magersüchtigen* in einem äußerst eindrucksvollen Bilde zur Sprache.

Der Wolf und der Fuchs

Der Wolf hatte den Fuchs bei sich, und was der Wolf wollte, das mußte der Fuchs tun, weil er der schwächste war, und der Fuchs wäre gerne des Herrn los gewesen. Es trug sich zu, daß sie beide durch den Wald gingen, da sprach der Wolf: «Rotfuchs, schaff mir was zu fressen, oder ich fresse dich selber auf.» Da antwortete der Fuchs: «Ich weiß einen Bauernhof, wo ein paar junge Lämmlein sind, hast du Lust, so wollen wir eins holen.» Dem Wolf war das recht, sie gingen hin, und der Fuchs stahl das Lämmlein, brachte es dem Wolf und machte sich fort. Da fraß es der Wolf auf, war aber damit noch nicht zufrieden, sondern wollte das andere dazu haben und ging, es zu holen. Weil er es aber so ungeschickt machte, ward es die Mutter vom Lämmlein gewahr und fing an entsetzlich zu schreien und zu bläen, daß die Bauern herbeigelaufen kamen. Da fanden sie den Wolf und schlugen ihn so erbärmlich, daß er hinkend und heulend bei dem Fuchs ankam. «Du hast mich schön angeführt,» sprach er, «ich wollte das andere Lamm holen, da haben mich die Bauern erwischt und haben mich weich geschlagen.» Der Fuchs antwortete: «Warum bist du so ein Nimmersatt.»

Am andern Tag gingen sie wieder ins Feld, sprach der gierige Wolf abermals: «Rotfuchs, schaff mir was zu fressen, oder ich fresse dich selber auf.» Da antwortete der Fuchs: «Ich weiß ein Bauernhaus, da backt die Frau heut abend Pfannkuchen, wir wollen uns davon holen.» Sie gingen hin, und der Fuchs schlich ums Haus herum, guckte und schnupperte so lange, bis er ausfindig machte, wo die Schüssel stand, zog dann sechs Pfannkuchen herab und brachte sie dem Wolf. «Da hast du zu fressen», sprach er zu ihm und ging seiner Wege. Der Wolf hatte die Pfannkuchen in einem Augenblick hinuntergeschluckt und sprach: «Sie schmecken nach mehr», ging hin und riß geradezu die ganze Schüssel herunter, daß sie in Stück zersprang. Da gab's einen gewaltigen Lärm, daß die Frau herauskam, und als sie den Wolf sah, rief sie die Leute, die eilten herbei und schlugen ihn, was [das] Zeug wollte halten, daß er mit zwei lahmen Beinen laut heulend zum Fuchs in den Wald hinauskam. «Was hast du mich garstig ngeführt!» rief er, «die Bauern haben mich erwischt und mir die Haut gegerbt.» Der Fuchs aber antwortete: «Warum bist du so ein Nimmersatt.»

Am dritten Tag, als sie beisammen draußen waren und der Wolf mit Mühe nur forthinkte, sprach er doch wieder: «Rotfuchs, schaff mir was zu fressen, oder ich fresse dich selber auf.» Der Fuchs antwortete: «Ich weiß einen Mann, der hat geschlachtet, und das gesalzene Fleisch liegt in einem Faß im Keller, das wollen wir holen.» Sprach der Wolf: «Aber ich will gleich mitgehen, damit du mir hilfst, wenn ich nicht fort kann.» «Meinetwegen», sprach der Fuchs und zeigte ihm die Schliche und Wege, auf welchen sie endlich in den Keller gelangten. Da war nun Fleisch im Überfluß, und der Wolf machte sich gleich daran und dachte: «Bis ich aufhöre, hat's Zeit.» Der Fuchs ließ sich's auch gut schmecken, blickte überall herum, lief aber oft zu dem Loch, durch welches sie gekommen waren, und versuchte, ob sein Leib noch schmal genug wäre, durchzuschlüpfen. Sprach der Wolf: «Lieber Fuchs, sag mir, warum rennst du so hin und her, und springst hinaus und herein?» «Ich muß doch sehen, ob niemand kommt», antwortete der Listige, «friß nur nicht zu viel.» Da sagte der Wolf: «Ich gehe nicht eher fort, als bis das Faß leer ist.» Indem kam der Bauer, der den Lärm von des Fuchses Sprüngen gehört hatte, in den Keller. Der Fuchs, wie er ihn sah, war mit einem Satz zum Loch draußen;

der Wolf wollte nach, aber er hatte sich so dick gefressen, daß er nicht mehr durch konnte, sondern steckenblieb. Da kam der Bauer mit einem Knüppel und schlug ihn tot. Der Fuchs aber sprang in den Wald und war froh, daß er den alten Nimmersatt los war.

Was die Fabel lehrt oder: Hinweise auf eine besondere Angstform im Problemkreis der Magersucht

Fabeln heute noch zu schreiben oder auszulegen scheint fast unmöglich zu sein. Die Zeiten sind endgültig vorüber, da man Menschen im Rahmen des totemistischen Denkens als Verkörperungen tierischer Ahnen zu betrachten versuchte. Allenfalls in der Astrologie hält hartnäckig noch sich die Vorstellung, das Schicksal eines Menschen gestalte sich nach dem symbolischen Vorbild oder gar Sterneneinfluß des «Löwen», des «Stiers» oder der «Fische» am Himmel, mit all den dazu assoziierbaren Eigenschaften, Stärken wie Schwächen. Was sollen uns Heutigen Geschichten noch sagen, in denen Tiere nichts weiter sind als das verkleidete Sprachrohr moralischer Lehren, als die Portraitfiguren bestimmter Tugenden und Laster oder als die stellvertretenden Akteure des menschlichen Komödien- und oft wohl auch Tragödienspiels? Gerade in den letzten Jahrzehnten ist unser Wissen um das Wesen vieler Tierarten, Gott sei Dank, so weit gewachsen, daß wir zu manchen von ihnen in ein echtes Gespräch treten können. Wir verstehen vielfach, was sie wirklich sagen möchten (daß wir dieses Wissen dann vor allem zur noch «effizienteren» Ausbeutung der Tiere, statt zur Vermehrung ihres Glücks benutzen, steht auf einem anderen Blatt), und um so unleidlicher muß eine Literaturgattung uns erscheinen, die, wie die Fabel, seit der Antike[1] die Tiere mit so simplen und erkennbar so falsch typisierten Schablonen verknüpft wie: Esel sind dumm, Bienen sind fleißig, Wölfe sind gierig, Füchse sind schlau, Hasen sind ängstlich, Raben sind zänkisch usw.

Deutlich anders verhält es sich im *Märchen*. Dort treten die Tiere, ähnlich den Träumen, als symbolische Seelenbegleiter und Seelenanteile auf, und sie sind, wie alle Symbole, in ihrer Bedeutung nur zu verstehen aus der Konfiguration, die ihnen im Zusammenhang der jeweiligen Geschichte selbst zugewiesen wird. Im Märchen ist deshalb eine psychologische Auslegung möglich und nötig. Die Fabel ist nicht interpretationsbedürftig; sie spricht für sich selbst; ihr *docet* ist eindeutig und klar oder möchte es zumindest sein.

Die Geschichte *Der Wolf und der Fuchs* ist eine Fabel. Was sie besagt, liegt auf der Hand: Das Laster der Freßgier, der «*gula*», der «Gaumenlust»[2], bestraft sich selbst, und je länger es währt, desto sicherer endet es tödlich. Eben weil sie ein Laster ist, eine Sucht, anerkennt die «Völlerei» keine zivilisierten Regeln des Zusammenlebens; sie bildet eine Art Wildheitsrelikt der Psyche. Deshalb der «Wolf», um sie zu malen. Dabei könnte man wissen, daß es so nicht geht; die eigene Vernunft müßte es einem sagen. Deshalb der «Fuchs». Er sinnt darauf, seinen alles verschlingenden «Gefährten» loszuwerden. Und das gelingt ihm. Maßlose Gier geht an sich selber zugrunde. Man merke.

Doch so einfach, wie die Fabel es möchte und mit ihr die Morallehre von «Tugend» und «Laster» insgesamt, läßt sich mit der «*Gula*»[3] nicht umgehen. Man mißversteht diese «Fehlhaltung», solange man sie überhaupt als ein «freies Sichverhalten» in «sittlicher Verantwortung» betrachtet, statt in ihr das Symptom einer schweren seelischen Krankheit zu erblicken. Und nun zeigt sich, daß die Bilder der Fabel vom *Wolf und vom Fuchs* psychologisch uns doch weit mehr über bestimmte Zusammenhänge speziell des Eßverhaltens bestimmter Menschen zu sagen vermögen, als es innerhalb ihres moralisierenden Verwendungszusammenhangs eigentlich vorgesehen ist. Von besonderem Interesse ist dabei allerdings nicht die «Freßgier» des «Wolfes», sondern die Gegensätzlichkeit von «Wolf» und von «Fuchs», das so widersprüchliche Zusammenspiel beider und vor allem, die mörderische Feindschaft, die latent die Beziehung zwischen den beiden durchzieht. Man muß sich nur einmal vorstellen, daß ein Mensch beide Seiten: den «Wolf» wie den «Fuchs» in sich trägt, und man wird zum Zeugen einer dramatischen Auseinandersetzung, die im «wirklichen Leben» nicht selten in der Tat einen tödlichen Ausgang nimmt.

Folgt man den Worten der Fabel, liegen die Verhältnisse klar: Der «Fuchs» könnte dem «Wolf» schon wohl von Nutzen sein, erwiese dieser sich nicht immer wieder als «Nimmersatt»; es ist seine Maßlosigkeit, die ihn immer empfindlicher «schlägt» und die ihn schließlich umbringen muß; seine immense Gier ist ganz einfach Dummheit, schon weil sie so ungeschickt, unbedacht und unvorsichtig zu Werke geht. Doch daraus ergibt sich eine wichtige Frage: Wer eigentlich möchte sich derart gebärden? In der Fabel ist ein Wolf halt ein «Wolf»; doch wenn mit dem Wolfs-Bild ein «gieriger» Mensch gemalt werden soll, dann hat man es nicht länger mit einer «Naturtatsache» zu tun; dann muß man sich fragen, wie ein Mensch dahin kommt, «wölfisch» zu werden oder «fuchsig» zu sein, und wie soll es zugehen, daß ein Mensch beiderlei «Getier» in sich trägt?

Die Frage, in dieser Weise erst einmal gestellt, eröffnet mit einem Mal eine Reihe von bemerkenswerten Einsichten in die Strukturen von Sucht und Suchtverhalten, näherhin von Fettsucht (*Adipositas*) und Magersucht (*Anorexia nervosa*)[4]. Dabei sagt uns die Fabel nichts über die seelische Entstehung derartiger «Eßstörungen», doch verrät sie uns bei genauerem Hinsehen eine Menge über die Wechselwirkung von Triebangst und Verdrängung. Zum rechten Verständnis der Erzählung sollten wir am besten freilich die Perspektive aus der Sicht des «Fuchses» wählen, übernimmt er doch unzweifelhaft die «sympathische» Rolle der beiden Akteure und eignet sich deshalb am meisten als Repräsentations- und Identifikationsgestalt des *Ichs*. Der «Fuchs» und der «Wolf» erscheinen dann als das Ich und sein «Schatten»[5] beziehungsweise (in der Sprache des Schweizer Tiefenpsychologen LEOPOLD SZONDI) als die dialektisch aufeinander bezogenen Gestalten des «Vorder»- und «Hintergängers»[6]. Der letztere Ausdruck ist (bei aller Kritik, die man an SZONDIS «Triebdiagnostik» üben kann) genial gewählt, denn tatsächlich «hintergeht» dieser Teil der Psyche alle noch so gutgemeinten und vernünftig geplanten Absichten im «Vordergrund» der bewußten Lebenseinstellung; auch das FREUDsche Begriffspaar: «Hemmung» und «Haltung» gehört hierher[7]. Worum also geht es in unserer Fabel?

Gerade wenn wir den «Fuchs» und den «Wolf» als «verfeindete Brüder» betrachten, als die Kontrastfiguren einer spannungsreichen seelischen Einheit, wird uns deutlich, was es mit dem «Fuchs» auf sich hat: Er steht im Grunde in völliger Abhängigkeit von dem «Wolf»: «*was der Wolf wollte, das mußte der Fuchs tun, weil er der schwächste war*» heißt es ausdrücklich in unserer Fabel. Mit anderen Worten: Wenn wir den «Fuchs» schon als Repräsentanten des Bewußtseins verstehen, dann haben wir in dieser Geschichte ein Ich vor uns, das sich – aus Gründen, die wir nicht kennen – als Sklave seines Es fühlt. Alles Denken und Handeln steht unter dem Diktat des «Wolfes»; das einzige Thema, um das alles kreist, ist das Essen, und es gibt daraus kein Entrinnen. Das einzige, wozu die Intelligenz und die Kenntnis des «Fuchses» gebraucht wird, hat in den Dienst der Nahrungsbeschaffung zu treten. Das Essenwollen, ja, das Essenmüssen über jeden vernünftigen Appetit hinaus ist so etwas wie eine überwertige Idee, eine Triebfixierung. Doch wie kommt es dahin? Daß ein Teilbedürfnis im «Spiel» der Triebe sich in den Vordergrund drängt und alle anderen Bedürfnisse mit seinem «wölfischen» Format überlagert, kann gewiß recht verschiedene Ursachen haben; im Zentrum aber steht stets dasselbe Problem.

Jedes Kind, das zur Welt kommt, verlangt nach Liebe; nicht jede Mutter aber ist in der Lage, ihrem Kinde die nötige Liebe zu geben, und so kann sie geneigt sein, das mangelnde Gefühl der Zuwendung durch ein vermehrtes Angebot an Nahrung auszugleichen: «Ich tue doch meine Pflicht, und du hast kein Recht, mich eine schlechte Mutter zu nennen.» Nach dieser Devise erfüllt das Essen, das dem Kind vorgesetzt wird, gleich zwei Aufgaben: Auf seiten der Mutter soll es einen Freispruch von etwaigen Schuldgefühlen ermöglichen, auf seiten des Kindes aber soll es jeglichen Widerspruch im Keim ersticken. Fortan hat das Kind seiner Mutter dankbar dafür zu sein, daß es von ihr so gut ernährt wird. Die Nahrung muß ihm zeigen, daß es geliebt wird; sie soll ihm verdeutlichen, daß es zufrieden zu sein hat. Doch sein ganzes Leben lang wird es sich, wenn diese Lektion erst einmal sitzt, kaum vorstellen können, daß ihm wirkliche Liebe geschenkt werden könnte! Mit dem Essen wird ihm buchstäblich der Mund gestopft. Nahrung kann aber Liebe nicht ersetzen, und so entsteht das unstillbare Bedürfnis, immer mehr zu essen, ohne jemals gesättigt zu werden. Das ist die Sucht[8].

Der Unterschied der Betrachtungsweise ist jetzt bereits deutlich: In der «Logik» der Fabel ist der «Wolf» einfach ein gefräßiges Ungeheuer, doch indem sie das Wolfsbild auf einen Menschen überträgt, erweckt sie den Eindruck, daß manche Menschen ohne weiteres als «gierig» wie «Wölfe» beschrieben werden könnten. Das aber ist, wie wir sehen, durchaus nicht der Fall. Psychologisch sehen wir gerade, daß ein Mensch, wenn er so wird, wie die Fabel ihn schildert, eben kein «Wolf» ist, sondern ganz im Gegenteil: jemand, der als Kind schon gelernt hat, daß er die Aufnahme von Nahrung als die wichtigste, wenn nicht als die einzige Form von Liebe verstehen muß, und daß er alle Enttäuschung darüber in sich hineinschlucken muß, und daß er außerstande ist, sich zu wehren, und daß er überhaupt niemand ist, der verdient, daß man ihn liebt... Die moralisierende Fabel findet augenblicklich ihre Grenze an der fabelhaften Moral, die sie, wenn auch humorvoll-spöttisch, vertritt. Statt Menschen in ihren Schwächen als «Tiere» vorzuführen, bleibt es gerade die Aufgabe der psychologischen Betrachtung, für die Not solcher Menschen um Verständnis zu werben.

Die *psychologische* Betrachtung *unserer* Fabel beginnt freilich erst zu greifen, wenn wir das Verhalten des «Fuchs,», mithin die Reaktion des Ichs, vor dem «Hintergrund» betrachten, der sich in der «Wolfsgefahr» ausspricht. Der «Fuchs» will nicht die Abhängigkeit, in welcher er von dem «Wolf» gehalten wird; doch wie soll er sie abschütteln? Im Grunde steht ihm nur sein Verstand zu Gebote, um den «Wolf» als seinen eigenen «Hintergänger» zu hintergehen. Doch wie kann er das? Von Fall zu Fall zeigt er sich außerstande, den «Wolf» an seinen Exzessen zu hindern; und will er sie überhaupt hindern? Statt den üblen Gesellen vor dem absehbaren Schaden, den er sich in seiner blinden Gier zuzieht, beizeiten zu warnen, läßt der «Fuchs» ihn fast mit Genugtuung immer wieder in sein Verderben laufen, so als verträte er den Standpunkt aller Pädagogik, die an ihrem untauglichen Erziehungs«objekt» resigniert ist: Wer nicht hören will, muß fühlen! Bezogen auf das eigene Ich, kann man eine solche Haltung kaum anders denn als masochistisch bezeichnen. Da herrscht geradewegs ein Wunsch nach Schmerz- und Schadensmaximierung in der vagen Hoffnung, irgendwann werde das Unmaß der Wolfsgier sich durch Selbstruin von allein schon erledigen. Läßt etwas anderes sich denn aber erwarten, wo an eine «Zähmung» oder gar «Disziplinierung» des Untiers ohnehin nicht zu denken ist? Zwischen dem «Fuchs» und dem «Wolf» findet im Grunde nur ein einziges «Gespräch» statt, bestehend aus zwei Sätzen: «Besorg mir zu essen!» und: «Das hast du davon!» Es ist offensichtlich, daß die Steigerung von Strafe und Schmerz, die den «Wolf» bis zum bitteren Untergang trifft, sich für den «Fuchs» geradezu wunschgemäß aufführt.

Beide «Tiere», zusammengenommen, fügen sich somit zu dem Bild einer Persönlichkeit, die an ihren unauflösbaren Widersprüchen zutiefst leidet, so sehr, daß sie ihren Teiluntergang förmlich herbeisehnt, ganz so, wie wenn jemand auf abschüssiger Fahrbahn die Kontrolle über sein Auto verloren hat und nur noch wünschen kann, möglichst bald durch einen mehr oder minder unsanften Aufprall gestoppt zu werden. Was soll ein Mensch tun, der so deutlich spürt, wie er sich selber entgleitet, und der nicht mehr erwartet, jemals noch, solange der «Wolf» in ihm wütet, wieder der Herr im eigenen Hause zu werden?

Was wir im folgenden geschildert finden, liest sich als ein psychologisch unheimlicher Weg in die komplette Abwehr der «wölfischen» Freßgier durch eine antithetische *magersüchtige* Einstellung.

In einer psychoanalytischen Anamnese ist die Frage: «Was essen Sie am liebsten?» diagnostisch manchmal recht aufschlußreich. Was uns an dem «Eßverhalten» des «Wolfs» jedenfalls auffallen muß, ist der abrupte Wechsel zwischen dem «Raubtier», das auf einem Bauernhof über «ein paar junge Lämmlein» herfällt, und dem «gierigen Wolf», der von den «Pfannkuchen» einer Bauersfrau nicht genug bekommen kann. «Ich mag am liebsten Wurst und Kuchen», gab jene seit Jahren an Magersucht leidende Patientin im Hintergrund unserer Fabeldeutung auf die Frage nach ihrer Lieblingsnahrung zur Antwort. Sie merkte in dem Moment nicht, wie sehr sie mit diesen Worten ihrem Wunsch nach Kindernahrung Ausdruck verlieh, und zwar nicht nach dem «normalen» Essen, sondern nach den «Beilagen» und der «Nachspeise». Wunschgemäß lebte sie eigentlich nur an den Rändern des Lebens, zwischen «Extrawurst» und «Obendrauf». Oder anders gesagt: Wonach sie verlangte, war im Grunde das, was sie nie bekommen hatte: statt des Lebensnotwendigen etwas

Zusätzliches, «Überflüssiges», das ihr hätte versichern können, selber mit ihrer Existenz nicht überflüssig zu sein. Diese Frau, der das ganze Leben nicht «schmeckte», wünschte sich am liebsten Speisen, die «nur» schmeckten[9]. Und eben dieses Hin und Her bestimmt schon ein Hauptmotiv im Erleben einer *Magersucht.*

Dabei verrät eine gutverpackte Wurst im Fleischerladen nicht mehr ohne weiteres die Art ihrer Herstellung; unsere Fabel ist da weit «ehrlicher», wenn sie schildert, wie der «Wolf» an die Fleischnahrung kommt. Das sadistisch-blutrünstige Schauspiel vom Reißen der Lämmlein, kontrastiert von dem «unschuldigen» Wunsch nach «Pfannkuchen», führt uns geradewegs in den Kern der Anorexie-Problematik. Näherhin weiß der «Fuchs» etwas, das dem «Wolf» entweder völlig unbekannt ist oder das ihn gänzlich gleichgültig läßt, – das ist die Tatsache, daß im Prinzip *alles* Essen einen strafwürdigen Diebstahl, einen gewaltsamen Einbruch, ein brutales Rauben und Morden darstellt. Nahrung aufzunehmen bedeutet in diesem Erleben allemal etwas Wildes, Grenzen Durchbrechendes, es bedeutet, sich etwas herauszunehmen, das einem nicht gehört, es bedeutet ein blutiges, rohes und doch unvermeidbares Schuldigwerden; allein bereits durch die Tatsache, daß man sich nur durch Töten und Stehlen am Leben zu halten vermag, erweist sich das Leben als etwas Unkultivierbares, als etwas im letzten Unzumutbares[10].

Doch was folgt daraus?

Wer darauf sinnt, den «Wolf» an sich loszuwerden, der legt die Hand an die Grundlagen des Lebens selbst; und eben das ist die Konsequenz, die innerhalb eines magersüchtigen Erlebens tatsächlich gezogen wird. Einmal gezogen aber, zieht diese Konsequenz sich wie eine Schlinge um den Hals eines Magersüchtigen zusammen, bis an die Grenze einer unbedingten Entscheidung zwischen Leben und Tod.

Das heißt, die Fabel lehrt uns, noch ein wenig genauer hinzusehen. Sie erzählt, wie beim dritten Mal der «Fuchs» und der «Wolf» gemeinsam in den Keller eines Bauern eindringen, um sich dort an den Fleischvorräten gütlich zu tun. Dabei schlingt der «Wolf», wie es so seine Art ist, wahllos und maßlos alles in sich hinein. Auch darin kann man etwas für eine «Freßsucht» Kennzeichnendes sehen: Es gibt überhaupt kein Sättigungsgefühl, weil bei dem Hineinschlingen von allem möglichen Eßbaren gar kein Empfinden von Genuß und bewußtem Erleben der unterschiedlichen Geschmacksqualitäten sowie ihrer Menge mehr spürbar bleibt[11]. Doch warum dieses hastige In-sich-Hineinstopfen der Nahrung? Das liegt eben an der «Gier» des Wolfsungeheuers, erklärt uns die Fabel, und doch hebt sie gerade an dieser Stelle den Schleier, der das Innerste im Erleben der «Freßsucht» vor den Augen einer rein moralisierenden Betrachtung verhüllt: Sie läßt uns im Betragen des «Fuchses» *die Angst* sehen, die jederzeit darauf wartet, bei dem «Diebstahl», den das Essen bedeutet, entdeckt zu werden; und im Fall des Entdecktwerdens, wohlgemerkt, wartet die Hinrichtung! Essen, mit anderen Worten, bedeutet Todesgefahr! *Deshalb* muß man alles Eßbare hastig in seinem Magen verschwinden lassen, weil die Situation der Nahrungsaufnahme in diesem Erleben ganz und gar der Lage eines Einbrechers gleicht, der die geraubten Juwelen in kürzester Zeit, während die Sicherheitsanlage gellend schon den Alarmton einschaltet, in seinen Beutesack einstreichen muß, will er für sein Tun nicht augenblicklich Gefahr laufen, verhaftet, vernommen und verurteilt zu werden.

Demgegenüber ist die Methode des «Fuchses» außerordentlich schlau gewählt, doch ist es gerade diese Schlauheit, die uns das Verhalten eines Magersüchtigen verstehen läßt: Immer wieder prüft dieses «Tier», indem es durchs Fenster heraus- und hereinspringt, ob es nicht schon *zu dick* wird, um im Zweifelsfall noch die Flucht antreten zu können. Es handelt sich bei dieser Vorsichtsmaßnahme keinesfalls nur um das «Sichern» gegenüber möglichen Feinden, um die «Vigilanz», die jedes Tier in freier «Wildbahn» gegenüber einem Beutegreifer an den Tag legen wird[12], – eine solche Sorgfalt leuchtet in unserer Fabel sogar dem «Wolf» ein und wiegt ihn in jedem Falle in Sicherheit; es geht beim Verhalten des «Fuchses» um mehr: Es geht ganz wörtlich um die Sorge, an Gewicht zu viel zuzunehmen!

Was diese Angst im Leben und Erleben magersüchtiger Patientinnen und Patienten bedeutet, kann sich nur vorstellen, wer zum hundertsten Mal die verzweifelte Angst einer derart erkrankten Person begleitet hat, möglicherweise auch nur um ein paar Gramm schwerer geworden zu sein. Es war der Punkt, an dem unsere Patientin sich von dieser Fabel am meisten angesprochen fühlte. Denn neben der ständigen Wachsamkeit, beim Essen wie auf frischer Tat als «Vielfraß» ertappt zu werden, herrschte von früh bis spät in ihrem Leben ein grausamer Kontrollzwang mit Bandmaß und Waage: Immer neu mußte sie den Nachweis erbringen, doch noch nicht «dicker» geworden zu sein. Es half absolut gar nichts, sie treuherzig der offensichtlichen Tatsache zu versichern, daß es wohl «nicht schlimm» sei, vielmehr sogar als höchst wünschenswert erscheine, wenn sie wirklich einmal etwas zunähme. Sie verhielt sich, wie es für ihre Erkrankung typisch ist: Ein Magersüchtiger wird in seinem Verstande begreifen, daß sein Eßverhalten «unsinnig» und «schädlich» ist, und doch wird er denselben Verstand und all die bedeutende Kraft seines Willens darauf wenden, nicht auch nur *ein* Gramm zuzunehmen. Ja, er fühlt sich in Wahrheit überhaupt erst ein wenig beruhigt, wenn die Waage ihm am Abend eines Tages untrüglich anzeigt, daß er auch heute wieder «ein wenig» abgenommen hat. Man versteht dieses ebenso absurd erscheinende wie gegen jeden Einwand immunisierte Verhalten erst, wenn man sich den «Fuchs» in unserer Fabel vor Augen stellt: *Der* weiß, daß er nur überleben wird, solange er «schlank» genug bleibt! *Der* begreift, daß man ihn auf der Stelle totschlagen wird, sobald er «zu dick» wird! *Der* kann nur wünschen, daß der «Nimmersatt» neben ihm genau dieses Schicksal erleidet, um sich selber «schlank und rank» aus der Affäre zu ziehen!

Das Paradox ist perfekt. Jeder Außenstehende sieht von weitem, jeder Arzt erklärt vollkommen korrekt, jeder dem Kranken seelisch Verbundene mahnt und warnt, daß die Magersucht, dauert sie auch nur noch ein wenig länger, die Organe: das Herz und die Nieren, angreifen werde, um nach und nach auch das Gehirn durch Unterversorgung zu schädigen; all das bewirkt gar nichts! Und wir verstehen in den Bildern der Fabel jetzt auch warum: Der Magersüchtige folgt einer ganz anderen Logik: dem Zwang seiner Angst. *Die* sagt ihm, daß es nur den «Fuchs»weg gibt, sein Leben zu retten, das ist: so schlank zu bleiben, daß ein Entrinnen vor jedem denkbaren (inneren!) Verfolger zu jeder Zeit möglich ist. Die so ruinöse Krankheit der Magersucht stellt sich vor diesem Hintergrund als das einzig mögliche Verfahren dar, sein Leben *zu retten* und auf der Flucht vor den «menschlichen» Jägern als ein «wildes Tier» noch entkommen zu können. Die wahnähnliche Realitätsverleugnung angesichts der medizinischen Fakten folgt einer eigenen inneren Wirklichkeit: der ebenfalls fast paranoischen Furcht, von allen anderen gejagt und getötet zu werden für das Verbrechen, ein Mensch zu sein und Nahrung zu sich nehmen zu müssen[13].

Wie ist es möglich, unter den Bedingungen eines derart «umgekehrten Lebens» die Magersucht zu heilen, mag man sich fragen. Natürlich müßte man all den Gründen nachgehen, die in Kindertagen bereits das «Wolfs»- und das «Fuchs»-Problem geschaffen haben. Also: Welche Personen und Situationen waren imstande, das blanke Unleben als den einzigen Weg ins Leben erscheinen zu lassen? Von all dem verrät uns diese moralisierende Fabel kein Sterbenswörtchen. Und doch gibt sie uns immerhin *einen* Hinweis, der zwar nicht zur Erforschung der Krankheitsursachen, wohl aber zur Formulierung eines wichtigen Therapiezieles hilfreich sein kann: Die Magersucht wird nur aufhören, wenn der «Wolf» und der «Fuchs» in dem Magersüchtigen sich miteinander versöhnen, statt sich wechselseitig zu hintergehen. Beide sind das Ergebnis einer unablässigen Angst. Kein Mensch aber müßte fürchten, ein «Wolf» zu werden, wenn er nur merken dürfte, daß es ihm erlaubt und gegönnt ist, zu essen und sogar genußvoll zu essen. Die ganze Angst, zu einem «Vielfraß» und «Nimmersatt» zu werden, ist überhaupt nur verständlich aus dem ungestillten Hunger nach Liebe; doch auch der physische Hunger bereits erschafft immer neue Phantasmagorien von Nahrungs- und Genußmitteln. Kein Mensch denkt so viel an das Essen wie jemand, dem es permanent verboten ist, zu essen. Ein solcher steht gewissermaßen mit knurrendem Magen vor dem Bäckerladen und betrachtet die Auslagen mit all den verlockenden Teig- und Backwaren, und es ist ihm, wie wenn er alle Regale des Ladens leeressen könnte, so daß ihn seine maßlose, «wölfische» Gier zu ängstigen beginnt: Wenn man dem Teufel den kleinen Finger reicht, frißt er die ganze Hand! In Wirklichkeit aber muß von «Wolf» und «Teufel» keine Rede sein. Ein einziges Brötchen oder Hefeteilchen, in Ruhe gegessen, mit Aufmerksamkeit genossen, würde augenblicklich den Hunger verscheuchen, und «Wolf» und «Fuchs», Es und Ich, Trieb und Vernunft könnten zu Partnern einer vernünftigen Synthese von Wunsch und Verwirklichung werden.

Doch *einfach* ist der Weg zu einer solchen Versöhnung von Es und Überich nicht. Denn vorausgesetzt ist dazu, daß in das Dasein eines derart Erkrankten eine tiefe Erlaubnis, eine spürbare Bejahung einzieht. Nur dann hört das Leben auf, ein ständiger Diebstahl zu sein, wenn es sich nach und nach als ein Geschenk empfinden läßt. Dann aber läßt sich ersehen, daß der «moralische» Standpunkt der Verurteilung solcher Laster wie «Freßgier» und «Völlerei» weder im Falle der «Adipositas» noch deren Gegenteil: der «Anorexia nervosa» hilfreich sein kann. Erst wenn wir uns Geschichten wie diese Fabel der BRÜDER GRIMM vom *Wolf und vom Fuchs* nicht mehr im Status selbstsicheren Spottes zur Erheiterung der immer «Guten» und «Richtigen» und «Gesunden» erzählen, sondern sie lesen lernen in Richtung ihrer angedeuteten Hintergründe und Abgründe, wird der Boden bereitet, auf dem selbst Menschen mit den «Wildheitsmerkmalen» einer buchstäblichen «tierischen» Angst zögernd und zaghaft «gezähmt» zu werden vermögen.

Anmerkungen

1 Vgl. ÄSOP: Fabeln, 167. Fabel: Der Fuchs und der Wolf, S. 94. Die Geschichte hat allerdings mit unserem Märchen nichts zu tun. Der Stoff war gleichwohl schon in der Antike bekannt; HORAZ: Epistulae, I 7, 28–33 spielt bereits darauf an. In der Fabel gilt der Wolf «als Räuber, Betrüger, Gewalttäter, Tyrann usw.; doch wird er oft von anderen Tieren durchschaut und überlistet». W. RICHTER: Wolf, in: Der kleine Pauly, V 1386–1389, Sp. 1389.

2 Vgl. J. MAUSBACH: Katholische Moraltheologie, III 2, § 12: Mäßigkeit und Unmäßigkeit, S. 51: «In einzelnen Fällen bildet auch die Schwelgerei im Essen eine schwere Sünde; so bei unmittelbarer Gefährdung der Gesundheit, bei grober Verschwendung oder bei völliger Hingabe an die Sinnenlust. (Der reiche Prasser; die ‹Feinde des Kreuzes Christi ..., deren Gott der Bauch ist›, Phil 3,19).»

3 Vgl. E. DREWERMANN: Suchtstrukturen, Süchte – und ihre fast unmögliche Behandlung, in: Psychoanalyse und Moraltheologie, 3. Bd.: An den Grenzen des Lebens, Mainz 1984, 85–97.

4 H. THOMÄ: Anorexia nervosa. Geschichte, Klinik und Theorien der Pubertätsmagersucht, Stuttgart 1961.

5 Zum Begriff des Schattens vgl. C. G. JUNG: Zur Psychologie östlicher Meditation, XI 618–619. Der Begriff umfaßt das «persönliche Unbewußte».

6 L. SZONDI: Lehrbuch der experimentellen Triebdiagnostik, 107: «Der Mensch kommt mit einer ethischen Doppelnatur auf die Welt ... aus dieser Urambitendenz differenziert sich ... der ... Mensch.» S. 118–120.

7 Vgl. W. SCHWIDDER: Hemmung, Haltung und Symptom (1961), in: Fortschritte der Psychoanalyse. Internationales Jahrbuch zur Weiterentwicklung der Psychoanalyse, Bd. II, Göttingen 1966, 103–123.

8 Vgl. P. MATUSSEK: Süchtige Fehlhaltungen, in: Handbuch der Neurosenlehre und Psychotherapie, 188–212, der speziell zu der Tendenz des «Verschlingens» meint: «So wenig der Verschlingende echten Appetit... kennt..., ist ihm auch das Gefühl der natürlichen Sättigung fremd. Er ißt auch ohne Appetit weiter, bis nichts mehr hineingeht, weil er nichts, das erreichbar ist, ausläßt. Nicht was und wie er ißt, sondern wieviel er einverleibt hat, ist für ihn das Kennzeichen eines gelungenen Mahles, das er auch sofort verläßt, sobald nichts mehr zu haben ist.» (195) So kommen als Eigenarten der Sucht zusammen: «a) Das Artifizielle und Unorganische der süchtigen Haltung, b) die Unfähigkeit zur menschlichen Begegnung, c) die Freudlosigkeit der Welt.»

9 Es ist ähnlich wie bei F. KAFKA: Ein Hungerkünstler (1924), in: Sämtliche Erzählungen, hg. v. P. Raabe, Frankfurt (Fischer Tb. 1078) 1970, 163–171, der hungern muß, weil er «nicht die Speise finden konnte, die mir schmeckt. Hätte ich sie gefunden, glaube mir, ich hätte kein Aufsehen gemacht und mich vollgegessen wie du und alle.»

10 Vgl. E. DREWERMANN: Strukturen des Bösen, II 243–247: Die Anorexia nervosa als klinisches Modell.

11 S. o. Anm. 8.

12 Vgl. R. BILZ: Schlaflosigkeit und Traum. Wach-Schlaf-Zuordnung des Menschen im Hinblick auf das Wachen und Schlafen der Tiere (1959), in: Paläoanthropologie, 272–283.

13 Vgl. A. DÜHRSSEN: Psychogene Erkrankungen bei Kindern und Jugendlichen, 238–251, die die Eßstörungen weitgehend auf eine «orale Überbesorgnis der Eltern» mit «schuldgefühlshaftem Charakter» zurückführt. (240) «Ganz ursprünglich sind solche Kinder in ihrer allgemeinen Existenz nicht erwünscht und nicht bestätigt. Ganz besonders stark gedrosselt wird dabei der oral kaptative Bereich.» (245)

Verzeichnis der zitierten Literatur

K. Abraham: Untersuchungen über die früheste prägenitale Entwicklungsstufe der Libido (1916), in: Ges. Schriften, 2 Bde., hg. v. J. Cremerius, Frankfurt (Fischer Tb. 7319/7320) 1982, II 3–31

K. Abraham: Versuch einer Entwicklungsgeschichte der Libido auf Grund der Psychoanalyse seelischer Störungen (1924), in: Ges. Schriften, 2 Bde., hg. v. J. Cremerius, Frankfurt (Fischer Tb. 7319/7320) 1982, II 32–102

Äsop: Fabeln. Phädrus: Asopische Fabeln, übers. v. W. Binder u. J. Siebelis, München (Goldmann Tb. 591) o.J.

G. Ammon – A. von Wallenberg-Pachaly: Schizophrenie, in: G. Ammon (Hg.): Handbuch der Dynamischen Psychiatrie, 1. Bd., München 1979, 364–462

G. Ammon: Entwurf eines Dynamisch-Psychiatrischen Ich-Struktur-Konzepts, in: G. Ammon (Hg.): Handbuch der Dynamischen Psychiatrie, München 1979, 95–159

G. Ammon: Auf dem Wege zu einer Psychotherapie der Schizophrenie, in: G. Ammon (Hg.): Psychotherapie der Psychosen, München (Kindler Tb. 2146) 1975, 31–49

K. Anderten: Umgang mit Schicksalsmächten. Märchen als Spiegelbilder menschlichen Reifens, Olten 1989

Aristophanes: Lysistrate, in: Sämtliche Komödien, hg. v. H.-J. Newiger, Neubearb. der Übers. v. L. Seeger (Frankfurt 1845–1848), Anm. v. H.-J. Newiger u. P. Rau, München (dtv 6066) 1976, 360–413

H. Barüske (Hg. u. Übers.): Eskimo-Märchen, Düsseldorf–Köln 1969

M. Beham: Kriegstrommeln. Medien, Krieg und Politik, Vorw. v. P. Glotz, München (dtv 30531) 1992

N. Benecke: Der Mensch und seine Haustiere. Die Geschichte einer jahrtausendealten Beziehung, Stuttgart 1994

I. Bergmann: Höstsonaten, Stockholm 1978; dt.: Herbstsonate, übers. v. H. Grimmler, Hamburg 1978

B. Bettelheim: The Uses of Enchantment, New York 1975; dt.: Kinder brauchen Märchen, übers. v. L. Mickel u. B. Weitbrecht, Stuttgart 1977

R. Bilz: Schlaflosigkeit und Traum. Wach-Schlaf-Zuordnung des Menschen im Hinblick auf Wachen und Schlafen der Tiere (1959), in: Paläoanthropologie. Der neue Mensch in der Sicht einer Verhaltensforschung, Frankfurt 1971, 272–283

R. Bilz: Über die menschliche Schuldangst. Erörterungen über die Tat und das Motiv-Objekt (1958), in: Paläoanthropologie. Der neue Mensch in der Sicht einer Verhaltensforschung, Frankfurt 1971, 351–369

R. Bilz: Ammenschlaf-Experiment und Halluzinose. Beitrag zu einer biologisch orientierten Psychopathologie (1962), in: Paläoanthropologie. Der neue Mensch in der Sicht einer Verhaltensforschung, Frankfurt 1971, 211–233

S. Birkhäuser-Oeri: Die Mutter im Märchen. Deutung der Problematik des Mütterlichen und des Mutterkomplexes am Beispiel bekannter Märchen, Stuttgart («psychologisch gesehen» 28/29) 1977

E. Bleuler: Lehrbuch der Psychiatrie, Berlin–Heidelberg–New York [11](umgearb. v. M. Bleuler) 1969

J. Bowlby: The Hogarth Press and the Institute of Psycho-Analysis, London 1973; dt.: Trennung. Psychische Schäden als Folge der Trennung von Mutter und Kind, übers. v. E. Nosbüsch, München (Kindler Tb. 2171) 1976

B. Brecht: Der kaukasische Kreidekreis, in Gesammelte Werke, 20 Bde., Bd. 5, Frankfurt/M. 1967

R. Bultmann: Das Evangelium des Johannes (1941), Göttingen [17]1962

Catéchisme de l' èglise Catholique, Paris 1992

E. Chargaff: Vermächtnis. Essays, Stuttgart 1993

A. Daudet: Lettres de mon moulin (1869), dt.: Briefe aus meiner Mühle, übers. v. A. Seifert, Leipzig (RUB 3227–3229) 1960

N. Davies: Human Sacrifice (1981), dt.: Opfertod und Menschenopfer. Glaube, Liebe und Verzweiflung in der Geschichte der Menschheit, übers. v. S. Kull, Düsseldorf–Wien 1981

Th. Dickinson (Reg.): Gaslight, England 1940; dt.: Gaslicht / Das Haus der Lady Alquist

Die Edda, II. Götterdichtung und Spruchdichtung, übertr. v. F. Genzmer, eingel. u. angem. v. A. Heusler (Thule, hg. v. F. Niedner u. G. Neckel, Bd. 2), Düsseldorf–Köln 1963

Die jüngere Edda mit dem sogenannten ersten grammatischen Traktat (Snorri Sturlusons Edda), übers. v. G. Neckel u. F. Niedner (Thule, Bd. 20), Düsseldorf–Köln 1962

R. Dithmar: Die Fabel. Geschichte, Struktur, Didaktik, Paderborn 1971

E. Drewermann: Strukturen des Bösen. Die jahwistische Urgeschichte in exegetischer, psychoanalytischer und philosophischer Sicht, 3 Bde., Paderborn [10]2000

E. Drewermann: Das Tragische und das Christliche, in: Psychoanalyse und Moraltheologie, 3 Bde., Mainz 1982–1984, 1. Bd.: Angst und Schuld, 19–78
E. Drewermann: Suchtstrukturen, Süchte – und ihre fast unmögliche Behandlung, in: Psychoanalyse und Moraltheologie, 3 Bde., Mainz 1982–1984, 3. Bd.: An den Grenzen des Lebens, 85–97
E. Drewermann: Tiefenpsychologie und Exegese, 2 Bde., Olten 1984–1985
E. Drewermann: Das Markus-Evangelium. Bilder von Erlösung, 2 Bde., Olten 1987–1988
E. Drewermann: Das Matthäus-Evangelium. Bilder der Erfüllung, 3 Bde., Olten 1992–1994
E. Drewermann: Zeiterleben und Persönlichkeitsstruktur, in: Zeitreisen–Reisezeiten, Solothurn–Düsseldorf 1994
Duden. Redewendungen und sprichwörtliche Redensarten, bearb. v. G. Drosdowski u. W. Scholze-Stubenrecht, Duden Bd. XI, Mannheim, Leipzig, Wien, Zürich 1998
A. Dührssen: Psychogene Erkrankungen bei Kindern und Jugendlichen. Eine Einführung in die allgemeine und spezielle Neurosenlehre, Göttingen [6]1967
H. P. Duerr: Sedna oder Die Liebe zum Leben (1984), Frankfurt (st 1710) 1990
I. Eibl-Eibesfeldt: Der vorprogrammierte Mensch. Das Ererbte als bestimmender Faktor im menschlichen Verhalten, Wien–München–Zürich 1973
A. Erman: Die Religion der Ägypter. Ihr Werden und Vergehen in vier Jahrtausenden, Berlin–Leipzig 1934
P. Federn: Die Psychosen-Analyse (1943), in: Ichpsychologie und die Psychosen, übers. v. W. u. E. Federn, Frankfurt 1978, 107–151
P. Federn: Grundsätzliches zur Psychotherapie bei latenter Schizophrenie (1947), in: Ichpsychologie und Psychosen, übers. v. W. u. E. Federn, Frankfurt 1978, 152–168
P. Federn: Das Ich in der Schizophrenie (1949), in: Ichpsychologie und die Psychosen, übers. v. W. u. E. Federn, Frankfurt 1978, 214–217
O. Fenichel: The Psychoanalytic Theory of Neurosis, New York; dt.: Psychoanalytische Neurosenlehre, übers. v. K. Laermann, 3 Bde., Olten 1975
J. de La Fontaine: Die Fabeln. Gesamtausgabe in deutscher und französischer Sprache mit über 300 Illustrationen von G. Doré, aus dem Franz. v. E. Dohm, Wiesbaden (Vollmer V.) o.J.
M.-L. von Franz: The Feminine in Fairy Tales, New York 1974; dt.: Das Weibliche im Märchen, übers. v. J. v. Graevenitz, Stuttgart 1977
A. Freud: Das Ich und die Abwehrmechanismen (1936), München (Kindler Tb. 2001) o.J.
S. Freud: Die Sexualität in der Ätiologie der Neurosen (1898), Ges. Werke I, London 1956, 489–516
S. Freud: Trauer und Melancholie (1916), Ges. Werke X, London 1946, 427–446
S. Freud: Die Traumdeutung (1900–1901), Ges. Werke II/III, London 1942
S. Freud: Über infantile Sexualtheorien (1908), Ges. Werke VII, London 1941, 169–188
S. Freud: Bemerkungen über einen Fall von Zwangsneurose (der «Rattenmann») (1909), Ges. Werke VII, London 1941, 378–463
S. Freud: Zur Dynamik der Übertragung (1912), Ges. Werke VIII, London 1945, 364–374
S. Freud: Totem und Tabu (1912), Ges. Werke IX, London 1944
S. Freud: Märchenstoffe in Träumen (1913), Ges. Werke X, London 1946, 2–9
S. Freud: Erinnern, Wiederholen und Durcharbeiten (1914), Ges. Werke X, London 1946, 125–136
S. Freud: Aus der Geschichte einer infantilen Neurose (der «Wolfsmann») (1918), Ges. Werke XII, London 1947, 27–157
S. Freud: Das Ich und das Es (1923), Ges. Werke XIII, London 1940, 235–289
L. Frobenius: Das Zeitalter des Sonnengottes, Berlin 1904
Mahatma Gandhi: Worte des Friedens, hg. u. eingel. v. M. Otto, Freiburg 1984
M. Gebühr – K. W. Struve: Nydamhalle. Text der Tonführung, Neumünster 1982
H. Glatzel: Ernährung, in: V. E. Frankl, V. E. v. Gebsattel, J. H. Schultz (Hg.): Handbuch der Neurosenlehre, 2. Bd., München–Berlin 1959, 428–480
J. Goebbels: Tagebücher 1945. Die letzten Aufzeichnungen, eingef. v. R. Hochhuth, Red.: P. Stadelmeyer, Hamburg 1977
A. Gruen: Falsche Götter. Über Liebe, Haß und die Schwierigkeit des Friedens (1991), München (durchges. u. erw.) (dtv 35059) 1993
A. Gruen: Der Wahnsinn der Normalität. Realismus als Krankheit: eine grundlegende Theorie zur menschlichen Destruktivität, München (dtv 35002) [4](durchges.) 1992
G. W. F. Hegel: Wissenschaft der Logik (Nürnberg 1812), hg. v. G. Lasson, Hamburg (Philos. Bibliothek 56/57) 2 Bde., (1934) 1963
R. B. Hill: Hanta Yo, New York 179; dt.: Hanta Yo. Eine Indianer-Saga, übers. nach der amerik. Übers. aus der Dakotahsprache v. K. H. Hansen, Hamburg 1980
J. Hirschmann: Primitivreaktionen, in: V. E. Frankl, V. E. v. Gebsattel, J. H. Schultz (Hg.): Handbuch der Neurosenlehre, 2. Bd., München–Berlin 1959, 92–101
Th. Hobbes: Leviathan or the Matter, Forme and Power of a Commonwealth Ecclesiasticall and Civil, London 1651; dt.: Leviathan. Erster und zweiter Teil, übers. v. J. P. Mayer, Nachw. v. M. Diesselhorst, Stuttgart (RUB 8348) 1970
G. Höhler: Wölfin unter Wölfen. Warum Männer ohne Frauen Fehler machen, Wien–Düsseldorf 2000
G. C. Homans: The Human Group, New York 1950; dt.: Theorie der sozialen Gruppe, übers. v. R. Gruner, Köln–Opladen [3]1968
Quintus Horatius Flaccus: Epistulae. Briefe, lat./dt., übers. u. hg. v. B. Kytzler, Stuttgart (RUB 432) 1986

E. Hornung: Der ägyptische Mythos von der Himmelskuh. Eine Ätiologie des Unvollkommenen, Göttingen (Orbis Biblicus et Orientalis 46) 1982
J. Jeremias: Die Gleichnisse Jesu, Göttingen [6](neu bearb.) 1962
C. G. Jung: Symbole der Wandlung. Analyse des Vorspiels zu einer Schizophrenie (1952; Neubearbeitung von «Wandlungen und Symbole der Libido», 1912), Ges. Werke V, Olten 1973
C. G. Jung: Synchronizität als Prinzip akausaler Zusammenhänge (1950), Ges. Werke VIII, Olten 1971, 475–577
C. G. Jung: Zur Psychologie östlicher Meditation (1948), in: Ges. Werke XI, Olten 1971, 603–621
C. G. Jung: Die Ehe als psychologische Beziehung (1925), Ges. Werke XVII, Olten 1972, 213–227
C. G. Jung: Kinderträume. Seminare, hg. v. L. Jung u. M. Meyer-Grass, Olten–Freiburg 1987
E. Kästner: Lärm im Spiegel (Zürich 1985), München (dtv 11004) 1988
F. Kafka: Ein Hungerkünstler (1924), in: Sämtliche Erzählungen, hg. v. P. Raabe, Frankfurt (Fischer Tb. 1078) 1970, 163–171
M. Kaléko: In meinen Träumen läutet es Sturm. Gedichte und Epigramme aus dem Nachlaß, hg. u. eingel. v. G. Zoch-Westphal, München (dtv 1294) 1977
L. Kaplan: Zur Psychologie des Tragischen (1912), in: J. M. Fischer (Hg.): Psychoanalytische Literaturinterpretation. Aufsätze aus «Imago. Zeitschrift für Anwendung der Psychoanalyse auf die Geisteswissenschaften» (1912–1937), Tübingen (Niemeyer Verl.) – München (dtv 4363) 1980, 33–63
V. Kast: Zum Umgang der Märchen mit dem Bösen. Thematische Zugänge zum Märchen als dynamischer Prozeß, in: M. Jacoby – V. Kast – J. Riedel: Das Böse im Märchen, Fellbach (psychologisch gesehen 33) 1978, 24–45
Katholischer Erwachsenen Katechismus, 2. Bd.: Leben aus dem Glauben, hg. von der Deutschen Bischofskonferenz, Bonn 1995
K. Kerényi: Die Mythologie der Griechen, 2 Bde., München (dtv 1345–1346), 1966
S. Kierkegaard: Die Krankheit zum Tode. Eine christliche psychologische Entwicklung zur Erbauung und Erweckung, von Anti-Climacus, Kopenhagen 1849; aus dem Dänischen von L. Richter, Reinbek (rk 113) 1962
E. Kloehn: Typisch weiblich? Typisch männlich? Geschlechterkrieg oder neues Verständnis von Mann und Frau, Hamburg 1979
K. Kollwitz: Schmerz und Schuld. Eine motivgeschichtliche Betrachtung. Ausstellung aus Anlaß des 50. Todestages von Käthe Kollwitz und zum Gedenken der 50. Wiederkehr des Zweiten Weltkriegs. Käthe Kollwitz-Museum, Red.: G. Fritsch, Berlin 1995
W. Krickeberg: Altmexikanische Kulturen, Berlin 1975
St. Kubrick (Reg.): Full metal jacket, USA 1987
R. Kurz: Schwarzbuch Kapitalismus. Ein Abgesang auf die Marktwirtschaft, Frankfurt 1999
F. Lenz: Bildsprache der Märchen, Stuttgart [4]1980
R. Leubuscher: Über die Werwölfe und Tierverwandlungen im Mittelalter, Berlin 1850
H. Löns: Der Wehrwolf. Eine Bauernchronik, Jena 1910
M. Lüthi: Es war einmal ... Vom Wesen des Volksmärchens, Göttingen [4](durchges.) 1973
M. Lüthi: So leben sie noch heute. Betrachtungen zum Volksmärchen, Göttingen 1969
C.-H. Mallet: Kopf ab! Gewalt im Märchen, Hamburg 1985
P. Matussek: Süchtige Fehlhaltungen, in: V. E. Frankl, V. E. Gebsattel, J. H. Schultz (Hg.): Handbuch der Neurosenlehre, 2. Bd., München–Berlin 1959, 188–212
J. Mausbach: Katholische Moraltheologie, 3 Bde., 2. Bd.: Spezielle Moral, 1. Teil: Der religiöse Pflichtenkreis, 7. Aufl. neu bearb. u. hg. v. P. Tischleder, Münster 1934; 3. Bd.: Spezielle Moral, 2. Teil: Der irdische Pflichtenkreis, Münster [7](verm.) 1930
Th. M. Messer: Edvard Munch, aus dem Engl. v. H. Schuldt, Köln 1976
R. Moore – D. Gilette: King, Warrior, Magician, Lover. Rediscovering the Archetypes of the Mature Masculine, New York 1990; dt.: König, Krieger, Magier, Liebhaber. Die Stärken des Mannes, übers. v. Th. Poppe, München 1992
H. Nagera (Hg.): Basic Psychoanalytic Concepts on the Libido Theory ... and Other Subjects, London 1969; dt.: Psychoanalytische Grundbegriffe. Eine Einführung in S. Freuds Terminologie und Theoriebildung, übers. v. F. Herborth, Frankfurt (Fischer Tb. 6331) 1974
A. Naouri: Les filles et leurs mères, Paris 1998; dt.: Das Drama der perfekten Mutter, übers. v. M. Buchwald u. Th. Übelhör, Zürich–Düsseldorf 1999
E. Nielsen (Hg.): Die Hexe von Endor. Die merkwürdigsten Fälle aus dem Gebiet des Übersinnlichen von 1200 vor bis 1800 nach Christus (1922: Das Unerkannte auf seinem Weg durch die Jahrtausende. Die merkwürdigsten der guten Glaubens erzählten Fälle aus dem Gebiet des Übersinnlichen im Wortlaut der ersten Berichte. Ohne Deutungsversuche), München (dtv 1335) 1978
F. Nietzsche: Also sprach Zarathustra. Ein Buch für alle und keinen (1883–1884: Teil 1–3; 1885: Teil 4), mit einem Nachw. v. W. Gebhard, Stuttgart (Kröners Tb. 75) [18]1988
S. Nordal (Hg. u. Komm.): Völuspá (1952), aus dem Isländ. übers. v. O. Wilts, Darmstadt (Texte zur Forschung Bd. 33) 1980
A. Olrik: Ragnarokforestillingernes Udspring, 1913; dt.: Ragnarök, die Sagen vom Weltuntergang, Berlin 1922
G. Orwell: Nineteen eighty-four, London 1949; dt.: 1984, übers. v. K. Wagenseil, Stuttgart 1950
Ovid: Metamorphosen, übers. v. R. Suchier, München (Goldmann Tb. 583–584) o. J.
O. Pankok: Weinende Frau (1914), in: G. Kolberg (Hg.): Die Expressionisten vom Aufbruch bis zur Verfemung. Ausstellung im Museum Ludwig, Köln 1.6.96–25.8.96
Pausanias: Reisen in Griechenland. Gesamtausgabe in 3 Bden., auf Grund

der kommentierten Übersetzung v. E. Meyer hg. v. F. Eckstein, München [3](nunmehr vollständig) 1986/87
N. Peseschkian: Psychosomatik und positive Psychotherapie. Transkultureller und interdisziplinärer Ansatz am Beispiel von 40 Krankheitsbildern, unter Mitarbeit von H. Deidenbach, Berlin–Heidelberg–New York [2]1992
C. Pinkola Estés: Women who run with the wolves, 1992; dt.: Die Wolfsfrau. Die Kraft der weiblichen Urinstinkte, aus dem Amerik. v. M. Rabben, München (überarb. u. erw.; Heyne Tb. 10576) 2000
Platon: Politeia, in: Sämtl. Werke, Bd. 3: Phaidon. Politeia, in der Übers. v. F. Schleiermacher, hg. v. W. F. Otto, E. Grassi, G. Plamböck, Reinbek (rk 27,27a) 1958, 67–310
G. Polikeit: Wozu braucht die EU eigenes Militär? Mit Euro und Militär zur Weltmacht, in: UZ. Magazin unsere Zeit, 1/2000, 19–21
W. Pschyrembel: Klinisches Wörterbuch mit klinischen Syndromen und Nomina Anatomica, Berlin–New York 1982
O. Rank: Völkerpsychologische Parallelen zu den infantilen Sexualtheorien, in: Psychoanalytische Beiträge zur Mythenforschung. Gesammelte Studien aus den Jahren 1912–1914, Leipzig (Internat. Psychoanalyt. Bibl. 4) 1919
O. Rank: Das Inzestmotiv in Dichtung und Sage. Grundzüge einer Psychologie des dichterischen Schaffens, Leipzig–Wien 1912
W. Richter: Wolf, in: Der kleine Pauly, Lexikon der Antike in 5 Bden., hg. v. K. Ziegler, W. Sontheimer, H. Gärtner, Bd. 5, München (dtv 5963) 1979, Sp. 1386–1389
B. Röder – J. Hummel – B. Kunz: Göttinnendämmerung. Das Matriarchat aus archäologischer Sicht, München 1996
F. Sahebjam: La femme lapidée, Paris 1990; dt.: Die gesteinigte Frau. Die Geschichte der Soraya Manutchehri, übers. v. R. Heimbucher, Reinbek 1992
W. Schmied: Richard Oelze: Tägliche Drangsale (1934), in: W. von Bonin (Hg.): 100 Meisterwerke aus den großen Museen der Welt, Bd. 3, Köln 1987, 126–131
A. Schnitzler: Über Krieg und Frieden. Schriftenreihe: Ausblicke, Stockholm (Bermann-Fischer Verl.) 1939
H. Schultz-Hencke: Der gehemmte Mensch. Entwurf eines Lehrbuches der Neo-Psychoanalyse (1940), Stuttgart 1967
W. Schwidder: Hemmung, Haltung und Symptom (1961), in: Fortschritte der Psychoanalyse. Internationales Jahrbuch zur Weiterentwicklung der Psychoanalyse, Bd. I, Göttingen 1964, 115–128
H. F. Searles: Über die therapeutische Symbiose, in: G. Ammon (Hg.): Psychotherapie der Psychosen, München (Kindler Tb 2146) 1975, 50–69
A. Seele: Frauen um Goethe, Reinbek (rm 50492) 1997
Ch. Spiel: Menschen essen Menschen. Die Welt der Kannibalen, München 1972
R. Stang: Edvard Munch – Mennesket og Kunstneren, Oslo 1977; dt.: Edvard Munch – der Mensch und der Künstler, aus dem Norw. v. E. Neumann, Königstein im Taunus 1979
B. Stoker: Dracula, London 1897; dt.: Dracula. Ein Vampirroman, übers. v. S. Kull (München 1967), München (dtv 516) 1971
L. Szondi: Lehrbuch der experimentellen Triebdiagnostik, Bd. I: Textband, Bern–Stuttgart [2](völlig umgearb.) 1960
R. Tausch: Gesprächspsychotherapie, Göttingen [4](erg.) 1970
H. Thomä: Anorexia nervosa. Geschichte, Klinik und Theorien der Magersucht, Stuttgart 1961
H. W. Travers: Diagnose und Differentialdiagnose, in: S. A. Volk, H. W. Travers, H. Neubig: Drepressive Störungen. Diagnostik, Ursachen, Psycho- und Pharmakotherapie, Stuttgart–Berlin–Köln, 34–56
R. de Vaux: Les Institutions de l'Ancien Testament, Paris 1958–1960; dt.: Das Alte Testament und seine Lebensordnungen, 2 Bde., übers. v. L. Hollerbach, Freiburg–Basel–Wien [2]1964
K. Völker: (Hg.): Von Werwölfen und anderen Tiermenschen. Dichtungen und Dokumente (1972), München (dtv 1308) 1977
J. de Vries: Altgermanische Religionsgeschichte, 2 Bde., Berlin [2](völlig neu bearb.) 1957
W. Wägner: Nordisch-germanische Götter- und Heldensagen, Leipzig 1934
Th. Wartmann: Sei nicht traurig, schönes Kind, in: Süddeutsche Zeitung Magazin, Nr. 40, 8. 10. 99, 20–27
A. Weiser: Die Propheten: Hosea, Joel, Amos, Obadja, Jona, Micha (ATD 24), Göttingen [2]1955
W. Wickler: Mimikry. Nachahmung und Täuschung in der Natur (1968), Frankfurt (Fischer Tb. 6192) 1973